墨香财经学术文库

教育部人文社会科学项目（20YJC880035）

U0656636

行业特色高校大学生
职业认同发展研究
以公安院校为例

Research on College Student Professional Identity in
Universities with Industry Characteristics

A Case Study of Police Colleges

姜林 著

东北财经大学出版社
Dongbei University of Finance & Economics Press

大连

图书在版编目（CIP）数据

行业特色高校大学生职业认同发展研究：以公安院校为例 / 姜林著．—大连：
东北财经大学出版社，2024.7
（墨香财经学术文库）
ISBN 978-7-5654-5654-5242-0

Ⅰ．行… Ⅱ．姜… Ⅲ．公安-高等学校-大学生-职业选择-研究 Ⅳ．D631

中国国家版本馆CIP数据核字〔2024〕第078954号

东北财经大学出版社出版发行

　　大连市黑石礁尖山街217号　邮政编码　116025
　　网　　址：http://www.dufep.cn
　　读者信箱：dufep@dufe.edu.cn
大连永盛印业有限公司印刷

幅面尺寸：170mm×240mm　字数：224千字　印张：15.5　插页：1
2024年7月第1版　　　　　　　　　　2024年7月第1次印刷
责任编辑：田玉海　李　栋　周　慧　责任校对：赵　楠
　　　　　郭海雷　孟　鑫
封面设计：原　皓　　　　　　　　　版式设计：原　皓
定价：78.00元

教学支持　售后服务　　联系电话：（0411）84710309
版权所有　侵权必究　　举报电话：（0411）84710523
如有印装质量问题，请联系营销部：（0411）84710711

本书为

　　教育部人文社会科学项目（20YJC88 0035）研究成果。

前言

　　行业特色高校是中国高等教育体系的重要组成部分，也是促进教育与行业、教育与国家经济社会发展紧密结合的重要保障。党的二十大报告明确指出，既要努力培养造就更多"大师、战略科学家、一流科技领军人才和创新团队、青年科技人才"，也要致力于培养"卓越工程师、大国工匠、高技能人才"。行业特色高校作为行业人才的集聚高地和专门技术的突破策源地，为国家培养、输送、汇聚行业特色人才提供了有力支撑。行业高校根源于行业，欲提升行业特色高校的人才培养质量，首先要让学生明确今后将在哪个行业发展、从事什么职业，促进学生较早树立职业认同，从而由目标倒推结果，最终实现培养行业一流人才的目标。

　　职业认同可以理解为个体以未来想从事的职业或现在正在从事的职业来回答"我是谁"的问题，是个体逐渐从成长经历中发展起来的自我在职业世界中的定位。作为个体择业、就业和职业发展的内在根据和主观依据，职业认同的发展对于人一生的发展都至关重要。大学时期是个体职业认同发展的关键阶段，大学经历是这一时期个体职业认同建构的主要意义来源，学生和高校在学习经历中的参与和投入程度，是作用于大学生职业认同发展的重要因素之一。

　　基于此，本书试图在梳理行业特色高校和大学生职业认同研究现状的基础上，深入分析大学生职业认同的内涵及发展的本质，探索大学经历作用于大学生职业认同的内在逻辑和作用机制，并以典型的行业特色高校——公安院校为例，讨论行业特色高校大学生职业认同的发展特征与影响因素，最终提出大学生职业认同发展的引导策略。

　　本书通过质性研究和量化研究发现：（1）大学生职业认同的发展过程是大学生不断将未来所要从事的职业在认知、行为和情感上与自我进行融合、相互内化的过程，在大学阶段呈现出"建构—适应—归属"的发展特征。（2）从本研究对大学生职业认同程度的测量与分析结果来看，当前大学生职业认同的整体程度仅处于中等略微偏上水平，以公安院校为样本的行业特色高校大学生的职业认同，在整体水平上较普通院校大学生要高，且性别、年级、院校性质对其职业认同的影响均不显著。进一步的质性研究发现，公安院校大学生职业认同主要受职业形象与舆论宣传、亲人或重要他人、个人兴趣与儿时理想、职业待遇和工作性质、职业价值与自我价值的适配性以及大学经历等因素影响。（3）实证检验大学经历对职业认同影响作用的结果显示，"高阶学习""反思综合""多元交流""师生互动""院校支持""高影响力教育实践"等几个学习性投入要素对大学生职业认同发展存在正向影响，可以对大学生职业认同发展起到预测作用。

　　本书的创新之处主要在于：以学习性投入作为大学经历的载体，并基于此来探索职业认同在大学时期的发展规律和引导策略，实质上是立足于教育学视角，发挥高等教育的人才培养功能，为大学生职业认同发展提供更为适合的教育支持。

　　本书得以出版，要特别感谢教育部人文社会科学项目"行业特色高校大学生职业认同发展研究——现实样态与教育引导"（20YJC880035）和辽宁警察学院博士科研启动项目的支持，同时要感谢为本书调研提供帮助与指导的老师和同学们，最后感谢家人在背后的默默支持与包容。书中不当之处，敬请读者批评指正！

姜　林

2024年3月

目录

1 绪论

1.1 行业特色高校大学生职业认同问题的研究缘起

1.1.1 大学生就业与职业发展问题是全社会关注的热点

伴随着经济发展方式的转变和产业结构调整升级，劳动力市场发生了巨大变化，青年劳动力求职盲目性大等青年职业发展问题正日渐成为全世界关注的一个焦点。大学生是青年就业人口的重要组成部分，是国家发展的重要力量，促进大学生职业发展并引导其做好职前准备，实现学生由校园到职场的顺利过渡，是当前各国高等教育都必须面临的一项重要课题。[1] 联合国教科文组织的《教育 2030 行动框架》（Education 2030 Framework for Action）正式提出，到 2030 年，大幅度地增加掌握就业、体面工作和创业所需技能（包括职业技术技能）的青年和成人人数。大学阶段是青年职业发展的重要阶段，大学生作为青年中的先锋和国家未来的希望，如何科学有效地促进其职业发展和顺利就业，是高等教育中不容忽视的一个问题。

目前，我国大学生职业发展状况堪忧，呈现出大学生就业难、就业质量不高、稳定性差等一系列问题。[2] 近些年，我国高校毕业生人数屡创新高。能否协调好学生职业发展愿望、学校教育教学和社会对于人才的需要这三个方面的关系，是全社会共同关注的一个热点。由此可见，化解好大学生就业矛盾、做好大学生职业发展教育工作，依然需要进行更加积极的探索与创新。

1.1.2　大学阶段是职业认同发展的关键阶段

进入大学阶段，学生开始进行专业学习，其自身各方面的发展更多地与职业相关联，是关系学生职业发展的重要时期。瑞士著名教育家皮亚杰曾指出，"一切有成效的工作都是以某种兴趣为先决条件"。在大学阶段，个人兴趣和志向趋于稳定，并开始形成对未来职业的预期，大学教育、教师引导应努力促使学生将兴趣转化志向。[3] 诚如马丁特罗所言，"能否树立雄心壮志，成为高等教育大众化后的首要特征"。对于大学生而言，"志趣"的养成需要大学生认识自我秉性与职业的适配程度、明确职业的社会需求和职业的基本内容、知晓职业的价值与前景等，而这些正属于职业认同的范畴。

大学阶段是个体社会化水平发展最快的阶段，也是社会化发展矛盾最为突出的时期。埃里克森（E. H. Erikson）认为，在高度技术化的社会中，年轻人最感困惑的问题之一是"发展职业范畴的同一性"，即发展职业认同。在青年时期，个体开始了自我意识觉醒和自我审视的过程，在对自我发展的一系列问题进行深入分析、考量、体验和调控之后，能认同并接纳自我，能够对自我的过去、现在和未来持有良好的延续感，也能认同自己与他人在价值观和生活方式上的差异，并能正确认识社会和适应社会，将理想自我和现实自我结合成一个有机整体。[4]

美国著名职业指导专家吉拉尔德·科瑞的专著《大学生最不能逃避的课》中所称的课指的就是大学生职业发展课程。教育的英文"educate"，源于拉丁文中的"educare"，本义为"引出"，既是"引出"知识和技能，也是"引出"学生学习的热忱。法国教育家保罗·朗格

（Paul Lengrand）在其著作《终身教育引论》中提出："教育应使每个人都能够找到自我发展的道路，培养人适应各种变化的能力，特别是能够适应经济和职业方面的变化；同时，教育应培养具有丰富个性的人，最终使其能够充实和幸福地生活。"[5] 尽管知识和技能一直是高等教育领域人才培养的优先关注点，但学生的兴趣、理想和价值观既是大学阶段学生保持学习热忱的源泉和动力，也是学生未来发展和终身学习的基础和保证，因此，学生"志趣"的养成即职业认同的发展应该作为大学阶段人才培养的重要着力点。

1.1.3 促进学生职业认同发展是高等教育的应有之义

高等教育的质量高低归根结底是通过人才培养质量来体现的。高等教育进入大众化阶段后，大学不再是仅面向少数优秀学生、实行精英教育的场所，如何让众多学生得到发展，更好地参与到学业活动中来，成为这一阶段的突出问题。1999 年，美国国家科学研究委员会发布的《STEM 本科教育改革》报告中指出，高等教育的目的在于为学生的认知成长、职业认同发展和生涯准备作出贡献，这无疑明确了促进大学生职业认同发展是高等教育的应然使命。进入 21 世纪，中国高等教育改革的侧重点也开始从"体制层面"向"技术层面"转变，即由量的积累阶段转变为质的提高阶段，人才发展质量成为衡量高等教育质量的新视角。"人才培养为本，本科教育是根。一个大学对待教学和本科教育的态度，标志了其成熟水平。"[6]

教育的根本问题是人的发展问题，即通过对人的成长进行引导来促进人的发展。2012 年，在教育部主办的大学生职业发展教育国际学术研讨会上，时任教育部副部长杜玉波在开幕上的讲话中指出："建立与学生职业发展愿望相结合、与学校教育教学相结合、与市场需要相结合的职业发展教育体系，是提高高等教育质量的一项重要工作。"因此，有必要加快大学生职业发展教育学科建设，在大学各阶段分年级、分层次、有侧重地对学生进行教育和指导，实现大学生职业发展教育的健康和可持续发展，真正培养出人格健全、具有独立生存能力、素质全面发展、符合社会需求的复合型人才。

　　人才培养是现代大学的基本功能，大学的所有教育工作都应该面向学生的成长和发展。需要明确的是，这里所说的大学的基本功能应当是"育人"，而非"制器"。人才培养的最终目的，不仅仅在于让学生获得知识、增长能力，更重要的是帮助学生实现自我的成长与解放。帮助学生厘清"我是谁""我想要成为什么样的人"的问题，即帮助学生实现自我与职业的协调，是"帮助学生实现自我的成长与解放"的前提。由此可见，职业认同发展是大学生发展的重要组成部分，明确学生在大学阶段职业认同发展的内容，了解大学生职业认同发展的实际状况，遵循人的发展规律，发挥高等教育对人的发展之引导作用，以此来推进大学生职业认同的健康发展，是当前高等教育改革的应有之义。

1.2　行业特色高校大学生职业认同发展的时代意蕴

　　党的二十大报告指出："教育、科技、人才是全面建设社会主义现代化国家的基础性、战略性支撑。"这一新论断深刻阐释了教育、科技、人才一体推进的深远意义，也赋予了高校新的历史使命。我国自1952年高校院系调整以来，逐步形成了一大批面向特定领域的行业特色高校，在服务国家发展中发挥了积极作用，也积淀形成了独特的办学特色和发展优势，逐步成为国家高等教育的优质资源和国家战略科技力量的重要组成部分。立足新征程，行业特色高校要主动聚焦国家和行业发展重大需求，培育一批行业战略科技人才、科技领军人才、青年拔尖人才。

　　行业特色高校作为中国高等教育体系的重要组成部分，是促进教育与行业、教育与国家经济社会发展紧密结合的重要保障。国家"双一流"建设坚持"扶优、扶需、扶特、扶新"的原则，既要建设一批高水平的综合性大学，也要发展一批特色鲜明、优势明显的行业特色高校。一流人才培养是"双一流"建设的核心，行业特色高校要在当前的高等教育改革中展现新作为，需要牢牢把握为相关行业的发展提供智力支撑和人才供给这一目标，将为行业培养一流人才作为自身的重要使命。行业高校根源于行业，欲提升行业特色高校的人才培养质量，首先要让学生明确今后将在哪个行业发展、从事什么职业，促进学生较早地树立职业认同，从而由目标倒推结果，最终实现培养行业一流人才的目标。

职业认同可以理解为个体以未来想从事的职业或现在正在从事的职业来回答"我是谁"这个问题，是个体逐渐从成长经历中发展起来的自我在职业世界中的定位。职业认同的发展状况不仅对大学生在校期间的学习投入与学习效果有直接影响，而且影响着其职业选择、职业适应乃至职业成功等。在大学时期，个体正处于职业认同形成和确立的重要节点，大学就读期间的经历是学生建构自身职业认同的重要材料，行业特色高校有义务有责任发挥高等教育对人的发展之引导作用，帮助学生树立职业认同。尤其在进行教育强国建设的背景下，不仅需要培养出知识技能水平过硬的人才，同时也亟须培养出具有高度行业忠诚感和行业归属感的一流人才。由此可见，探讨行业特色高校学生的职业认同问题，既是当前时代背景之需，也是未来发展之需，具有重要的理论和实际应用价值。

1.2.1　理论意义

首先，现有关于行业特色高校人才培养的研究成果，大多从高校的角度出发，关注学科建设、学生知识技能提升等方面，对行业特色高校学生职业发展与教育的相关研究还不多见。本研究从学生的角度出发，探讨其职业认同发展的现状，深入分析大学生职业认同发展的丰富内涵、主要特征、测量方法、影响因素和发展动力等，在此基础上归纳出行业特色高校大学生职业认同的教育引导策略，这有利于从理论层面对行业特色高校大学生职业认同的发展形成系统认识，是对现有行业特色高校人才培养理论体系的一次有益补充。

其次，尽管职业认同是社会科学中的热门话题，职业认同理论也日趋成熟，但已有的关于职业认同的研究中，研究对象多为典型专业领域（教师、医生等）的从业人员或这些专业的学生（师范生、医学生等），普遍意义上的"大学生职业认同"尚是一个新兴的概念。而且，现有研究中经常把大学生职业认同和大学生职业意识、大学生职业精神等概念相混淆，不同学者从不同角度甚至不同学科出发，得出的对大学生职业认同的理解也有很大区别，并没有完全就大学生职业认同的内涵形成统一认识。本研究将认同理论应用于行业特色高校大学生群体，尝试反思与建构大学生职业认同的概念，分析大学生职业认同及其发展的规律与特征，对认同理论体系进行扩展。

再次，职业认同发展是大学生发展的重要方面，大学生职业认同发展是大学生发展的重要内容。关于大学生职业认同发展的研究，实质上是大学生发展研究在职业发展方面的聚焦。职业认同的发展研究涉及个体的职业价值观、职业归属感、职业准备倾向等诸多方面，对职业认同发展规律进行归纳总结，有助于帮助大学生树立正确的学习观和价值观，为大学生进行自我职业定位、选择职业乃至终身职业发展提供理论依据。由此可见，对大学生职业认同发展的研究，是对大学生发展研究的深化和细化探索。

最后，以往关于大学生职业认同影响因素的研究，往往从人口统计角度或者学生本身的性格和偏好出发，即从学生的内在条件出发展开探讨。本研究在梳理职业认同发展的复杂过程和影响因素的基础上，着眼于大学经历对于学生职业认同的影响作用，遵循大学生成长规律和人才培养规律，总结出引导大学生职业认同发展的路径。关注高等教育对大学生职业认同发展的影响，是从外部环境这一可以改变的因素出发，探讨大学生的职业认同问题，为分析如何引导大学生职业认同发展提供了新的思路。

1.2.2 实践意义

党的二十大报告指出："加快建设国家战略人才力量，努力培养造就更多大师、战略科学家、一流科技领军人才和创新团队、青年科技人才、卓越工程师、大国工匠、高技能人才。"这体现了人才强国建设在全面建成社会主义现代化强国新征程中的重要战略地位。行业特色高校是行业人才集聚高地和科技突破的策源地，在发展过程中与各类企业、科研机构以及行业主管部门联系密切，在引领行业科技创新、建设重大科研平台等方面优势突出，为国家培养、输送、汇聚战略科技人才提供了有力支撑。

首先，从社会发展的角度来看，关注行业特色大学大学生职业认同发展是新时期高等教育对人才培养的客观要求；从个体发展的角度来看，行业特色高校引导大学生职业认同发展是实现个体自我成长和职业发展的内在需要；从行业特色高校发展的角度来看，促进大学生职业认同发展是提升行业特色高校人才培养质量、促进毕业生顺利就业的关键抓手。因此，探寻大学生职业认同的教育引导策略，对行业特色高校实现一流人才培养目标、促进学生职业发展和提升高校学生就业质量，从而更好地服务于国家和社会发展具有重要的实践指导意义。

其次，"专门人才培养"是微观高等教育研究领域的一个核心命题。潘懋元先生指出，宏观高等教育研究为高等教育事业发展确定价值、指明方向；而微观高等教育研究则是将宏观高等教育研究的成果应用于实践，解决培养专门人才的实践性问题。大学生职业认同发展问题是高等教育领域中的微观问题，关乎大学生当前的职业发展现状，以及未来能否发展为行业内优秀的专门人才，即职业领域内的杰出者。因而探讨如何促进大学生职业认同的发展，有利于在实践中推进专门人才培养目标的实现。

同时，大学阶段是大学生社会化准备的关键时期，职业认同对培养大学生的专业学习兴趣及促进大学生择业、就业有积极作用，是影响大学生学习和成长的重要因素。因此，职业认同不仅仅关乎大学生在校期间的发展，更对大学生毕业后的职业生涯发展有深远影响。树立职业认同，有利于大学生明确发展方向、顺应时代要求、增强发展动力，最终实现大学生发展和社会需求的有效对接。

更为重要的是，当前，我国社会经济处于产业结构转型期，而产业结构转型和升级最关键的就是人才供给，且社会结构的转变往往会导致社会价值体系的一系列调整和重构。为产业培养人才是大学的第一使命，同时大学也是先进思想与观念的传播场所。近年来，我国高等教育的规模迅猛扩张，跨越式地进入到了大众化阶段，在对社会经济起到良好助力作用的同时，也产生了较为明显的结构性矛盾，最直接的体现就是高等教育供给和社会需要之间相互脱节。一方面，服务于社会生产一线的高素质、应用型技术技能人才十分紧缺；另一方面，毕业生难以满足用人单位的需求，大学生就业难问题与日俱增。职业认同是个体择业、就业和职业发展的内在原因，更好地了解自我和认识职业，是职业认同的核心内容。寻求大学生职业认同发展的引导策略，利用高等教育手段帮助大学生建构起职业认同，是本研究的出发点；通过促进大学生职业认同发展来推动大学生职业发展，科学有效地协调学生职业发展愿望、学校教育教学和社会对于人才的需要，以适应社会发展对人才的需求，则是本研究的落脚点。

1.3　行业特色高校大学生职业认同的理论支撑

1.3.1　认同理论

"认同"（identity）是大学生职业认同的元概念。在人文社会科学研究领域中，认同一直是一个比较热门的话题，小至个人心理，大至民族、国家，基于认同问题所展开的讨论无处不在。心理学、社会学、哲学、人类学等几乎全部社会科学都涉及认同及其相关问题，其中，社会学和心理学对认同及其相关问题的关注程度最高，而由这两个学科交叉演化而成的社会心理学，更是将认同作为核心的学科概念之一[7]。鉴于这一概念内涵之丰富性和理论取向之多元性，不同心理学分支及相应研究中又各自对认同研究进行了丰富和深化，形成了"既有借鉴又有差异"的现状[8]。由此可见，尽管认同可能是近十年来社会及人文科学相关学科中最热门的研究议题之一，尽管基于认同理论所取得的研究成果在范围和数量上都与日俱增，但由于认同及其相关概念在操作上的困难，也由于认同研究的跨学科性质，以及解构主义思潮的渗透，针对这一概念和理论所形成的观点却莫衷一是，因而有必要在此对认同理论进行一个全面、系统的梳理。

（1）认同理论在心理学领域的重要发展

埃里克森是心理学领域关于认同研究的重要代表性人物，他所建立的社会心理发展论，是在继承弗洛伊德思想基础上的改进与创新。埃里克森所处的年代是一个剧烈变动的年代，他深感弗洛伊德的古典精神分析已不足以解释和解决当时社会中的各种问题，同时认为精神分析学派在强调社会文化因素之重要性时，缺乏对个体精神内部机制的重视和理解。因此，他以古典精神分析所形成的相关成果为基础，沿着弗洛伊德之女——安娜·弗洛伊德所强调的"自我的适应性功能"这一方向，开创了其以强调自我的适应和发展为中心的精神分析理论和发展心理学理论。埃里克森把心理社会自我（psychosocial self）界定为"自我认同"（ego identity），认为"自我认同"是指个体将自身内在的感觉、自我意识与外部评价等加以综合，形成其在职业、宗教、价值观等方面的自我评价及自我定位，以此来回答"我是谁"这一问题。

在埃里克森的思想体系中，关于认同（同一性）的研究一直处在核心地位。他认为，认同的形成贯穿个体的整个生命周期，且是每一个个体固有的适应和进步过程。他将认同视作一个"逐渐形成的结构"，这一结构是个体对生命周期各个阶段所发生变化的内驱力和社会压力的反应，并断言不完整的和不连续的认同意识会导致人格崩溃。基于这一观点，埃里克森分别讨论了自我认同在个体生命周期中八个不同阶段的表现和意义，形成了著名的"人格发展八阶段论"。"人格发展八阶段论"是埃里克森心理社会发展理论（theory of psychosocial development）中的内容，该理论把个体的一生分为八个发展阶段，每个阶段都面临着不同的发展任务，同时每个阶段都需要克服不同的挑战，而个体的发展任务就是努力解决每个阶段的"发展危机"。当每个阶段相应的核心发展任务得到恰当的解决，个体就会获得较为完整的同一性；相反，某阶段的核心发展任务未完成或处理得不成功，则会导致个体同一性残缺、不连贯的状态。其中，青春期处于童年阶段（婴儿期、儿童期、学龄初期、学龄期）之后，成年阶段（成年早期、成年中期、老年期）之前，是人格发展最重要的时期，起到关键的过渡作用。在青春期，个体必须仔细思考其在日常经历中积累起来的、有关于认识自我的社会知识，然后致力于选择和确认某一种生活策略。获得自我的同一性就标志着这个发展阶段取得了满意的结局，因此青春期个体最重要的发展任务就是发展自我认同。自我认同的实现，标志着童年期的结束，同时也是成年期的开始。

在对不同时期个体认同发展所进行的研究中，埃里克森最关注的是个体青春期认同的发展，也即青年人开始把自己的内驱力与社会期望进行整合的阶段。其1968年问世的著作《同一性：青少年与危机》是有关认同理论集大成之作。埃里克森认为，青春期是个体认同形成的关键时期。"青少年往往是充满好奇地一心想象着，将自己眼中的自己与别人眼光中的自己进行比较，并且总是想着如何把早期养成的角色、技术等，与当前的理想原型结合起来的问题。"[9]埃里克森将青少年时期的主要特征看作"认同和认同扩散"（identity versus identity diffusion），个体如无法形成良好的自我认同，就会造成认同混乱，也即埃里克森所提出的"认同危机"（identity crisis）。

值得注意的是，埃里克森还专门探讨了认同与环境的关系。鉴于任何认同本质上都是由认同者（the identifier）和被认同对象（the identified）两方面构成的，伴随着个体不断成长，其面临的环境也越来越复杂，同时也会接触到越来越多的认同对象，因而所有认同或多或少都是社会建构的。当环境发生变化，个体的认同也会相应受到影响，必须强化已经获得的认同或者主动寻求一种新的认同。由此可见，自我认同与个体对现实社会的良好适应有关，是一种"根据现实要求而确立的理想自我"。

由于埃里克森的研究，"认同"在心理学理论中被赋予了前所未有的地位，从此这个术语的使用范围开始扩大，尤其是认同常常与认同危机这个术语联系在一起，用来解释个体发展中出现的各种心理问题。总的来说，埃里克森的自我认同理论对于后续研究的启发主要可以归于两点：①强调了在认同形成与发展的过程中社会情境的重要作用；②指出了个体自我认同形成和实现是分阶段的发展过程。

（2）社会学视角下认同的演变

相较于个体自我的认同，社会学领域更关注群体的认同问题，即20世纪60年代兴起的将"个人的心路历程"和"更为广阔的社会力量"结合在一起的理论[10]。1978年，欧洲著名社会心理学家亨利·泰费尔（Tajfel），作为社会认同理论的奠基者，认为社会认同的主旨在于，关注到"个体认识到其所属于特定的社会群体，同时也认识到作为群体成员带给他的情感和价值意义"[11]。社会认同强调的是个人首先通过"范畴化"将自己归属到一个特定的群体中，继而在群体成员身份的基础上形成一种认同。[12] 社会认同理论认为个体会对社会群体进行分类，并对某一群体产生认同和偏好，与此同时也就对其他群体产生间隔和偏见。社会认同（social identity）能够使群体内成员形成一种优越感，这种优越感来源于这一群体与其他群体的有利比较。

"没有社会认同，事实上就没有社会。"所有人的认同在某种意义上均是社会认同。[13] 认同在社会生活中的意义体现在：个体是以其对自我和群体的认同而存在于社会，进而通过认同与他人进行社会交往。皮特·伯格（1963）认为，认同和其他意义一样，都是由社会建构出来的，各种认同都不过是社会实在的反映，个体之自我认同亦可以视作一种"活跃于个人经验中、镶嵌于个人身体中"的社会实在。

Turner 和 Tajfel（1986）还专门就个体认同与社会认同进行了区分，他们认为：个体认同是对自我具体特点的描述，即一种"自我参照"；而社会认同是根据一个社会类别中的全体成员的特点所得出的自我描述，是一种"群体参照"。虽然自我认同理论和社会认同理论在分析路径上有所差异，但二者所涉及的研究主题和应用领域基本是相同的，加之社会认同理论的产生本身就是基于对自我认同理论"忽视社会因素对个体的影响作用"的不满，因此这两种理论存在天然的亲缘性，并且近年来也呈现出整合的趋势。社会认同理论和自我认同理论最终都落脚于一种"自我描述"，且都强调如下共同观点：

①社会和自我之间的交互联系；

②社会和环境建构自我的功能；

③自我的发展过程能够作为连接社会结构和个体行为之间关系的中介。

（3）现代性与自我认同理论

随着经济的不断发展，社会环境也不断发生着变化，全球化、信息化和市场化日益加剧，人类的生活方式亦发生了巨大的改变。在个体视野开阔的同时，来自外界的各种文化和思想无疑也会对个体的自我认同形成冲击。基于这些变化，英国当代社会学家安东尼·吉登斯在深入讨论现代化本质的基础上，对自我认同进行了"后现代"视野下的探索。吉登斯认为，现代社会中，个体与社会变迁之间存在着既相生又相克的复杂关系：一方面，自我认同是个体追求自我成就感的表现，体现了个体超越制度制约的努力；另一方面，个体自我认同又不过是现代性制度反思性的延展而已。[14]

现代性视角下，日常生活的转型会对个体的行为产生深远的影响，与此同时，"自我"也变成了一种"反身性规划"，通过自我认同的叙述来实现和维持。也就是说，个体的认同不是在其行为中发现的，也不是在他人的反应和评价中产生的，而是在个体所保持的特定的叙事进程中被开拓出来的。[15] 由此可见，自我认同是个体自我概念的持续感受，由于认同的"内容"是由个体经历所建构起来的，因此会随着环境的改变而发生变化。

吉登斯认为，自我认同并不是个体本身自有的全部特质及其组合，而是个体依据其自身经历所形成的、作为反思性理解的自我。[16] 而且，自我认同的形成是个体围绕着"理想自我"发挥自己的能动性，并利用周围的资源去建构自我的过程。[17] 吉登斯的自我认同理论中，肯定了个体建构自我认同的能动性和"反思性知觉"在建构过程中的重要意义，同时在明确个体经历对认同的建构机制影响的基础上，进一步强调了环境对个体认同发展的影响。他还主张，自我认同不仅仅是一个个体性现象，还是超越了基于孤立静止的个体自身去寻求自我认同的途径，是竭力探索从个体性走向关系性的自我认同之路。

（4）认同理论对本研究的指导意义

本研究的核心概念——大学生职业认同，本身就是在认同理论的指导下产生的，大学生职业认同问题是认同理论在大学生这一特定群体和大学这一特定阶段和场域的具体化。虽然目前对大学生职业认同问题的研究尚处于起步阶段，但认同理论经过多年发展已经形成了许多有影响力的观点，这对于本研究认识大学生职业认同的内涵、特征、分类乃至大学生职业认同的发展过程和形成机理都具有十分重要的启发意义。

受自我认同理论与社会认同理论的共同影响，1991年Brewer提出了最优区别理论（optimal distinctiveness theory）。该理论认为，人类在社会生活中有两个基本的需要——独特性的需要和相似性的需要：个体对自身水平的认同（自我认同）满足了个体独特性的需要，而拥有"群体成员资格"（社会认同）则能满足个体相似性的需要。[18]这两个需要引发了本研究对大学生职业认同的形成原理的思考：大学生的职业认同首先建构于对于某类"群体成员资格"的考量（存异），继而产生想要拥有某类"群体成员资格"的动机（求同），最终促使其将自己变得独特、优异，产生对自身水平的认同（求同存异）。

一直以来，认同理论都强调外部环境和自我之间的交互联系，以及社会建构自我的功能，即认同是个体依据自身经历建构起来的。这一观点亦适用于解释大学生职业认同的发展过程和形成机理：大学生职业认同是大学生根据大学期间的经历建构起来的。大学阶段，与学生交互程度最高的环境是大学校园，这一阶段大学场域理应在建构学生职业认同的过程中起到主要作用。本研究试图解释大学经历对职业认同的影响作用，事实上是受到认同理论中"认同的社会建构性"这一观点的启发，因而认同理论是本研究建立学习性投入作用于大学生职业认同发展的概念模型的重要理论依据。

此外，吉登斯的自我认同理论中对"反思性知觉"的讨论，启发本研究思考社会是如何建构和影响自我认同的。这一重要机制作为沟通外部环境和内在自我认同之间的桥梁，起到了中介作用，这也为本研究分析职业自我效能在学习性投入与大学生职业认同发展之间的中介作用提供了理论依据。

1.3.2 学生发展与大学影响力理论

20世纪以来，学术界对于大学生发展、大学如何影响学生发展的关注达到了前所未有的高度。美国作为世界公认的高等教育强国，不仅在高等教育实践中体现出强大实力，在高等教育研究领域同样积累了许多有益成果，形成了学生发展与大学影响力的一系列相关理论。Pascarella 和 Terenzini（2006）将研究学生成长与变化的理论分为两种：一种是发展理论（developmental theory），主要考查学生个人变化的性质和内容，认为学生在校期间的发展更多的是一个自主发展地过程，关注和强调学生个体的内在因素对其发展的重要意义；另一种理论为大学影响力理论（college impact theory），顾名思义，重点考察学校环境对学生发展和学生收获的影响。[19] 由于这两种理论之间存在不可分割的内在关联，近年来有逐步归于一体的趋势，成为学生发展与大学影响力理论（student development & college impact theory）。[20] "学习性投入"的概念正是在综合了学生发展与大学影响力理论的主要观点基础之上提出的，本研究试就"学生发展与大学影响力理论"进行简介。

（1）大学影响力理论的代表模型

大学影响力理论着重分析了大学环境和学生在校经历对学生收获的影响，这一理论从探寻引起学生发展的因素和根源出发，关注大学如何促进学生发展，力求解释学生发展的原因。有代表性的大学生影响力模型主要有：阿斯汀的"输入—环境—输出"模型；齐克林的大学生发展七向量理论；帕斯卡瑞拉的学生认知发展因果模型以及韦德曼的本科生社会化模型。

①阿斯汀的"输入—环境—输出"模型。

阿斯汀（Astin）1970年提出了著名的"输入—环境—输出"模型（input-environment-outcome model，IEO Model）[21]，认为大学生的发展（输出变量）是由学生入学前的情况（输入变量）和大学的影响（环境变量）共同决定的。模型将学生入学前的情况作为一个重要变量，既考虑到了大学经历的直接影响作用，也考虑到了入学前情况的间接影响作用，这相较于以往研究只考虑大学经历对学生发展的影响而忽视家庭、种族、个性等入学前的情况来说，是一个进步。此外，这一模型将先前研究中影响大学生发展的因素归类到输入变量和环境变量中，将大学经历对学生的影响过程视作一个"黑箱"，引发了研究者对这一过程进行深入探讨的热情。

1984年，阿斯汀又在其前期研究基础上提出了学生参与（student involvement）这一概念，力图揭开"输入—环境—输出"模型中的黑箱之谜。对于这一概念，阿斯汀从以下五个方面进行了较为详尽的说明：第一，参与是指大学生在参加任务、活动及与他人互动中付出的精力和体力；第二，参与既与学生所投入精力和体力的量相关，也与其投入精力和体力的质相关；第三，由于参与具有主观性，因此学生参与同样的大学活动可能导致不同的学习收获；第四，大学生的学习收获与其所付出的精力和体力的质、量总和成正比；第五，教育政策和实践对于学生参与的程度和效果紧密联系。

正如阿斯汀对 IEO 模型的评价，"输入—环境—输出"的思路以及其对学生参与概念的界定，为大学影响力与大学生发展的研究作出了方法论层面的贡献。

②齐克林的大学生发展七向量理论。

1969 年，齐克林（Chickering）依据其在 1959—1965 年实证研究的结果，出版了《教育与认同》（Education and Identify）一书，提出了大学生发展七向量理论（seven vectors theory），被视作将 Erikson 的抽象的认同理论在大学生的行 为层面的落实，这一理论使大学生的认同发展的内容与方式更加明确化与具体化。1993 年，Chickering 和 Reisser 合作重新修订了七个向量的具体内容，修订后的七个向量分别是：能力发展、情绪管理、从自主到互相依赖、成熟的人际关系、认同发展、目标发展和一致性发展。其中，认同发展主要指对"我是谁"的探索与确认，具体表现为：愉悦自己的外观；接纳自己的性别及性倾向；确认自己的文化、家庭及社会传承；有清晰的自我概念并认同自己的角色及生活方式；透过自我反思与他人的回馈，清楚了解自己；接纳自我及保有自尊；努力达到人格的稳定与协调。

齐克林用向量（vector）这一概念来描述大学生发展的一系列任务（task），指出了大学生在各个阶段的发展既有方向又有大小，但各个任务之间没有如马斯洛需要层次论中的"层次"上的高低之分，即七个方面的发展任务同等重要。其中，大学生发展的方向并不是一条直线，而是呈螺旋发展态势，在每个发展阶段（stage）各个向量发展的大小不同，即每个阶段都有主要的发展任务。

为了促进大学生在以上七个方面的发展，Chickering 和 Gamson 又于 1987 年提出了本科教育良好实践的七项原则，为各个高校制定引导大学生发展的有效策略提供框架依据。这七项原则分别是：鼓励师生之间的互动；鼓励学生之间的合作；鼓励学生主动学习；给予学生支持性的反馈；强调学生完成任务的时效；就学生期望进行交流；尊重学生多样的才华和不同的学习方式。

齐克林所提出的大学生发展七向量及本科教育良好实践的七项原则一直被作为美国大学人才培养的一个目标依据，在后续关于学生发展的研究中，都能从这七个向量中找到本源，这足以说明这一理论的重要价值。本研究的核心变量，即大学生职业认同，就是"发展认同"这个向量的重要内容，同时又和其他几个向量密切相关，因而该理论是本研究进行变量内涵分析的重要依据。同时，齐克林所提出的本科教育良好实践的七项原则放在今天的高等教育背景下依然适用，这为本研究提出有效的大学生职业认同引导策略提供了思路和框架。

③韦德曼的本科生社会化模型。

1989年，匹兹堡大学教育学院的韦德曼（John C. Weidman）教授基于布里姆（Brim）对社会化进行的界定，提出了本科生社会化模型（model of undergraduate socialization）。根据布里姆的观点，社会化指的是：个体为成为某一社会的有效成员，获得知识、技能和性格的过程。提出本科生社会化模型是鉴于大学经历是一个长达几年的过程，韦德曼认为大学生实现社会化的过程通常包括四个阶段。第一，预期阶段：在新生入学阶段，学生通常已经持有一定价值观、职业抱负和其他个人目标。第二，正式阶段：接受大学的教育之后，大学的各种机制开始对学生产生社会化影响，这种影响主要来自专业内的师生所施加的规范压力和父母支持所引发的成就压力。第三，非正式阶段：对大学环境逐渐熟悉之后，大学生面临正式阶段的压力之外，还通过参与各种类型的活动、与不同的对象交往，去评价来自各个方面的知识和价值导向的特征，以及这些价值导向等与个人职业生涯目标的适配性。第四，个性化阶段：适应大学生活之后，自然地融入到大学经历中，根据父母的影响、专业规范的压力和大学所倡导的知识的价值理念选择保持或者改变入学时的价值观、职业抱负和其他个人目标，实现本科阶段的社会化。[22]

该模型从社会化的角度出发，探讨大学生的发展问题及大学经历对其的影响，是对大学影响力理论的有益补充。依据韦德曼的观点，大学生的价值目标受到学生背景、大学的学术和社交结构、父母的社会化情况以及大学以外的群体的影响。大学生会综合多方面影响因素，接受来自其中一方或者多方的建议，选择维持或者改变自己入学时的目标和价值取向。大学生的职业目标是大学生职业认同的对象，职业价值观是大学生职业认同的重要构成维度，根据韦德曼的观点，大学经历是影响社会化结果的重要因素，是本研究分析学习性投入对大学生职业认同发展的影响机制的有力支撑。

（2）大学影响力理论的几种导向

大学影响力理论虽种类繁多，方向各异，但仍然可以从理论的整体关注点的变化中总结出几种主要的导向。早期学生发展与大学影响力的研究主要关注大学的"产出"（college outcomes），因此产生了"内容导向"与"资源导向"的学生发展与大学影响力理论。随后这一研究领域认识到学生自身的特征同样是影响学习结果（learning outcome）的一个重要因素，开始将更多的研究聚焦于学生发展，因而形成了"个人导向"的学生发展与大学影响力理论。近年来，高等教育界日益重视学生是如何获得学习结果的，因而重视学习过程（learning process）的学生参与导向成为当前大学影响力理论的主要导向。

事实上，大学生发展的内在因素会受到外在环境的影响，因而几类观点都对于本研究具有指导意义。在此，对大学生发展以及与之相关的大学影响力理论的导向进行简单的梳理和回顾，见表1-1：

表1-1 **大学影响力理论的导向**

理论导向	代表观点	理论评价
内容导向 （content）	学生的成长主要取决于学生受教育的内容（subject-matter）[23]	学生在学习过程中被动地接受知识
资源导向 （resource）	只要学校的资源投入（硬件方面如设施、软件方面如师生比）足够充足，学生就能取得学习收获和发展	强调资源投入而忽视了资源的利用情况和学生的参与性

理论导向	代表观点	理论评价
个人导向 （individualized）	单一的教学内容不足以满足学生个性化的发展，强调学生具有自主选择性（eclectic）[24]	意识到了学生的重要性，但现实中无法实现完全的个性化适配
"参与"导向 （involvement）	强调学生在学习过程中的积极参与对学生发展和学习收获的重要作用，教育目的的实现需要学生付出努力和精力[25]	充分认识到学生参与和投入学习过程对于高等教育产出和学生收获的重要性

资料来源：ASTIN A W. Student involvement：A developmental theory for higher education [J]. Journal of College Student Personnel，1984，25（4）：297-308.

参与导向的观点指出：大学和教师不应只关注对课程内容、教学资源等的优化，而应更关注学生的行为以及学生投入到学习过程中的时间和精力。学生参与导向的大学影响力理论关心学生的行为机制（学生如何获得这些发展），即关注学生发展的过程，而非单纯去关注学生发展的结果，因此与以往的大学影响力理论和学生发展理论有本质区别，为后续研究指明了方向，拓宽了高等教育研究的理论视角。

（3）影响力理论对本研究的指导意义

20世纪以来，学生发展与大学影响力理论不断拓展和丰富，从理论上确定和完善了学生发展的内容及大学经历中影响学生发展的因素。尽管大学影响力理论和学生发展理论涵盖的范围很广，但主要是回答了下列四个方面的问题：

①学生生活在大学环境中，他们的心理状况、人际关系将发生怎样的变化？

②什么因素导致了这些变化？

③大学环境中的哪些因素促进（阻碍）学生发展？

④学生将在大学阶段获得哪些方面的发展？

大学影响力理论和学生发展理论中常常涉及大学生职业发展问题，以及大学对大学生职业发展的影响作用，为本研究识别本科经历中大学生职业认同发展影响因素提供了理论依据。

经历了内容导向、资源导向和个人导向几个阶段，大学影响力理论和学生发展理论逐步趋于参与导向。学习性投入研究作为当前大学生发展理论的最新成果，关注学生发展的过程而非单纯关注学生发展的结果，给本研究探索大学经历中影响学生职业认同的关键环节提供了有益参考。事实上，高等教育促进大学生发展必须以学生参与学业活动为载体，学生则通过在参与学业活动的过程中与环境、他人进行互动实现发展。大学生职业认同的发展也不例外，只有依托于学生在教育经历过程中的参与和投入，与环境、他人进行互动，才能逐步建构起对某种职业的认同。在本科经历中，学生参与什么、如何参与，则需要根据大学影响力理论和学生发展理论中的观点来确定，因而大学影响力理论和学生发展理论是本研究对本科经历这一变量进行分析和具体化的基础，也是建立学习性投入和职业认同这两个变量间关系的理论基础。

1.3.3　建构主义理论

建构主义（constructivism），国内又译为结构主义，是认知心理学派的一个重要分支。建构主义继承了现代认知心理学的观点，即主张主体-客体互动论，且强调认知主体的主动性，肯定了主体内部的新、旧经验之间的互动对个体建构意义的影响作用。[26] 由于不同个体的经历不同，其对于同一事物所积累的经验也就不同，最终可能就同一事物建构出不同的结果。同一事物之所以会被建构出不同的结果，其关键就在于个体认知结构的不同，即个体的"图式"各异，因此"图式"是建构主义理论中的一个非常重要的概念。

（1）图式——建构主义理论的重要概念

①图式的含义。

"图式"（schema）一词源于希腊语 skhēma，在希腊语中 skhēma 的意思是形状、形态，在德文和英文中皆以"schema"一词代表"图式"。根据《韦氏词典》的解释，"认同"意为"个体应对复杂形势或刺激时特定的思维组织方式，实质上是思维上的经验编纂"。具体来说，人类每天都面临着大量的信息，由于个体无法完全吸收这些信息，势必要选择性地对这些信息进行处理和加工。认知心理学认为，个体对信息进行筛选、组织与加工之后，形成一个个储存信息的单位，这些信息单位综合起来即为个体内部的认知结构，这种认知结构即被称作"图式"。当个体遇到新事物的时候，只有把它们跟已有的图式联系起来，才能理解这些新事物。图式是个体对信息的主动加工，人们总是主动地评价和积极地衡量当前的情境，以找到合适的图式。图式储存于个体的记忆中，一经建立起来就能立即发挥功能：决定是否注意到信息、信息的重要程度如何、是否选择信息以及如何处理信息。[27] 当个体经历中某类信息重复出现，与之对应的图式会逐渐稳固，若经历中出现与已形成的图式不一致或矛盾的信息时，个体或者选择抗拒而强化已有图式，或者吸收这些信息，并对图式作出适当的调整。[28]

由此可见，图式是认知结构的核心，是人类认识客观世界的起点。图式影响着个体对客观世界的知觉、理解和思考方式，同时也是个体心理活动的框架和组织结构。

②图式与顺应、同化、平衡。

瑞士著名教育心理学家简·皮亚杰（Jane Piaget）所创立的"日内瓦学派"，主要针对儿童认知发展进行研究，其代表性观点为"儿童对外部世界的认识，是在与环境相互作用的过程中逐步建构起来的"[29]。这一观点既是发生认识论的核心观点，也是认知心理学的雏形。图式与同化、顺应、平衡是皮亚杰发生认识论中的关键概念，他认为图式的同化、顺应与平衡是认知发展的三个基本过程：

同化（assimilation）：指个体把外部环境的刺激所产生的相关信息吸收进来，并结合到自己原有的认知结构即"图式"中的过程。

顺应（accommodation）：是指个体通过调节自己的认知结构即"图式"，以使之与外部信息相适应的过程。

平衡（equilibration）：皮亚杰认为，个体的认知图式是通过不断地同化和顺应来适应新的环境的，同化和顺应这两种机能相互调节适应，图式从不稳定的平衡过渡到逐渐稳定的状态的过程即为平衡。

由此可见，个体的认知图式不是一成不变的，而是一个发展的过程。个体通过不断和客观世界发生作用，使图式逐步实现从低级阶段向高级阶段的发展，这一过程即图式的建构过程，皮亚杰把这一图式的发展过程称为主体的建构。

（2）自我图式理论的提出与发展

①自我图式的含义。

根据图式的概念，"自我图式"（self-schema）即关于自我的认知结构，由个体加工过的信息构成，是个体对自我在认知上的概括，它与自我概念有着紧密的联系。认知心理学家马库斯（H. Markus）于1977年首次对自我图式的概念进行了界定，她认为自我图式是指"个体用来处理与自己有关信息的一套自我信念，实质上是个体有关自己某些具体特质的认知"，因此自我图式会对个体认识客观世界、获取信息等方面发挥"模式化"行为影响。简而言之，自我图式形成于个体过去的经历，又作用于其当前和未来的经历，决定着个体对与自我有关的信息的处理。

②自我图式对自我的作用机理。

自我图式虽是个体过去经历的表征，但它不仅仅只是起到信息贮存库的作用，还能指导个体对当前的经历作出判断，甚至指导个体对"未来自我"作出推断和决定。早期的经历给个体留下了深刻的观察世界的方式，对个体理解社会、自我和他人具有深远的影响意义。这些经历形成了个体处理当前经历的"模板"，往往具有自我延续性，这些"模板"即图式的体现，模板中的内容（例如，"我很坚强""说谎的人不能被信任"等）可以被视作个体的核心信念。[30] 因此自我图式理论的关键作用就在于：个体使用图式来组织当前的信息，并为未来的理解提供一个框架。

Persons（1989）在分析认知疗法时，指出了个体经历、自我图式对个体的思想、情感、行为乃至生理机能的作用机制。在Persons的模型中，图式在个体过去经历和当前的思想、情感、行为和生理机能之间起到中介作用，是个体过去经历影响当前自我的"触发器"（triggers）。

③自我图式理论与"未来可能自我"。

受自我图式理论的启发，Markus和Nurius（1986）根据对大学生群体对自我概念中可能性的角色所进行的考察，探索其对未来情境中自我的认知，将个体基于未来的自我认知定义为"可能自我"（possible selves)。"可能自我"是基于自我图式而指向未来的自我概念，即个体希望未来自己在某一方面会变成怎样或者应该变成怎样。可能自我中既包括个体希望自己成为的样子，也包括个体害怕自己成为的样子。可能自我与个体的潜能和未来有关，并指向未来。[31] Hart 等（1993）认为，在时间上，现在自我会向前和向后进行投射，能够产生过去自我和将来自我[32]，个体依据过去自我形成现在自我，并依据现在自我想象未来自我。即，现在自我反映过去自我，同时产生未来自我[33]，未来自我是包含对过去自我和现在自我的未来表征。

"职业可能自我"（occupational possible selves）的概念正是在未来可能自我这一概念的基础上提出的。Chalk 等（2005）认为个体的自我意向建构于其自我认知图式的信息，这种意象最终将落实在一种关于工作的自我概念上，即职业可能自我。[34] Pisarik（2009）认为职业可能自我是个体未来的表象，是自我根据未来工作价值进行的描述，表达了其对未来职业的希望和预期。[35] 依据这一观点，Pisarik 提出了以职业希望自我（hoped professional selves）和职业预期自我（expected professional selves）为核心的职业可能自我的两分结构假设。前者主要指个体对某种职业的渴望、梦想和愿景，是不受现实约束的；后者则指个体直接感知到的现实意象，受到现实结果制约。这些职业意象构成了个体希望成为的理想中的职业自我。

（3）建构主义理论对本研究的指导意义

首先，建构主义理论中"自我图式"的概念是一种关于自我的信息加工观，是个体对未来自我进行判断和解释的基础。本研究认为，大学生职业认同与其他群体的职业认同的本质区别之一，就在于大学生职业认同是对"未来可能自我"的一种认同。因此，建构主义理论中自我图式的观点有助于本研究认清大学生职业认同的这一特性，进而有助于更好地分析和理解大学生职业认同的内涵、本质及形成与发展机制等。

其次，"图式"是建构主义理论中的重要概念，对本研究理解大学生职业认同的建构过程具有启发意义。自我图式理论作为个体自我概念研究中一个新的领域，让我们更清楚地意识到个体的经历在调节人类认知、情感甚至行为中的作用，支持了本研究所主张的大学经历对大学生职业认同具有影响作用这一论点。自我图式理论中所揭示的个体经历对作用于个体认知、情感和行为的方式，也为本研究探讨学习性投入对大学生职业认同的影响机制提供了理论依据。

因此，基于建构主义理论图式观，本研究选择将职业自我效能作为学习性投入和大学生职业认同发展之间的中介变量。

1.4 行业特色高校大学生职业认同的研究现状

1.4.1 国外大学生职业认同及其相关研究

（1）国外关于职业认同的代表性研究

"行业特色高校学生职业认同"的相关研究是"职业认同"研究在行业特色高校学生这一群体上的延伸。国外对于职业认同的研究起步较早，且受到自我认同理论和社会认同理论的影响。延续了自我认同理论及符号互动理论，职业认同自概念诞生起就面临着不同的解读和分析。例如，早在20世纪60年代，Miller就将职业认同从整个认同结构中划分出来，他将认同视作包括了三层结构的同心领域，中心包括防护的和应付的自我，边缘是表现出的自我，而中间则是多重社会次自我领域，其中就包括职业认同。

关于职业认同的构成，国外研究中以不同群体为研究对象对职业认同进行了不同维度的划分。其中较为有影响力的研究包括：Meyer等（1993）建立了包括情感认同、持续认同和规范认同三个维度的职业认同模型；Brickson（2000）提出了认同的取向模型，将认同分为个人认同、集体认同和关系认同三种取向，而每种取向又由情感、认知和行为三个方面构成。这些职业认同的维度划分被广泛应用于后续职业认同的调查中，为实践中具体职业（如医生、教师）的职业认同研究提供了理论依据。

关于职业认同的影响因素，国外研究得出了一些启发性结论。Cohen-Scali（2003）认为，个体的职业认同是在与职业世界持续接触中所产生的，表现为各种自我表征。研究结果表明，无论是作为从业者还是作为学徒，工作经历都将促进个体职业认同的形成，学校、社会、认知经验、学徒经历、工作环境都是职业认同的重要影响因素。[36] Schryer和Spoel（2005）将影响职业认同发展的因素归为三类：职业领域内正规的知识、语言、技能和行为；实践情境中显现出来的心照不宣的职业规则；行业的制度、政策等。Gregg和Magilvy（2001）采取扎根理论方法，通过对18位日本的护士进行访谈得出结论："与护理实践相结合"（bonding into nursing）是职业认同形成最为关键的要素。他们还从访谈结果中析出了职业认同发展的六个关键要素，分别是工作经历、对职业价值的认知、建立自己的职业哲学、从教育中获得的影响、职业承诺以及将职业整合进"自我"中。

（2）国外关于大学生职业认同的研究

大学生职业认同的相关研究是职业认同研究在大学生群体中的延伸。国外关于大学生职业认同的一般性研究中，既有效借鉴了已有关于职业认同研究所形成的基础性观点，同时又注意到了大学生职业认同与已从业人员职业认同的区别，形成了一些专门针对大学生群体的职业认同研究成果。

①国外关于大学生职业认同构成的研究。

Capobianco等（2012）认为大学生的职业认同主要体现在两个方面，即学术认同（academic identity）和职业志向（profession aspiration），学术认同是指个体在多大程度上投入对专业的学习，而职业志向则指个体在多大程度上认为从事某一职业是可取的。[37] Hong（2010）将师范专业大学生的职业认同概括为六方面：核心价值观、自我效能、职业承诺、情感、知识信念和微观政治，并指出其他要素最终都是通过情感作为中介作用于个体的职业认同，从而影响师范生是否从事教师职业。Daicoff（2014）以法律专业学生的职业认同为研究对象，认为职业价值观、偏好、激情、内在满足、情绪、智力以及学生的首选职业实践，是其职业认同的直接体现。Nadelson等（2015）则认为，可以通过判断STEM专业学生的职业属性、职业知识、职业行为和职业观念的发展程度，来衡量学生职业认同的发展程度。[38]

②国外关于大学生职业认同发展的研究。

Cohen（1988）提出了一个职业认同发展的"四阶段"模型，并认为所有的学生在对其职业角色"感到舒适"的过程中都会经历四个阶段：在第一阶段，学生开始投入到专业基本理论学习中，对专业和未来将从事的职业形成初步认识；第二阶段，学生通过将所学知识与他们所获得的信息、规范和价值观进行对比，开始产生不适与质疑；第三阶段，学生努力进行适应和调节，希望找到一个模式既能够使职业角色满足个人需求，又能使自己满足职业角色的要求；在最后的第四阶段，学生逐渐对其职业角色感到"舒适"，从而使职业角色成为他们自我概念的一部分。Cohen（2003）还从家庭、社会以及工作社会化的角度考察了青年建构职业认同的过程，其研究成果在大学生职业认同的研究中很有代表性。Peel（2005）将职业认同的发展过程视作个体不断从经验学习中派生出意义，逐渐变成"批判性学习者"的一段旅程。Schepens 等（2009）认为师范生在其学习过程中通过其所得到的任务、挑战与指导，感受专业文化对他们角色行为的期待、反馈、约束和支持，从而逐步建构起职业认同。Burford（2012）认为医学生在进入专业学习之前一定程度上已经存在职业认同，通过专业课程中包含职业特征、价值观和信仰的部分对学生既有的职业认同产生影响，从而重塑学生的职业特征、价值观和信仰，使学生逐渐"像专业人员一样思考和行动"，这一过程即为学生职业认同发展的过程。Nadelson 等（2015）的研究发现，大学生职业认同的发展不能单纯依赖外部的观点和立场，而是依赖自己的智力和思想。因此，大学生应更多地自主思考并保持独立观点，参考多种信息和不同的观点来判断思考，从而建构其职业认同。

③国外关于大学生职业认同影响因素的研究。

Erikson（1959）认为，大多数青少年成长成熟的过程中，帮助其形成认同的关键要素主要包括五方面：对不同角色的试验；经历选择；有意义的成就；避免过度焦虑和压力；反思和自省。Askeland 和 Payne（2006）也认为对职业和自我的反思和内省是影响个体职业认同的关键因素。Barretti（2004）、Bogo 和 Wayne（2013）等学者则将与他人（如同伴、导师、榜样等）的互动视为影响大学生职业认同的一个主要因素。Daniel（2011）、Harrison（2009）等学者认为，大学生通过反思将自我的价值观和职业的价值观相"和解"，是影响职业认同的重要因素。Rubin 和 Bell（2012）、Miller（2013）还认为年龄和成熟度也将影响大学生职业认同的发展。Le Bart 和 Merle（1997）的研究中指出，大学生所选的课程对其职业认同的影响甚至超过了其自身社会背景的影响，将所选课程与自我进行整合，实质上是将附着在课程中的价值观与自我价值观进行整合，这无疑会影响大学生职业认同的发展。Folsom 和 Reardon（2003）通过对本科生职业生涯课程展开研究得出结论：学生参与职业生涯课程学习对职业认同的发展具有积极影响。Cornelissen 和 Wyk（2007）指出，参与职业角色，或为职业角色做准备，是大学生深入了解职业价值观、动机和态度的关键，而关于这些问题的思考塑造了职业认同。

④国外关于大学生职业认同的引导策略研究。

国外关于大学生职业认同的引导方面的研究，主要有两大类观点：一类观点强调外部因素如社交嵌入和环境的影响作用，典型的方法就是专业学徒和导师制，其旨在引导学生像专业从业人员一样行动和思考，由新手逐步成长为专家；另一类观点则主要强调学生的内部因素去主动探索职业角色，通过专业学习、观察角色榜样，尝试临时的职业角色，并通过反思和外部评价充分认识自我在扮演职业角色时的表现，并在此基础上进行改进等方式促进个体的职业认同发展[39]。例如，Daicoff（2014）以法律专业学生的职业认同为研究对象，认为自我效能感和从业的满意度、幸福感是法律专业学生职业认同形成的主要原因。因此她主张开设职业责任课程，内容包括职业道德准则、职业行为所必需的实践技能、个人与职业价值观等，使学生理解并能够清晰描述其首选职业的作用和价值，通过演示、作业、技能训练、角色扮演和模拟获得职业交流和判断能力，以此来促进学生的职业认同发展。Nadelson 等（2015）则建议高校应有意识地让学生沉浸在参与知识解释、批判思考和科学推理的情境中，这将有助于学生职业认同的发展。

1.4.2 国内大学生职业认同及其相关研究

（1）国内职业认同的一般性研究

在早期，国内学者对于职业认同的研究多为国外学者研究成果的总结。1986年，心理学家王极盛在其发表于《管理世界》上的《当前改革的心理学问题》一文中，首次提及了职业认同的概念，将这一在国外社会科学研究中的重要概念引入国内。20世纪90年代后，有少数学者开始对护士等典型的专业性职业的从业者的职业认同问题展开讨论（李建平，1990；刘晓明等，1998）。直到进入21世纪，学术界对职业认同的研究才逐渐深入，研究成果呈明显增加趋势，研究对象也不限于教师、医生等职业群体，研究范围不断拓展。

南开大学的丁刚（2014）在梳理职业认同的概念时，从态度、特征、身份、角色、情感与意义等角度[40]，细致解读了不同学者对职业认同内涵的不同认识。魏淑华（2005）在研究教师职业认同问题时，分析了职业认同的性质，她认为：职业认同既是一个过程，即个体从自己的经历中逐渐发展、确认自己的职业角色的过程，同时职业认同也是一种状态，指个体对自己所从事的职业的认同程度。[41]张敏（2006）在梳理国内外对教师职业认同研究的基础上，将职业认同概括为"个体对于所从事职业的职业目标、社会价值及其他因素的看法"[42]。高艳等（2011）将职业认同界定为"个体逐渐从成长经验中确认的自己在职业世界中的自我概念"，不同发展阶段的自我概念清晰程度和确定性也不相同。[43]

在国外成熟量表的基础上，我国学者也就教师（魏淑华等，2013）、护士（陈祥丽等，2007）、导游（王晨光、张爱萍，2012）、警察（李欧，2017）等职业设计了测量其职业认同程度的工具。经实证检验，这些职业认同的测量工具在中国情境下同样适用，为研究各行业从业人员的职业认同实际情况提供了事实保障，也为进一步探讨职业认同的前因变量和结果变量提供了有效支持。相关研究表明，职业认同对个体的幸福感（孙钰华，2008）、工作满意度（汤国杰，2009）、离职意愿（李秀英，2016）、专业发展（王静，2007）、工作绩效（穆桂斌、张春辉，

2012）等多个方面存在影响，是关乎个体职业生涯发展的重要因素。

关于职业认同的前因变量，也是国内相关研究的一个重点，总结已有研究，可以将这些影响因素分为个体因素和环境因素两大类。个体因素包括生活经历（蹇世琼、饶从满，2017）、心理资本（王钢等，2014）、心理契约（董旭婷等，2013）、人格特质（穆桂斌、张春辉，2012）、入职动机（韩颜华、王晓辉，2010）、价值观（李恺、罗丹，2015）、胜任力（杨惠兰，2015；吴文辉，2016）、自我效能（丁刚，2014；张欣等，2015；赵宏玉，2016；张晓辉等，2017）、环境因素（主要为家庭环境）（滕缓，2012）、社会支持（王国文等，2015）、组织支持（王晶，2015；何双双，2015）、岗前培训（宗秋梅，2016）、工作压力（杨玲，2016），等等。这些研究都为本研究从高等教育视角出发，分析大学生职业认同发展的影响因素提供了借鉴与参考。

（2）国内关于大学生职业认同的研究

国内对大学生职业认同的关注是从近十年才开始的，前期研究对象以师范生、护士生等行业特色高校的大学生居多，研究内容则主要围绕这些专业大学生职业认同的影响因素、维度划分以及教育对策展开。需要说明的是，Vincent Tinto（1980）将职业分为专业职业和应用性职业两类，专业职业指需要更多专业知识和需要更多智力技能的职业，这些又主要是通过正式教育实现的，而应用性职业可能需要更多实践技能和职业兴趣。[44]这也充分解释了国内外关于大学生职业认同的研究多集中于专业职业学生的原因，这些成果依然对本研究分析大学教育对大学生职业认同的影响作用具有启发意义。另有学者就体育专业大学生（张鸿、蒋远松，2012）、理工科大学生（邓然、蒋淑亚，2014）、公安院校大学生（张佳佳，2013；程婧，2014）等大学生群体的职业认同问题展开了研究，可见，大学生职业认同问题的研究对象在以师范专业、医学专业和护理专业的大学生为典型的同时，也开始向其他专业普及。

从2006年开始，北京大学的刘秋颖和苏彦捷教授开始进行大学生职业认同的开发与管理研究，形成了一系列高质量成果。两位学者从人格与决策（2008）、个体发展（2006）、教育模式比较（2009）等角度探讨了本科生的职业认同形成与发展问题。研究结果表明，"无论是自己还是与他人一起决定志愿的本科新生，都主动探索过职业/主修专业认同，并通过决定主修专业对职业认同作出承诺"，这意味着尽管一部分大学生仍存在着职业认同延缓、弥散等情况，但所有大学生都具有建构职业认同的主观意愿和实际行为，即职业认同作为个体发展的一个重要方面，在大学生入学前已经发展至一定水平，大学期间也必然会经历职业认同的进一步发展。关于大学生职业认同的影响因素，刘秋颖、苏彦捷（2009）经实证研究发现，是否已经确定专业对大学生职业认同状态（闭合、延缓、弥散、获得）具有预测性，不同主修专业（人文学、理学、信息与工程科学）的本科生在不同职业认同的状态下的表现也呈现出差异性。两位学者通过跟踪调查教育和职业辅导的实践工作发现，我国大学生"职业认同延缓"和"职业认同弥散"状态普遍存在："职业认同延缓"多表现为大学生"不愿过早确定自己的职业目标，而是先学好与专业有关的基础课程"；"职业认同弥散"则表现为面对多种职业选择，大学生尚未作出一定要从事某种职业的决定，即尚未决定要学什么、做什么[45]。针对这一现状，两位学者提出了"通过教学设计、扩展学习、培养职业决策能力和提高个人发展的主动性"[46]等教育策略来引导和推进处于不同职业认同状态的大学生实现职业认同的进一步发展。

由于职业认同是大学生就业质量的重要预测因素，一些学者在关注大学生职业认同发展的现状[47]及其过程中的困惑与对策[48]等问题之外，也就大学生职业认同的前因变量和结果变量展开了探讨。李文道、邹泓、赵霞（2007）研究发现，大学生职业认同对职业决策有很强的影响作用；岳德军、田远（2016）则通过实证研究发现，人力资本（个体通过接受教育或培训等所获得的知识与技能的存量总和）并不直接影响就业，而是通过职业认同调整就业期望，再影响大学生就业质量，明确了人力资本作为职业认同前因变量的合理性。同时，也开始有学者对大学生职业认同与实习经历、求职结果的关系[49]展开了讨论，认为实习经历对大学生职业认同的发展具有影响作用，继而职业认同又对大学生求职结果起到预测作用。

1.4.3　现有研究成果总结与评价

国外对于职业认同的研究起步较早，就职业认同的概念、特征、影响因素、维度构成等方面形成了一系列研究成果。但总结已有成果发现，不同学者从不同角度甚至不同学科出发，得出的对职业认同的理解存在很大区别，因而并没有形成统一的概念。也有很多国外学者就实践中具体行业和角色的职业认同情况展开了丰富的研究，其中仍是以教师、医生、律师为研究对象居多，围绕着大学生职业认同问题展开的研究也多以这些行业特色高校的学生为研究对象。需要说明的是，本研究以行业特色高校大学生群体作为研究对象，仅关注其在大学阶段的职业认同形成与发展问题，与已经从业的工作者的职业认同研究角度不同，在此不就实际从业者的职业认同问题研究成果再做阐述。

从国内相关研究成果不难发现，我国学者近十年才开始关注职业认同问题，研究基础相对薄弱，且多借鉴国外研究思想，因此仍需要进行更为系统的研究。目前，国内关于职业认同的研究，多为国外理论结果的实证考察。受国外研究影响，我国职业认同问题的研究对象也以教师（师范生）、护士（生）居多，且国内现有研究中经常将职业认同与职业意识、职业精神等概念相混淆。北京大学的刘秋颖、苏彦捷教授近年来致力于大学生职业认同问题的研究，取得了一系列高水平的成果，形成国内大学生职业认同问题研究的理论高地。另有一些国内研究虽未直接涉及大学生职业认同问题，但由于职业认同与专业认同、职业成熟度、职业希望自我等概念存在微妙差异的同时，更带有明显的内涵重叠，因此这类成果依然对本研究具有十分重要的启发意义。

总体来说，国内外对"大学生职业认同"的研究尚处于起步阶段，学术界和实践界对于该问题的关注程度也有待提高。我们还注意到，目前关于大学生职业认同的研究成果中，多数更为关注职业认同对个体发展的影响意义，即多为对职业认同"后果"的研究，关于职业认同"前因"的研究成果则较少。在这些少数关于大学生职业认同影响因素的研究中，也仅是从家庭、社会、个体经历等较为宏观的方面对这些影响因素进行了简单的归类和梳理，尚缺乏就某一方面原因进行更为深入剖析的研究成果。大学经历作为大学生职业认同建构的依托，是大学生职业认同发展的重要影响因素，因此二者之间的关系、发生作用的机理与机制，都值得进一步探索和讨论，以为现实中科学引导大学生职业认同发展提供理论参考。

总结现有研究可以发现，国内外关于职业认同的研究已经形成了诸多成果，相关结论对本研究探讨行业特色高校大学生的职业认同问题具有启发意义。但目前国内外学者对大学生群体的职业认同问题的关注程度较低，已经形成的少部分成果主要集中于医学生、师范生、护士生等几类群体，对其他专业大学生职业认同的研究则呈现出起步较晚、参与度不高的特点。受理论研究和实践探索成果不足且尚不成熟的影响，目前关于行业特色高校学生职业认同的研究主要还体现在现状调查层面，且往往从人口统计因素或者学生本身的性格和偏好出发，换言之，是从个体的内在条件出发展开探讨。虽然有少数学者已经提及高等教育经历在行业特色高校学生职业发展过程中所能够发挥的重要作用（梁英，2006；余文婷，2012；田少宁，2016），但对行业特色高校如何通过教育手段提升学生的职业认同，学术界和实践界都还未引起足够的关注和思考。因此，有必要从行业特色高校的教育实践出发，就学生职业认同的影响因素、引导策略等展开更为深入和细致的思考和讨论，这不仅是现有研究中的缺失部分，也正是本研究的努力方向。

2 行业特色高校概述

2.1 行业特色高校的内涵与特征

2.1.1 行业特色高校的内涵分析

党的二十大报告中提出要"加快建设国家战略人才力量",指明了人才强国建设在全面建成社会主义现代化强国新征程中的重要战略地位。报告中还具体明确了既要努力培养造就更多"大师、战略科学家、一流科技领军人才和创新团队、青年科技人才",也要致力于培养"卓越工程师、大国工匠、高技能人才"。行业特色高校是行业人才聚集的高地和专门技术突破的策源地,在发展过程中与行业联系密切,在引领行业科技创新、建设重大领域性科研平台等方面优势突出,在服务行业发展和行业创新方面具有不可替代的重要作用,为国家培养、输送、汇聚行业特色人才提供了有力支撑。立足新征程,行业特色高校要主动聚焦国家和行业发展重大需求,培育一批专门人才。行业特色高校是现代高等教育体系中"客观存在"的一种高校类型，作为中国高等教育体系的重要组成部分，此类高校是促进教育与行业、教育与国家经济社会发展紧密结合的重要保障。作为我国高等教育办学体制的一个重要特色，在70年服务国家的经济建设和社会发展历程中，行业特色高校曾在促进教育链、人才链与产业链、创新链的有机结合上发挥了重要的历史作用，作出了积极、卓越的贡献。在世界一流大学建设高校名单中，行业特色高校约占三分之一；在世界一流学科建设高校名单中，行业特色高校约占四分之三。教育部公布的全国第四轮学科评估结果显示，82所拥有A+学科的高校中有57所是行业特色大学，约占70%。[50]

目前国内对于行业特色高校的定义以及范围的划分尚不明确。广义来说，行业特色高校指具有行业背景、服务面向及相应学科特色的大学[51]，呈现出显著的行业办学特色与突出的学科群优势；狭义来说，行业特色高校指高等教育管理体制改革前隶属于国务院某个部委管理，涉及如农业、水利、地质、矿产、石油、电力、通信、建筑、交通等多个国家关键行业领域，现在分别归属到教育部及其他相关部委或地方管理的高等院校。[52]根据潘懋元先生对行业特色大学的描述，我们可以知道：行业特色大学"是指以行业为依托，围绕行业需求，针对行业特点，为特定行业培养高素质专门人才的大学或学院。"[53]其中既包括高水平的行业特色大学，也包括普通的地方行业特色高校，还包括高职院校，是在围绕行业、依托行业、支持行业的进程中自然形成的高校类别。[54]美国教育家伯顿·克拉克（Burton R. Clark）的院校分工理论指出，不同高等学校应根据不同的分工，集中力量投入自身具备优势的教育任务，培养社会所需的不同类型的人才。[55]行业特色高校作为以行业为依托、围绕行业需求、针对行业特点、为特定行业培养高素质专门人才并且具备相应优势学科的一类大学，应该与综合性的研究型大学相区别，肩负起不同的高等教育责任，重视产出应用型的科研成果、培养应用型人才以及加强其优势学科所对应的社会及行业服务等。不同层次的行业特色高校也应该客观评估自身发展实力，理性设置学科与高校发展目标，合理地响应并推进"双一流"建设，循序渐进地发展一流学科。[56]尤其值得注意的是，行业特色高校覆盖了国家农、林、水、地、矿、油等事关国计民生基础行业，这些行业对人才的需求十分旺盛。行业特色高校从事的科学技术知识创新活动与其所培养的丰富的人才资源，引领支撑着行业跨越式发展，具有不可替代性。所以，行业特色高校理应在人才培养过程中主动作为，努力成为行业发展的开拓者和主力军，成为高等教育改革发展的参与者和推动者，为国家经济社会发展作出更大贡献。

相比于综合型大学，行业特色高校自诞生起就天然地被赋予了行业属性，从本质属性上具有区别于其他高校的特色，这就决定了行业特色高校比其他任何高校都更需要走特色发展之路。特色发展就要聚焦方向、服务需求，注重创新：对接国家重大战略需求，强化学科发展特色。MIT、康奈尔等能够跻身世界一流大学，主要源于其在面对产业新需求、新趋势、新机遇和新挑战的时候能够作出恰当的努力，包括多方面的调整。

"行业特色高校"的提法第一次正式出现是在2005年，赵沁平在《发挥行业特色高校优势 为行业科技进步做出更大贡献》一文中首先运用了这个提法。2007年，北京邮电大学成功举办了第一届高水平特色型大学发展论坛，原国家部委所属重点高校后归为教育部直属的22所具有行业背景和突出学科优势的高水平特色大学应邀参加了论坛。2008年，时任教育部副部长陈希建议将"高水平特色型大学"改为"高水平行业特色型高校"，特指高等教育管理体制改革前属于国务院某个部门或行业，改革后直属于教育部等主管部门，具有显著行业特色和突出学科优势的高校。此后，教育学界开始慢慢认识和了解这一类高校，学者们尝试从不同的角度赋予了"行业特色高校"特定的内涵。总结文献中对行业特色高校内涵的分析，国内学者普遍认为，行业特色高校是指20世纪五六十年代由原中央业务部门主管的、在1993—2004年高等教育管理体制改革中划转教育部和地方管理及目前仍隶属中央非教育业务部门管理的具有行业背景、服务面向有相应学科特色的普通本科高校。[57][58]

2.1.2　行业特色高校的主要特征

作为高等教育生态体系和"双一流"建设的重要组成部分，行业特色高校具有特殊性和典型性，呈现出"具有特色突出的办学定位，相对集中的学科分布和专业设置，面向行业的人才培养理念、与行业紧密结合"等特征。具体又表现为教学过程中理论密切联系实际、学生基本上有明确的就业去向、教师的知识结构和业务能力与行业相适配、科研领域相对稳定以及学校管理善于经营谋划等方面。不仅如此，行业特色高校始终与市场、产业、行业乃至岗位群具有密切的联系，这就要求其在遵循普通院校本科办学基本规律的基础上，努力围绕行业、岗位和技能技术需要来培养专门的行业领域应用型高级人才。

（1）办学定位特色突出

从历史和现状来看，行业特色高校通常办学历史较长，其之所以一直能够在我国高等教育体系中占有一席之地，正是由于国家和行业对其的需求以及自身鲜明的办学特色。高等教育强国建设的历史进程中，行业特色高校也肩负着重要的责任与使命。新的时代背景下，行业特色高校要实现高质量发展，必须打好特色办学这张牌，坚定不移地走以特色取胜的内涵式发展道路。办学定位主要指大学办学类型、培养层次、学科特点与服务面向等方面的定位，办学特色则是高校在长期的办学实践和追求办学目标过程中逐渐形成的。对于行业特色高校来说，其办学类型的准确定位和办学特色鲜明突出是其高质量发展的基础。在新的历史条件下，继续加强传统优势，保持行业性背景和显著的行业特色，走特色型高校发展道路，不仅是行业特色高校自身发展的需要，也是我国高等教育发展乃至社会发展的迫切要求。行业特色高校作为我国高等教育领域一种重要的高校形态，其与生俱来的特征之一便是准确的办学定位和鲜明的特色，在此基础上确立合理的办学目标以及科学的发展定位，充分发掘出内在的优势并强化自身的办学特色，努力适应国家经济建设和社会发展的需求，是此类高校保持生机与活力从而实现可持续发展的必然选择。

（2）学科专业建设集中

在长期培养行业人才和从事行业领域科学研究的过程中，行业特色高校在面向国家发展需要的基础上，主要依据行业特点设置应用性学科和专业，形成了与行业相关联的较为集中的学科专业体系。经过多年的发展，行业特色高校逐步形成了自己的学科和专业特色。在这些学科和专业上，行业特色高校具有很强的行业背景，且群体优势明显，有的达到了国内一流水平，有的甚至达到了国际先进水平，具有参与国家科技创新体系建设的独特优势。2009年12月，时任教育部副部长陈希在"第三届高水平行业特色型大学发展论坛暨共建工作座谈会"上指出，要以自身传统优势学科为基础，通过学科的交叉和渗透，带动相关学科、新兴学科的发展，进而营造出较为广阔的学科群和健康、可持续发展的学科生态。行业特色高校始终以特定的行业为主要服务对象，体现出鲜明的行业特色，同时自觉地为地方和区域发展服务，在服务社会方面作出更大贡献。

学科建设是大学发展的龙头，也是特色办学的关键。要办好行业特色大学，首先就要建设好对应行业的核心学科专业，其他学科专业则需要尽可能围绕核心学科专业来设立，从而形成一个有机的整体。行业特色大学应根据自身的独特优势，首先发展与行业相对应的重点学科，使之成为优势学科，并率先依托优势学科培养一批有特色、高素质的复合型应用人才，产生一批国家和社会需要的专业科技成果，从而加强自己的特色。由此可见，特色优势学科和专业的建设是行业特色高校形成自己特色的基本点，这些优势学科和专业在很大程度上能够决定行业特色高校的核心竞争力。学科建设是大学发展的龙头，也是行业特色高校开展特色办学的关键。从世界著名的行业特色大学的学科发展历程看，往往是先在某个或几个特色学科上实现重点突破，从而带动整个学科体系乃至高校整体办学水平的提高。行业特色高校作为我国高等教育的一支重要力量，在经过长期的发展的基础上大都形成了自己的优势和特色学科，由此形成了自身的核心竞争力，并赢得了社会的广泛认同，在行业领域内获得了稳固的地位。借鉴世界著名行业特色大学的发展经验，我国行业特色大学应加强战略谋划和思考，进一步明确未来发展定位，坚持有所为有所不为、有所先为有所后为，加大统筹协调的力度，集中力量把优势做大、把特色做强，使特色学科和专业建设成为有效提升学校整体办学水平的战略基点和突破点。[59]

（3）人才培养和科学研究面向行业

着力面向行业培养人才一直以来都是行业特色高校的独特优势之一，特别是围绕行业发展需要培养创新型学术型人才、高层次应用型和复合型人才。人才培养目标以行业为依托，以就业为导向，培养过程将理论基础与实际应用紧密结合，最终所培养出的人才应兼具宽厚的理论基础和较强的实践能力，是行业特色高校人才培养的内在逻辑和理念。秉持上述人才培养理念，行业特色高校在教学过程中的突出特征就是注重对学生的职业能力进行培养，强调将理论教学与实践教学密切结合，并把实践教学的过程作为消化理论、拓展知识、强化应用和锤炼技能的过程。这就势必要求行业特色高校具有进行行业实践教学的优势条件，通过教学计划的安排有组织地进行理论与实践教学，加强对学生实践能力的培养。行业特色高校与行业的互动共生关系为行业特色高校人才培养提供了良好的支持：一方面，行业需要适配度高且实践能力强的学生，能够缩短适应岗位所需的时间，这为行业特色高校人才培养增加了驱动力；另一方面，行业也为行业特色高校人才培养创造了诸多条件，如提供最新的实践环境与场景、仪器和设备，通过实习基地等形式来吸纳学生实习，有利于其职业能力的提升。

行业特色高校一直以来的人才培养定位都是从面向特定行业出发，这也造成传统的行业特色高校主要聚焦产业的需求，采取"订单式"人才培养模式。为了培养出具有完整的知识结构、创新能力及能适应当前发展形势的应用型人才，新时期的行业特色高校人才培养需要以满足和适应经济与社会发展需求为导向，注重对学生行业实践能力的培养，办学方向重在"应用"，实践教学和专业能力培养成为其人才培养的核心环节。其面向职业的教育既不同于普通本科教育，又区别于高职专科教育，与应用技术大学明确的人才培养目标相一致，并且与普通大学注重基础性和学术性的专业设置形成良好的互补。

行业特色高校以行业应用型人才培养为主要人才培养目标，强调专业性、高端性、复合性和创新性特征，具有显著的应用性特色和职业导向，培养了众多适应生产、建设、管理及服务需要的行业人才，是近年来解决行业人才短缺问题的重要途径。行业特色高校一般以就业为导向来构建学术、技术和职业相结合的人才培养模式，注重因材施教和实践实训教学以提高学生的应用能力和行业适配度，努力培养行业急需的高素质专门人才和具有行业领军潜质的拔尖创新人才。

（4）产学研结合紧密

从世界范围看，随着高等教育与经济社会发展的联系越来越紧密，大学的社会服务职能日益凸显。作为重点行业的人才培养基地、知识创新源泉、技术革新要塞，行业特色高校秉持"以服务求支持、以贡献求发展"的宗旨，在服务国家经济社会发展，特别是支撑、引领我国基础产业和支柱产业发展中作出了卓越贡献，并在与国家、区域特别是行业发展的长期合作中形成了牢固的产学研联盟。这既是行业特色大学实现又好又快发展的优势所在，也是支撑其长远发展的重要依托。当前，国家战略性新兴产业进入了快速发展阶段，为行业特色高校与行业产业共发展共繁荣提供了重要契机。"高等学校创新能力提升计划"的实施，强调高校与行业企业协同创新，为行业特色高校加快改革发展提供了重大机遇。行业特色高校必须始终紧密对接国家战略和行业、区域重大需求，以解决重大经济社会问题为导向，不断深化服务内涵，强化协同创新，努力取得一批行业领域重大标志性成果，为国家、行业和区域发展提供有力支持，并在此过程中不断提高自身的科学研究和社会服务水平。

行业特色高校向来具有服务行业的历史传统，由于实践中行业种类繁多，因此与行业相关的高等学校也是多种多样的。不仅包括农业、林业、水利、地质、矿产、石油、电力、通信、交通等资源类特色高校，而且包括师范、财经、政法、医学、艺术、体育等与社会事业紧密相关的行业特色高校。显而易见，行业特色高校虽然种类繁多，但共性在于与行业密切相关，且产学研结合紧密。这不仅是其更好地服务国家和行业发展的必由之路，且在服务社会的同时也获得了丰厚的回馈，进而为其进行人才培养和开展科学研究提供了有力支撑。行业特色高校可以通过有计划地安排教师和学生到其所对应的行业或单位进行人员交流、考察学习和实习实践，来支持和鼓励师生将教、学、研结合起来，从而帮助师生提高专业实践能力和专业技能水平。尤其是行业特色高校教师作为行业领域内科技研发和学术研究的重要力量，提升教师队伍的业务素质可以有效促进教师将教学、科研和科技成果转化与行业的实际需求紧密结合起来。不仅如此，行业特色高校还广泛吸引行业内兼具实践经验和扎实理论基础的高级技术人员、管理人员等到学校担任专职、兼职教师，有效充实了"双师型"教师队伍，提高了行业特色高校教师队伍整体业务水平。与此同时，行业特色高校还通过积极加强产学研基地等实践平台和科研平台建设，选派学生到行业内学习业务技能，参加实践锻炼。新的历史条件下，行业特色高校仍需要坚定不移地围绕建设优势特色学科和行业发展需求，汇聚一批业内领军人物和尖端人才，努力形成一批国际国内领先的标志性成果以推进行业科技进步，持续不断地提高学校学术声誉与学术水平，推动优势特色学科率先创建一流学科，实现重点突破带动整体提高。

2.2 行业特色高校的历史与现状

2.2.1 行业特色高校的历史沿革

行业特色高校作为现代高等教育体系的重要组成部分，其发展与社会发展的重要方面如政治、经济、科技、文化等有着千丝万缕的联系，并受之影响。早在古罗马帝国时期，就出现了培养医生、律师、工程师等专门人才的学校，古代学校与行业的联系初见端倪，这可以被视为行业特色高校的雏形。工业革命的产生和发展使得行业特色高校这一类特殊的高等学校兴盛起来，它们被深深地打上了社会各行业的烙印。中国自唐朝开始就有了一些研究并教授律学、算学、书学、医学等专门知识的专科学校，这表明学校与行业之间的联系出现了萌芽。[60]

尽管大学与行业的联系可追溯至古代，但行业特色高校的概念却是近几年学术界才开始广泛讨论的焦点。目前学术界对我国行业特色高校的历史渊源主要持两种观点：第一种观点认为行业特色高校的萌芽始于近代，与近代中国高等教育体系相伴相生。这种观点认为行业特色高校是近代中国高等教育发展史上独具一格的亮点。有学者认为，我国行业特色高校发轫于清末民初的一批专科学校。1912年《专门学校令》的颁布催生了专门学校，包括当时最早成立的福州船政学堂、电报学堂等[61]，它以区别于综合型大学的人才培养模式，借鉴西方国家一流大学的办学思路，探索符合中国实际的行业特色型高校发展道路。当时的行业特色高校因行业和市场发展需要应运而生，并具有比较鲜明的办学特征。[62]

第二种观点认为，我国行业特色高校是1952年院系调整时由综合型大学的院系分离出来后逐步发展壮大的，相当于一个学校办一个专业，院系的跨校分离形成了专门学院和专门学校的分布格局[63]。20世纪50年代初，为了满足国民经济建设对行业专门技术人才的急切需要，教育部学习苏联的高等教育体系，改造了国内高等教育系统，拆分了许多国内高等学校，新设了矿冶、水利、地质等12个工业专门学院。在此期间，面向工业的学科专业体系得到了比较详细而周密的建设，以工业类需求最大的机械等专业的布局建设力度最大，同时国家加强了农林、水利、矿产、交通类院校的建设。进行学科重组后，行业特色大学的使命主要是培养专业型人才，重点开设与行业相关的专业学科。[64]

行业特色高校被公认为我国高等教育系统的一类重要构成，引起学界的广泛研究则是20世纪末的事。20世纪90年代，原有的行业部委办学体制无法适应市场经济需求，原有的高等教育管理体制必须进行改革，500多所高等院校由政府单一管理、封闭办学、专业冗杂的状况逐步转变为教育部、省级地方政府和企业集团的多元化管理，主动面向行业、面向社会服务形成良性互动。[65]实行高等教育体制改革后，原本隶属于国务院某个部门的高校主要转变为三类：划归为教育部直属高校、划归为地方政府管辖高校、仍归原部门管理的高校（少数）。尽管隶属关系发生了变化，这些高校与原先行业部门的联系与合作并未停止，仍围绕原有的行业需求不断拓展自身的服务领域，行业办学特色得以凸显。[66]

1994—1996年，教育部连续3年召开高等教育管理体制改革座谈会，逐步归纳出了我国高校具体的5种改革模式：即共建、合作、合并、协作和划转。在此基础上，1998年我国开始全面推进高等学校管理体制改革，原归属于各部委管理的行业特色高校，按照中央教育行政主管部门和省、市地方两级管理的模式进行调整和划转，其目的是解决行业高校条块分割、学科专业面过窄和重复建设等问题。根据国务院下发的《关于调整撤并部门所属学校管理体制的实施意见》（国办发〔1998〕103号），对原地质矿产部、机械工业部、煤炭工业部、冶金工业部、化学工业部、国内贸易部、中国轻工总会、中国纺织总会、国家建筑材料工业局、中国有色金属工业总公司等九个部门所属的93所普通高等学校、72所成人高等学校以及中等专业学校和技工学校的管理体制进行调整。但还有一部分部门办学的高校因为特殊原因，依然归原部门管理。经过此次大规模、大范围的改革，大部分行业高校和原属部委实现了"脱钩"，分别划转至教育部、属地政府或国防科工委。[67] 经过此次高等教育管理体制改革，大部分行业特色高校划转为归教育部和地方政府管理，但归行业部委管理的高校依然有40多所。

1999—2000年，国务院和国务院办公厅先后下发了《关于进一步调整国务院部门（单位）所属学校管理体制和布局结构的决定》（国发〔1999〕26号）和《国务院办公厅转发教育部等部门关于调整国务院部门（单位）所属学校管理体制和布局结构实施意见的通知》（国办发〔2000〕11号），规定"除教育部、中国科学院、外交部、国务院侨务办公室、国防科工委、国家民委、公安部、国家安全部、海关总署、民航总局、体育总局、地震局等部门和单位继续管理其所属学校外，国务院其他部门和单位原则上不再直接管理学校"，并要求"在近几年调整国务院部门（单位）所属学校管理体制取得明显成效的基础上，进一步调整国务院部委、直属机构、办事机构、直属事业单位、国有银行以及中央管理的企业等单位所属学校的管理体制和布局结构"。

截至2000年，在"共建、调整、合作、合并"方针的指引下，我国高等教育管理体制改革以前所未有的力度全面深入推进。经过国务院部门院校管理体制的调整，"中央和省级人民政府两级管理、以省级人民政府管理为主"的新的高等教育管理体制的雏形基本形成。大批院校被划转到地方，为各省、自治区、直辖市统筹规划和调整本地区范围内高等学校的布局结构创造了有利条件。

我国行业特色大学大多建于中华人民共和国成立之初，历经半个多世纪的发展，为国家高等教育事业和相关产业、行业的发展作出了突出的贡献，同时也成为我国高等教育体系中不可或缺的重要组成部分。截至2000年，经过调整，我国高等教育管理体制（主要是部门办学体制）发生了历史性的变化，由过去长期的50多个国务院部门和中央部门办学、并直接管理300多所普通高校、200多所成人高校和近千所中专、技校的局面，转变为除教育部等极少数部级单位办学并直接管理120所左右普通高校、极少数成人高校和中专学校外，绝大多数部级单位不再办学的局面。条块分割的办学体制被彻底打破[68]。高等教育管理体制改革的主要目标是要形成"国家和省级政府两级管理、分工负责，在国家宏观政策指导下以省级政府统筹为主"的新体制，就实现改革目标而言，部门办学体制的改革是第一步，第二步即抓紧时机推进高等学校布局结构的调整。

中央部门所属院校进行管理体制调整后，大批高校划转到地方，有效增加了地方的教育资源，使我国高等教育的区域形态布局更趋于合理，同时也为高等教育结合地区经济社会的发展开拓了更广阔的空间。部分原先地方高校实力比较薄弱的地区，高等教育规模得到了扩大，特别是地方高校本科层次的培养能力得到了增强。1998年部门院校调整后，归属到地方的81所高校中有63所是本科院校，使地方高校培养本科生能力显著增强，当年在校本科生就达到了126万人，比1997年增加了近30万人，其中26.56万人是在由原部门所属学校调整到地方的学校中培养的。另一方面，原归属部级单位管理的高校到地方后迫切需要进行结构性调整。由于过去体制上的原因而造成的行业高校布局结构上不合理的问题，并不会因管理体制调整而自动解决。原部级单位所属学校与地方学校往往存在重复设置的情况，旧的体制下存在的高等学校力量分散、低水平重复、效益不高、教育资源难以优化配置以及单科性学校过多，不能形成学科较为综合的氛围等种种弊端，这些问题需要通过统筹规划、合理调整、优化教育资源配置来加以解决。因此，如何通过学校重组、专业调整来切实发挥高等学校为经济社会发展服务的功能，成为部门办学体制调整后高教管理体制改革和布局结构调整工作的首要任务。时至今日，一部分行业特色高校开始拓宽学科领域建设，逐步发展为综合性高校。且近几年新建的民办高校也多以服务区域，具有行业特色为目标。由此可见，行业特色高校仍然是我国高等教育的重要组成部分，在人才培养方面具有不容忽视的重要作用。

但同时我们也注意到，由于重组和划转，行业人才的培养也发生了变化。受到人才培养模式和就业的影响，行业特色高校学生的职业认同也会发生变化。1998年5月14日，国务院办公厅转发了教育部《关于做好被撤并部委所属高校稳定工作意见的通知》（国办发〔1998〕16号），其中就已经指出"国务院进行政府机构改革，对一些部委进行了撤并调整，一批原部委所属高校也将进行管理体制的改革。面对这些调整，出现了各种传言和猜测，引起部分学校师生思想的波动，一些地区已经出现学校不稳定的苗头。"足见这一阶段的行业特色高校重组和划转对于行业特色高校学生观念态度的影响之大，尤其是对其职业发展的认知所产生的影响，将是影响行业特色高校学生职业认同的重要因素。

2.2.2 行业特色高校的分类

（1）按管理部门分类

经历了20世纪末高等教育管理体制改革后，行业特色高校大致转变为三种情况：

一是由其他部委划归至教育部直属的大学。虽然不归属于原来的部委直属，但它们依旧辉煌并延续以往的盛名和影响力。比如，西安电子科技大学、中国石油大学、中国政法大学、中国农业大学、中国矿业大学、中国地质大学、中国传媒大学、上海交通大学、中央财经大学、北京邮电大学、华北电力大学等，但仍然在行业内保持着较高的声誉和较强的竞争力。根据教育部官方网站2023年的数据，截至2022年我国共有教育部直属高校76所，其中半数以上都是1998年全面推进高等学校管理体制改革时原归属于各部委管理的行业特色高校，经过独立建制划转到教育部或合并后划转到教育部，还有19所高校其前身为独立的行业特色高校，之后合并到了教育部直属高校中成为了其中的院系。

二是归属到工信部（2008年前为国防科工委）等相关单位办学。此类行业特色高校依然具有良好的行业基础和行业部门的支持，其优势不言而喻。根据教育部官方网站2023年的数据，截至2022年年底，我国共有国家部委（除教育部外）直属高校43所，在教学、科研和服务社会方面发挥着示范作用。这43所高校的详细情况见表2-1。

表2-1　　　　部属行业特色高校及其所属部门（除教育部外）

所属部门	高校名称
工业和信息化部（7所）	北京航空航天大学、北京理工大学、哈尔滨工业大学、哈尔滨工程大学、南京航空航天大学、南京理工大学、西北工业大学
国家民委（6所）	中央民族大学、大连民族大学、中南民族大学、西南民族大学、西北民族大学、北方民族大学
交通运输部（中国民用航空局）（5所）	大连海事大学、中国民航大学、上海民航职业技术学院（专科）、广州民航职业技术学院（专科）、中国民用航空飞行学院
公安部（5所）	中国人民公安大学、中国人民警察大学、中国刑事警察学院、南京森林警察学院、铁道警察学院
应急管理部（3所）	中国消防救援学院、华北科技学院 公安消防部队高等专科学校（专科）
中国科学院（3所）	中国科学院大学、中国科学技术大学、上海科技大学（上海市与中国科学院共建）
中央统战部（2所）	华侨大学、暨南大学
共青团中央（1所）	中国青年政治学院
中央办公厅（1所）	北京电子科技学院
外交部（1所）	外交学院

续表

所属部门	高校名称
国家体育总局（1所）	北京体育大学
国家卫生健康委员会（1所）	北京协和医学院
海关总署（1所）	上海海关学院
司法部（1所）	中央司法警官学院
空军装备部（1所）	长沙航空职业技术学院（专科）
中国社会科学院（1所）	中国社会科学院大学
中华妇女联合会（1所）	中华女子学院
中华全国总工会（1所）	中国劳动关系学院
中国地震局（1所）	防灾科技学院

三是被划归到了地方政府管辖。其中不少高校行业特色鲜明，甚至代表了行业权威，校名中含有"外经贸""理工""科技""工业"等行业标志，如江苏科技大学、南昌航空大学等，具有鲜明的行业特色。地方行业特色高校对区域经济发展的支撑作用明显，加大对地方行业特色高校的支持力度，不仅可以有效促进一些地区的高等教育实现跨越式发展，还有助于区域产业换代升级和经济高质量发展。区域行业特色大学兼顾了学科与行业两个子系统的需求与创新，可以形成"科研创新—行业发展—区域发展"三者之间的耦合叠加效应对区域经济协调发展具有重要作用。

（2）按层次分类

从院校人才培养质量、学科水平和社会服务能力的水平的强弱来看，可以将行业特色大学分为两大类：即重点行业特色大学和普通地方行业特色院校两大类。

①高水平行业特色高校。

在世界一流大学建设高校中，行业特色大学约占1/3；在世界一流学科建设高校中，行业特色大学约占3/4。在我国公布的"双一流"建设高校和建设学科名单中，42所一流大学建设高校中有近1/4是行业特色高校，95所一流学科建设高校中有近3/4是行业特色高校。高水平行业特色高校是我国高等教育体系的重要组成部分，也是落实创新驱动发展战略的重要支撑。中华人民共和国中央部门（单位）直属高等学校简称"中央部属高校"，主要是指中华人民共和国国务院组成部门及直属机构在全国范围内直属管理的一批高等学校，目的是在探索改革方面先走一步，在提高教学水平、科学研究水平和社会服务水平等方面发挥示范和引导作用。中央部属高校现已基本覆盖入选"双一流"等国家战略项目高校，因此被称为"中国大学的先行军和领导者"。国家特色重点学科项目建设高校，是依据《国家中长期教育改革和发展规划纲要（2010—2020年）》，旨在加快建设世界一流大学和一流学科，以重点学科建设为基础，启动的全国74所"国家特色重点学科项目建设高校工程"。"特色重点学科项目"高校虽然不一定是双一流院校，但是这些院校均是省（市）重点院校，这些院校的强势专业具有很强的竞争力。

2007年，北京邮电大学发起并主办"高水平行业特色型大学发展论坛"，参加论坛的有来自全国的具有行业背景的22所教育部直属高校代表。论坛每年举办一次，在国内高等教育教育界产生了较大的影响。2011年4月，中国矿业大学牵头发起了"高水平行业特色大学优质资源共享联盟"，加入该联盟的有东北林业大学、华东理工大学、东华大学、河海大学、江南大学、南京农业大学、合肥工业大学、中国石油大学（华东）、中国地质大学（武汉）、西南交通大学、西安电子科技大学、长安大学等13所大学，这些学校还共同制定了《高水平行业特色大学优质资源共享联盟章程》。中央部委直属高校中的行业特色高校，在《关于公布世界一流大学和一流学科建设高校及建设学科的通知》中被确定为"一流大学建设高校"和"一流学科建设高校"中的行业特色高校，以及从2010年开始实施的"特色重点学科项目"中确定的"国家特色重点学科项目建设高校"都可以被纳入"高水平行业特色高校"的范畴。

由此可见，尽管并没有官方文件划分出高水平行业特色大学，但显而易见的是行业特色高校这类群体中存在着一部分高校具有办学实力强、学科知名度高、社会影响力广的特征，此类高校自然而然地属于高水平行业特色大学的范畴。

②地方一般行业特色高校。

除了上述重点行业特色高校，还存在着大量在办学实力、学科知名度和社会影响力方面都亟待提升且主要依赖地方生源的行业特色大学，则为第二类行业特色大学——地方行业特色高校。地方一般行业特色高校即在高等教育管理体制改革后划归地方政府管理的行业类高校，以及2000年以来新成立的具有行业特色的本科高校，是我国高等教育体系的重要组成部分。一方面，此类高校具有行业特色优势与专业资源，树立了较好的学科品牌，能够为所属行业发展提供强有力的人力资源支持和创新成果支撑；另一方面，新成立的地方行业特色高校或脱离原行业系统划归地方的行业特色高校，发展空间受到地域的限制，在人才资源、科研资源和其他各种社会资源的配置上遇到困难，存在办学经费不足、引进人才困难等问题，一些地方行业特色高校受区位条件限制以及区域经济社会发展水平影响，高层次人才尤其匮乏。地方行业特色高校保持特色是行业特色高校立校强校之本，行业特色高校归属地方后，得到行业主管部门和行业内企事业单位的支持明显减少，面临着发展动力不足，解决行业高精尖、"卡脖子"问题能力弱化等困境，在发展中存在诸多掣肘，极大制约了其服务的行业和区域经济高质量发展的能力。如何进一步拓展发展空间，建设地方高水平特色型大学，是摆在地方行业特色高校面前的现实问题。

2.3 行业特色高校的使命和挑战

2.3.1 行业特色高校在国家经济社会发展中的地位

行业特色高校在成立初期，为奠定国民经济基础作出了历史贡献，改革开放之后，又成为了各行业人才培养和科技创新的重要基地。从地位上来说，行业特色高校是我国高等教育体系的重要组成部分。建设高等教育强国，不同类型的高校扮演着不同的角色，也承担着不同的任务。行业特色高校历来与行业发展紧密相连，办学主要面向行业发展，学科专业设置也主要以行业的需求为导向，建成了与行业主体相对应的学科专业体系。行业特色高校的这些特点是一般综合性高校所不具备的，在当前我国多样化发展的高等教育体系中，成为了独具特色的一种类型和不可或缺的重要组成部分。

（1）行业特色高校是行业专门人才培养的摇篮

行业特色高校人才培养所呈现出的针对性和应用性特点比较突出，这类高校培养的毕业生一个主要的去向就是相对应的行业领域，继而成长为行业领域的技术骨干和管理中坚，使学校与行业发展更加密切。即使在高等教育管理体制调整之后，行业特色高校依然承担着培养行业专门人才尤其是行业高层次人才的重要任务，并始终以服务行业为己任。培养什么人、怎样培养人、为谁培养人是教育的根本问题。行业特色高校有着雄厚的研究实力和开放的人才培养环境，在培养和造就国家战略人才、急需紧缺人才方面有着天然优势，因此必须肩负起为党育人、为国育才的重要使命，为行业高质量发展和现代化强国建设提供充足的智力支持和人才支撑，确保党的事业和社会主义现代化强国建设后继有人。

（2）行业特色高校是行业科技进步的重要支撑和强大动力

行业特色高校及其教师承担着行业技术与理论创新和产业技术升级改造的重要任务，因此需要始终保持鲜明的行业特色，其技术研发和课题研究也应围绕着服务于行业发展需要展开，科学研究应当更加贴近行业的技术和服务一线。由此可见，行业特色高校是行业原始性创新、技术转移和成果转化的重要载体与平台，在行业创新能力建设和产业结构优化升级中具有不可替代的作用。特别是自高等教育管理体制改革以来，出于自身发展的考虑，行业特色高校必须努力适应国家和地方经济建设的需求，积极拓展人才培养与科技创新的覆盖领域和服务方向，原有的学科布局发生了较大变化。但另一方面，这些高校大部分依旧保持着行业办学的鲜明特色，继续承担着行业技术创新和产业技术升级改造的主要任务，其科研课题、技术研发的重点依然围绕和服务于行业发展需要，在推动国民经济整体发展中作出了自己特殊的贡献。

（3）行业特色高校是参与国家科技创新体系建设的重要力量

行业特色高校大多是由原来的单科性院校发展起来的，经过几十年的重点建设与发展，其往往仅有少数学科在国内名列前茅，或是达到了国际先进水平。但也正是由于这些优势学科，行业高校才逐步形成并确立了自己的特色与品牌，日益积累出雄厚的基础和较强的实力，在国家科技教育全局中拥有自己的一席之地。因此，这些高校是建设国家创新体系的重要力量之一。建立以企业为主体、以市场为导向的新型产学研联盟，是构建国家科技创新体系的必由之路，也是行业特色大学实现可持续发展的根本途径之一。

2.3.2 构建新发展格局赋予行业特色高校新的历史使命

高等教育是建设教育强国的龙头，作为我国高等教育体系的重要组成部分，行业特色高校地位独特、特色鲜明，承载着推动行业进步和国民经济发展的重要使命。党的二十大报告中系统阐述了推进教育、科技、人才工作的重要意义，加快建设教育强国、科技强国、人才强国的战略部署，为行业特色高校服务于强国建设提供了根本遵循。面对新形势、新任务，行业特色高校要提高政治站位，不断增强服务强国建设的政治自觉、思想自觉和行动自觉，在新征程中找准行业特色高校建设的新定位，回答"强国建设，行业特色高校何为"的时代命题，深入实施科教兴国战略、人才强国战略、创新驱动发展战略，自觉增强服务强国建设与民族复兴的责任感、使命感。

（1）以服务强国建设、赋能行业发展为使命担当

首先，作为国家战略科技力量的重要组成部分，行业特色高校是实现行业科技创新突破的策源地，也是培养高水平行业人才的主要场所。面对当前时代发展带来的新行业态势，行业特色高校要善于抓住机遇、主动作为，把握所属行业领域的重大需求，将赋能行业高质量发展作为使命担当，培育行业高质量发展的新动能新优势，大力推进行业高层次人才培养与高水平科技自立自强，努力为推进现代化强国建设提供强大的行业支撑。

其次，行业特色高校要始终立足行业、依托行业、支撑行业、引领

行业。各行业特色高校不仅是利益共同体、价值共同体，更是核心价值观高度契合的命运共同体，共同肩负着行业科技创新与服务社会等使命。有为才能有位，行业特色高校真正为产业、行业、企业解决实际问题，才能不断扩大影响力，实现学校改革发展的目标。因此，行业特色高校要积极加强与产业、行业、企业之间的联系，以服务求支持，以贡献求发展，将产学研合作作为自身改革发展的战略选择，并以此推动科技创新和人才培养的质量。

此外，行业特色高校在科技创新的同时还要敢于推动制度创新。习近平总书记强调："科技创新、制度创新要协同发挥作用，两个轮子一起转。"长期以来，来自高校的重大创新成果在我国建设创新型国家的过程中都发挥着重要的作用，行业特色大学应围绕国家重大战略和需求，努力站在引领行业科技创新的前沿，继续发挥科研针对性强、技术转化率高、成果可应用化程度高的特点，为新时代中国特色现代化发展贡献自身力量。

（2）以有效实现高质量发展倍增效应为战略目标

新时期行业特色高校在建设创新型国家中必将发挥重要的作用。为此，行业特色高校应当充分认识和把握当前发展机遇，以有效实现高质量发展倍增效应为战略目标，在办学实践中坚持特色发展战略，坚持围绕国家需求和服务于行业、地方经济社会发展的办学思路，不断优化学科布局，完善人才政策机制，努力提高科技创新能力，最大程度地拓宽服务领域，提高服务水平。行业特色高校作为行业领域内基础研究的主力军和重大科技突破的策源地，要始终坚持"四个面向"，充分发挥自身优势，打造国家战略科技力量，推动行业科技实现原创性、前沿性、突破性创新，助力行业实现高水平科技自立自强。[69]

行业特色高校是服务国家和区域重大战略需求的重要力量，面对国家重大战略、区域协调发展战略对教育、科技、人才提出的新要求，行业特色高校需准确把握教育、科技、人才融合发展的规律和趋势，主动在服务国家和区域重大战略需求中担当作为，产出一批高水平的自主创新科技成果，培养一批可堪大用、能担重任的行业栋梁之材，更好地服务于国家和区域的高质量发展。

行业特色大学还要办出中国特色，敢为人先、勇立潮头、植根中国、面向未来。办学定位是关系到高校长远发展的战略性问题，也是一个需要不断探索的动态发展问题，决定了高校的发展战略、发展道路和发展模式。就行业特色高校而言，"依托行业而产生、服务行业而发展"的既有格局已经面临着新的挑战，高校自身的发展及其对行业的支撑与服务都需要重新思考和定位。新时期行业特色高校要实现高质量发展，就必须从对行业的依托服务转向走出行业、面向未来，从而实现对行业的引领。[70]

（3）以培养国家战略人才和急需紧缺人才为己任

行业特色高校依托行业而建，应紧跟行业发展趋势，系统分析行业人才需求及缺口状况，根据科学技术发展态势对学科专业设置进行动态调整和优化，以提高学科专业与行业发展需求的匹配度，有的放矢，培养国家战略人才和急需紧缺人才，从而提升教育对行业高质量发展的支撑力与贡献力。作为国家重大工程建设和重点行业适用人才的重要基地，行业特色高校应加大改革力度，注重高素质行业特色人才的培养。要完善人才培养体系，创新教育教学方法和人才培养模式，强化实践教学，建立人才培养特区。要以实施卓越工程师、卓越农林人才、卓越法律人才、卓越医生教育培养计划等改革试点为抓手，探索校企紧密对接的人才联合培养及管理运行机制，建好校外实践基地和科研平台，拓展利用行业教育资源，着力增强学生的创新能力、实践能力和社会适应能力，努力培养行业急需的高素质专门人才和具有行业领军潜质的拔尖创新人才。[71]

袁亮院士（2023）认为："行业特色高校必须思考的问题是，如何让人才培养面向行业重大需求，如何让区域、经济、科技能够满足人才培养需要。"他认为，国家的全面发展需要不同层次的人才来支撑，行业特色高校数量多且覆盖面广，如果行业特色高校不能实现高质量发展，那么行业的高水平自立自强和科技领域的高水平自立自强也将难以实现。行业特色高校尤其是地方高水平行业特色大学是推动我国教育、科技、人才一体化发展的主力军。党的二十大报告将教育、科技、人才进行三位一体统筹部署，再次说明了三者的重要性和密切关联。袁亮院士（2020）认为："加大支持地方高水平大学，是贯彻新发展理念的重要举措，对于支撑行业和区域经济社会高质量发展、提升区域高等教育整体水平、保障教育公平、保障国家安全具有重要意义。"

新的发展环境下，行业特色高校必须面向行业需求培养高素质人才，努力推动行业高质量发展。因此，行业特色高校应该对学科、专业、平台和教材等进行调整。在这一过程中，既需要政府提供资金、政策等方面的支持，也需要教育部提供研究生招生指标、国家级高层次人才等方面的政策和指标支持。这是一个重要的系统性工程。对教学科研实力较强、在国家创新体系中具有较大话语权的地方高水平行业特色高校，可允许其适当扩大研究生招生规模，支持其为行业和区域提供人才保障和智力支撑。对服务和保障国家安全及具有重要意义的艰苦行业的学科、专业，出台相应的激励制度，以确保对国民经济具有重要作用的行业有足够的人才、智力支撑，进而保障国家安全。[72]

2.3.3 新时期行业特色高校发展面临的挑战

中华人民共和国成立初期，为了适应国家走工业化发展道路的需要，大批行业特色高校应运而生。这些高校满足了国家经济建设对行业人才的迫切需求，有力地推动了经济发展和社会进步，一度满载荣耀与辉煌。但到了20世纪90年代后期，随着国家经济、教育和科技体制改革的推进，大批工业部委被撤并，部委直属高校中的绝大部分被划归地方政府或直属教育部管辖，逐步形成了中央和省两级管理并以省级政府统筹管理为主的新体制。行业特色大学与行业之间的关系也发生了巨大的变化——"2000年之前，二者是输血型、依赖型的行政隶属关系；2000年之后，二者是若即若离的并行关系；新的历史阶段，行业特色大学与行业之间是合作共赢关系，互惠互利，利益共享。"北京空天无人科技研究院院长徐枞巍这样形象地归纳。曾经的特色，在经历了调整转型后发生了变化。特色型大学与原行业主管部门的隶属关系不复存在，原行业部门不再提供资金支持，联系也变得松散。一些行业特色高校与行业部门的沟通渠道和机制淡化，自身人才培养的目标和模式也趋于模糊。

　　过去，行业性院校大多学科设置单一，办学视野相对狭窄，在教学、科研等方面只针对本行业的需求，很少考虑大学在社会中应该发挥的作用。同时，办学管理中行政色彩较重，通常"管得过死"。从宏观上看，管理上的条块分割引起了学科的大量重复设置以及科技平台的重复建设，资源利用率相对低下。高教管理体制改革的目的是消除部门办学的弊端，整合全国的教育资源，优化高等教育结构。体制改革之后，固有的行业壁垒被打破，传统的学科领域开始面临来自综合性大学的挑战与竞争，探索和开创新的学科增长点成为了迫切任务，但向弱势领域拓展又受到多方面的制约。如何处理继续强化传统学科优势与拓展新学科领域的关系，成为了这些院校发展的难点。从单科性到多科性，一些行业特色高校盲目追求高层次、大规模、全学科，向综合性多学科大学发展，特色专业招生规模比例下降。多科化、去行业化的趋势，削弱了其特色优势。对于行业特色高校而言，"依托行业而产生、服务行业而发展"的基本格局面临着挑战，高校自身的发展以及对行业的支撑与服务功能亟待重新定位。

　　如今，如何调整学科、专业与课程结构，使之既能满足专业人才培养要求，又能拓展学生的知识面，成为了行业特色高校的一个现实问题。对于行业特色高校的发展，业界还有一种观点认为，必须在继续强化办学特色的同时淡化行业特色。高水平特色型大学走"多科性特色型"发展模式是比较理想的选择，盲目求大求全既不现实也不客观。但由于资源分配中的规模聚集效应、政策导向的单一化、评估排行中的简单相加、社会舆论中的综合崇拜趋向等，对行业特色高校的自主定位和特色之路形成了一波又一波的冲击。在高等教育大众化的背景下，不少行业特色高校为了追求规模发展，纷纷增设专业，追求外延式发展；有的大学追求综合化发展，对传统特色专业进行了不合理的调整、撤销，这些都导致了学校自身定位的迷失。那么对于此类高校来说，考虑自身定位发展的路径，是按照学术型、应用型还是职业型来发展；是面向知识发现的创新导向，还是面向产业研究的创新导向等，都是值得深思的问题。时代的发展与隶属关系的改变，加之区域经济发展水平的不平衡，使得部分行业特色高校目前的生存与发展面临着诸多问题和困境。

随着我国从制造大国向制造强国迈进，产业界和教育界也面临着深度转型，行业特色高校更是面临着加速转型与发展的挑战。同时，对大学而言，未来的教育将会是更加开放的"全景式教育"，行业特色高校一定和行业发展的起伏相伴，"行业兴，则大学兴，行业衰，则大学弱"。高校皆有自身的发展规律、发展目标以及发展需求，对于行业特色高校来说，办学的思路方法、人才的培养模式如何摆脱行业发展的周期变化，并在更开放的场景中承担起人才培养、科技创新、社会服务以及引领时代发展的使命，这些都是需要高校思考的命题。

新一轮技术革命也使得我们面临科技产业发展带来的挑战；尤其是我国向制造强国迈进的过程中，关键技术的突破急需行业特色大学实现；产业结构的调整使得学科也面临调整的需要；未来教育的改革与发展，青年人就业观念的变化等，都使得行业特色高校面临着新的挑战。归结起来，新时期行业特色高校在发展过程中面临的主要问题有如下几点。

（1）办学定位问题

一些行业院校隶属关系划转后，为求生存急于改变学科单一局面，追求"大而全""复合型"，片面追求由教学型大学转变为教学研究型大学、研究型大学，盲目扩展学科领域，削弱了对原有特色专业的支持。同时面临优势学科和专业有所削弱、行业垄断优势失去、国家经费投入减少、行业服务意识弱化等一系列问题。由于内外部管理体制尚未理顺，与地方政府的互动机制尚未健全，造成这类院校存在新体制下办学定位不明晰，办学特色被弱化，办学资金较短缺等发展困境。此外，特色专业招生规模比例下降。多科化、去行业化的趋势，削弱了自身的特色优势。

（2）特色学科发展问题

行业特色高校与原行业部门的关系因改制而相对松散，面向市场的人才需求差异性很大，社会相关行业参与人才培养的机制未建立等因素导致行业对学校发展的支撑力不足，行业优势和特色逐步弱化。有些行业院校在办高层次大学的愿景驱使下，找不准自己的位置而盲目攀比、盲目发展，走入路径陷阱。有些行业院校不能坚定自身肩负的行业专门人才培养责任，忘记了来自行业的学术积淀源头，丢弃了已有的学科发展优势，在规模扩张的遮蔽下特色非但没有得到传承与延伸，反而日见消弭。一些行业院校为适应地方经济建设与社会发展的需要而努力淡化原来的行业色彩，却逐渐失去了自身的办学特色与优势，导致在行业中不断被边缘化。

（3）脱离行业部门管理后引发的问题

在高等教育管理体制改革的历程中，原行业所属院校从对行业的依附状态，走向了与原行业主管部门关系的解构过程，同时经历了与教育部、地方政府等新主管部门关系的建构过程。经历调整转型之后，一些行业特色高校与行业部门的沟通渠道变窄，沟通机制退化，大学自身人才培养的目标和模式趋于模糊。部分行业院校与原行业主管部门之间的行政隶属关系脱钩后，行业对学校的支持减少，学校服务行业的能力下降。

（4）师资力量不配套问题

行业特色大学凭借其鲜明特色，虽具备促进学科走向一流的巨大驱动力，但作为学科建设核心因素的师资队伍建设与世界一流大学还存在较大差距。因此，如何在国际发展大环境下，充分利用外部资源，结合高校自身实际壮大师资队伍、研究行业特色高校师资队伍建设、科学激发师资队伍活力、探寻提高队伍素质和能力的路径，成为了现在急需解决的问题。

（5）人才培养质量不高问题

行业特色高校目前还不能完全满足国家行业领军人才发展的战略需求。专业人才成长所依托的主体，包括高校、科研院所、骨干企业等不再由政府归口管理，客观上造成了主体目标分散、同质化竞争加剧，由此带来了高校对接行业创新战略需求不足、为行业培养专业人才的主观意愿下降、行业企事业单位与高校联合培养人才的制度约束减弱、人才培养实践环境变差等问题，严重影响了领军人才的成长环境。行业特色高校虽然大多建有研究生院，研究生培养已有一定规模，具有培养硕士、博士的师资力量、实验条件和管理能力，但资源配置的重心仍在本科教育，对研究生教育的投入较为薄弱，这直接导致了学校人才培养质量不高。另外，行业特色高校内部也存在科教结合不够、科学研究对高端人才培养的支撑不足、人才国际化水平不高、高端人才培养机制不顺等问题。

在为特定行业培养人才和科技服务功能淡化、作用弱化、定位模糊、人力资源不足、失去行业作为坚强后盾的背景下，如何迅速适应新的生存环境，解决好面向行业与面向社会的办学关系，处理好专业化培训与宽口径培养的关系，再创符合自身实际的发展之路，为经济社会发展作出新贡献，是行业特色高校必须直面的现实问题。

3 典型的行业特色高校
——公安院校

3.1 公安院校是典型的行业特色高校

3.1.1 公安院校是高等教育体系中具有特色的组成部分

公安高等教育是我国高等教育体系的重要组成部分，具有鲜明的公安行业特点、办学传统和人才培养特色，承载着警察预备队伍人才培养的重要使命，肩负着服务教育强警、驱动科技兴警、实现人才强警的重要职责。多年来，公安院校为全国政法公安机关培养输送了大量领导干部、业务骨干和专门技术人才，毕业生中涌现出一大批英雄模范，受到各类表彰，被授予全国公安系统英雄模范、全国优秀人民警察、全国劳模，为公安事业发展和平安中国建设作出了重要贡献。

公安部党委印发的《关于加强和改进新时代公安人才工作的实施意见》，对新时代公安院校人才培养工作作出了全面部署和总体规划，要求"培养造就一大批适应新时代要求的专门型人才和复合型人才，为履行捍卫政治安全、维护社会安定、保障人民安宁的新时代使命任务提供强有力的人才保障和智力支撑"。鉴于公安院校对服务国家公安事业发展和公安工作现代化建设具有重要意义，为维护国内安全稳定，构建和谐社会起到了重要作用，全力推进典型的行业特色高校——公安院校的高质量发展是实现高等教育强国战略和做好新时代公安工作建设的共同要求。

20世纪末，经过高校管理体制的调整，我国高校形成了中央和省级政府两级管理，以省级政府统筹管理为主的新体制。少数关系国家发展全局的高校以及行业特殊性强的高校继续由国务院委托教育部、工信部等其他少数部门管理外，多数高校由地方管理或以地方管理为主。根据《国务院关于进一步调整国务院部门（单位）所属学校管理体制和布局结构的决定》（国发〔1999〕26号），公安部继续管理其所属学校。目前，公安部共有5所直属高等学校：中国人民公安大学、中国刑事警察学院、中国人民警察大学、南京警察学院（原南京森林警察学院）、郑州警察学院（原铁道警察学院）。在仅有的43所国家部委直属高校（除教育部外）中，公安部与工业和信息化部（7所）、国家民委（6所）、交通运输部及中国民用航空局（5所）类似，是拥有直属高校较多的国家部委，足见公安院校作为行业特色高校之于国家安全与发展的重要地位。

在全国的35所公安高等院校中，5所为公安部直属院校，20所为省、自治区、直辖市所属本科院校（以下简称为省属公安院校），10所为高等专科学校，形成了以本科院校为主体，类型多样、层次多样、本硕博齐全的公安高等教育体系。

部属公安院校是公安高等教育体系中名副其实的领军者。在目前公布的两轮"双一流"建设高校及建设学科名单之中，公安院校中仅有中国人民公安大学的公安学学科被确定为"双一流建设学科"，是公安院校中唯一一所"世界一流学科建设高校"。中国刑事警察学院则是我国刑侦系统的组成部分，是我国第一所开展公安本科学历教育的公安院校。中国人民警察大学的前身为中国人民武装警察部队学院，主要为公安现役部队培养指挥管理和专业技术警官，承担我国维和警察、成建制维和警察防暴队、常备维和警队、驻外警务联络官和外籍警察培训任务，担负公安机关培训工作。相比于省属公安院校而言，部属公安院校在各个方面都展现出了遥遥领先的实力和更加鲜明的特色。

从规模上不难发现，省属本科院校是公安高等教育体系中的重要组成部分，是各地警务人才培养的主阵地，实现省属公安院校的高质量发展是推进我国公安教育实现高质量发展的重要基础。公安院校高质量发展的实质是推动公安本科教育逐渐从低标准的"数量满足"向高标准的"质量保障"转变的重要战略。以高质量发展为契机，带动和推进一批公安院校的建设发展实现全面提升，将对全面提升和发展具有中国特色的新时代公安高等教育形成助力。

面向行业是行业特色高校可持续发展的根本基础和重要方式，其目的是通过高等教育与行业人才培养和行业科技发展的有效对接，推进"教育、科技、人才"协同发展。从战略层面考量，党的二十大报告首次将教育、科技、人才三者进行专章部署、一体谋划，理顺了三者的内在联系，深化了对教育、科技、人才"三位一体"推进的重大理论和实践问题的规律性认识。作为典型的行业特色高校，公安院校的建设发展和人才培养应充分关注"教育、科技、人才"三者的关系，通过面向公安行业保持与国家战略在逻辑上的统一和价值理念的一致，实现公安高等教育高质量发展的本体价值与社会价值的有机统一。

3.1.2 公安院校鲜明的行业特点

（1）发展历程与行业休戚相关

中国人民公安大学创始于1948年7月中共中央在河北解放区建屏县（今平山县）举办的华北保卫干部训练班，历经华北公安干部学校（1949—1950年）、中央公安干部学校（1950—1953年）、中央人民公安学院（1953—1959年）、中央政法干部学校（1959—1982年）和恢复中央人民公安学院（1982—1984年）等发展阶段，1984年中央人民公安学院改建为全日制普通高等学校，成立中国人民公安大学。1998年2月，原来的中国人民公安大学与中国人民警官大学合并，组成新的中国人民公安大学（中国人民警官大学于1978年开始举办普通本科学历教育，其前身为公安部政法专科学校，1979 年更名为国际政治学院，1984 年更名为中国人民警官大学）。2000 年，交通部直属的北京交通人民警察学校并入学校，中国人民公安大学发展至今，被誉为"共和国警官的摇篮"。

2000 年，中国维和警察培训中心在中国人民武装警察部队学院正式成立，2003 年获得硕士学位授予权。2018 年 9 月，根据党和国家机构改革总体部署，经教育部批准，中国人民武装警察部队学院转制更名为中国人民警察大学，同时加挂"公安部国际执法合作学院"和"中国维和警察培训中心"牌子，为公安部直属全日制普通高等学校，服务领域得到进一步拓展。

中国刑事警察学院的前身是始建于 1948 年 5 月的东北公安训练队，历经东北公安干部学校、中央人民警察干部学校、公安部第一人民警察干部学校、公安部人民警察干部学校等发展阶段，经国务院批准，1981 年 11 月扩建为中国刑事警察学院，成为我国第一所开展公安专业、本科学历教育的公安院校。公安部人民警察干部学校的建制和编制继续保留，承担对在职民警的培训任务。

南京警察学院（原南京森林警察学院）的前身是 1949 年 5 月建立的南京市立农业职业学校，其办学历史可追溯至 1941 年。1953 年 8 月，学校更名为江苏省南京林业学校，1994 年 9 月，改建为林业部南京人民警察学校；2000 年 3 月，升格为南京森林公安高等专科学校；2010 年 3 月，升格为南京森林警察学院。

郑州警察学院（原铁道警察学院）是专门培养铁路公安专业人才的公安高等院校，1950 年创建于北京，1980 年迁建郑州，2000 年从原铁道部划归公安部管理，2013 年经教育部批准学校开始独立开展全日制普通本科教育，更名为铁道警察学院，2017 年成为学士学位授予单位，2023 年更名为郑州警察学院。

省属公安本科院校的前身大多数为地方的公安院校，在升格为本科院校前通常经历了干校—中专—大专几个发展阶段。省属公安本科院校中，除辽宁警院于 1960 年、北京警院于 1984 年建校外，其他省属公安院校绝大多数于 1949—1950 年期间建校，与共和国同龄，脱胎于公安干部学校。1978年改革开放以后，为适应经济社会发展对高素质公安队伍的需求，各省逐步开展中专层次的公安学历教育，进而开展大专层次的公安高等学历教育。尽管省属公安院校的建校时间都较早，但承担本科层次的公安高等学历教育则是21世纪才逐渐开始的。

20世纪末21世纪初，国家对公务员队伍的素质和能力提出了更高要求，各省公安机关适应形势发展需要，在积累了丰富办学经验和丰硕办学成果的基础上，积极申办本科层次的公安高等学历教育。2002年，江苏、湖北两省率先成立了公安本科学院，经历了10余年的升本过程，截至2017年，我国内地31个省（自治区、直辖市）中有20个省（自治区、直辖市）设立了公安本科院校。表3-1归纳了全国省属公安本科院校升本时间表。

表3-1　　　　　　　　**全国省属公安本科院校升本时间表**

2002	2003	2004	2006	2007	2010	2012	2014	2015	2016	2017
湖北 江苏	云南	广东 山东	四川 北京	浙江 福建	河南 湖南 吉林 江西	新疆 重庆	辽宁	广西	山西	上海 贵州

从发展历程来看，无论是部属公安院校还是省属公安院校，都与行业休戚相关，紧紧围绕服务服从行业发展实现高校本身的建设发展，呈现出鲜明的行业特点。公安院校作为培养公安后备人才的主渠道、在职民警培训的主阵地、警务理论和实战研究的重要平台，在推进公安队伍革命化正规化专业化职业化建设、推动公安工作现代化进程中肩负着重要使命，同时在公安工作中具有先导性、基础性、全局性地位。公安院校必须把握好公安高等教育职业化特点，健全完善公安院校与公安机关深度合作、共担育人职责的长效机制，推动公安机关全方位参与公安院校的教学训练、人才培养和公安研究，促进公安院校教育教学工作更好地贴近实战、融入实战、服务实战。要把握公安队伍素质和战斗力提升的新要求，强化在职民警培训功能，突出实战实用实效，增强公安院校在职民警培训供给能力。

（2）发展目标坚持特色鲜明

表3-2归纳了全国公安本科院校建设目标。

表3-2 **全国公安本科院校建设目标**

序号	院校名称	建设目标
1	中国人民公安大学	"全国领军、世界一流"公安高等学府，为推动公安工作现代化提供有力支撑
2	中国人民警察大学	有特色、高水平、国际化世界一流警察大学
3	中国刑事警察学院	中国刑警的最高学府、犯罪治理领域的国家级智库、犯罪侦查和公安技术专业人才的培养高地，朝着政治坚定、特色鲜明、国内领先、世界一流的警察大学阔步迈进
4	南京警察学院	服务服从公安中心工作建设一流公安院校
5	郑州警察学院	特色鲜明、学科专业优势突出的应用型重点公安院校
6	北京警察学院	办学特色鲜明、符合实战需要的国家重点公安院校
7	山西警察学院	国内有重要影响、特色鲜明、高水平重点公安院校
8	吉林警察学院	国内一流公安本科院校
9	辽宁警察学院	区域优势明显、办学特色鲜明的一流公安院校
10	江苏警官学院	国内一流、具有鲜明特色和国际影响力的公安本科院校
11	山东警察学院	国内一流、具有鲜明特色和较大影响力的应用型公安本科院校
12	浙江警察学院	高质量内涵式有特色的重点公安院校
13	福建警察学院	区位优势明显、办学特色鲜明、符合实战需要的应用型警察本科院校
14	江西警察学院	高水平、有特色的地方一流公安本科院校
15	上海公安学院	特色性应用技术型公安本科高校
16	湖北警官学院	高水平的、公安特色鲜明、办学综合实力居于中部领先、全国一流地位的现代化警察大学

续表

序号	院校名称	建设目标
17	湖南警察学院	区位优势明显、办学特色鲜明、符合实战需要的全国重点公安院校
18	河南警察学院	区位优势明显，办学特色鲜明，符合实战需要的重点公安院校
19	广东警官学院	特色鲜明、国内一流、具有一定国际影响力的现代警察大学
20	广西警察学院	西部同类院校领先、在国内和东南亚有较高知名度、行业特点和职业特色鲜明的应用型公安本科院校
21	云南警官学院	区位优势明显、办学特色鲜明、符合实战需要的全国一流公安院校
22	四川警察学院	全国重点公安院校
23	重庆警察学院	区位优势明显、办学特色鲜明、符合实践需要的"西部先进、全国一流"公安院校
24	贵州警察学院	区位优势明显、办学特色鲜明、符合实战需要的重点公安院校
25	新疆警察学院	区位优势明显、办学特色鲜明、符合实战需要的特色优势型重点公安本科院校

从公安院校的发展目标来看，"区位优势明显""办学特色鲜明""符合实战需要"几个关键词出现的频次较高，大部分公安院校尤其是省属公安院校都在发展目标中基本明确了自身立足并服务于区域的地方院校属性，同时体现了自身的行业属性和鲜明的办学特色。中国人民公安大学、中国刑事警察学院、中国人民警察大学都以"世界一流"或"世界前茅"为建设发展目标，体现了部属公安院校作为行业内一流大学的引领作用和发展决心与魄力。公安院校发展目标词频图如图3-1所示。

图3-1 公安院校发展目标词频图

（3）人才培养目标行业特征显著

2015年12月8日，中央编办、人力资源和社会保障部、公安部、教育部、财政部、国家公务员局印发了《关于公安院校公安专业人才招录培养制度改革的意见》，目的是适应公安队伍正规化、专业化、职业化的建设要求，进一步做好公安院校公安专业招生、培养和毕业生录用工作，提升公安院校人才培养质量，更好地满足公安机关对公安专业人才的需求。该意见旨在认真落实中央深化司法体制改革和全面深化公安改革有关决策部署，推进公安院校教育教学改革，建立公安院校招生与公安机关招警协调机制，提高公安院校公安专业毕业生入警比例，确保公安院校毕业生成为公安队伍补充警力的主要渠道，努力打造一支忠诚可靠、纪律严明、素质过硬的公安队伍。意见中明确指出：公安院校教育是公安工作的重要组成部分，是加强公安队伍建设的源头和基础，应以公安工作需求为导向，以培养公安专业人才为主要目标，体现了公安院校人才培养目标的显著行业特征，见表3-3。

表3-3　　　　　　　　　部属公安院校人才培养目标

序号	院校名称	人才培养目标
1	中国人民公安大学	坚持专业教育、职业教育和通识教育相结合，培养忠诚可靠、纪律严明、素质过硬，具有较强的社会责任感、法治意识、科学素养、创新精神和公安实战能力，熟悉党和国家的路线、方针、政策，能够按照公安工作专业化、职业化、实战化要求，系统掌握本专业领域的基本理论、基本知识、基本技能，掌握相关法律法规政策及相关的知识、方法，具有从事公安实际工作的专业核心能力和初步研究能力的高素质应用型警务人才

续表

序号	院校名称	人才培养目标
2	中国人民警察大学	培养"对党忠诚、服务人民、执法公正、纪律严明"高素质新型警务人才。主要面向全国公安机关,培养适应新时代公安工作创新发展的新型警务人才;面向国家移民管理队伍,培养移民和出入境管理人才;面向公安国际执法安全合作,培养国际执法合作人才和外籍警察;面向联合国维和事业,培养各类维和警务人才;面向社会行业消防队伍,培养消防工程技术和指挥管理类人才;面向国家有关部委和"走出去"的中国企业,培养海外安全管理人才
3	中国刑事警察学院	培养政治坚定、作风过硬、业务精通、素质优良的应用创新型高级公安专业人才
4	南京警察学院	主要面向全国公安机关,着力培养食品、药品、生态环境、森林草原、生物安全、知识产权、网络空间安全、警犬技术等方面紧缺的公安人才,开展海关缉私、民航和长江航运3个专业警种定向就业订单式人才培养工作,为新时代公安工作和公安队伍建设提供坚实人才支撑
5	郑州警察学院	主动适应经济社会发展和铁路公安工作需要,坚持"厚基础、强能力",以"四个铁一般"为标准,培养具有忠诚品格、法治思维、创新意识、过硬本领的高素质应用型公安专业人才

3.2 公安院校行业人才培养存在的问题与对策

3.2.1 公安本科院校的人才培养情况

根据全国公安本科院校2021—2022年的教学质量报告公布的数据,其人才培养的总体情况如下:

①毕业率。除中国人民警察大学因改制未报告之外,所有部属公安院校的本科生毕业率均在99%以上。

②就业率。南京森林警察学院和铁道警察学院的就业率均在97%

以上，在部属公安院校中领先。中国人民公安大学和中国刑事警察学院的就业率分别为73.64%和81.77%，中国人民警察大学未公开当年数据。全国省属本科公安院校的初次就业率均在70%以上，11所省属公安院校的本科生就业率达90%以上，这是公安院校作为行业特色院校密切联系行业的天然优势，大部分警校毕业生都进入警察行业，就业率在全国高等学校中处于较高水平。

③升学率。中国人民公安大学的升学率为11.40%，远超全国其他公安院校，南京森林警察学院和铁道警察学院的升学率分别为2%和1.09%，与一般省属本科公安院校无异。中国人民警察大学和中国刑事警察学院未公开这一数据。省属本科公安院校的升学率均在4%以下，半数以上的省属公安院校毕业生升学率尚不足1%，麦可思研究院基于2022年度大学毕业生跟踪数据撰写的《2022年中国大学生就业报告》（《就业蓝皮书》》）中显示，2021届本科毕业生国内外读研比例为19.2%；国内读研比例为17.2%。省属公安本科院校虽因为行业特殊性大部分毕业生本科毕业后直接就业，但整体而言升学率极低，也从侧面反映出学生学习投入程度和教育教学水平还亟待提高。

3.2.2 公安本科院校的人才培养过程中存在的问题

从公安本科院校2021—2022年的教学质量报告中对于自身问题的分析来看，各院校归结问题的口径和侧重点有所差异。一些公安院校着眼于学院发展过程中存在的宏观问题，一些院校则着眼于细节问题；有的公安院校从学院发展的多个方面出发总结出诸多方面的问题，有的则总结出某一个或某几个突出方面的重点问题。归结起来，公安院校在建设发展中存在的主要问题有以下几点：

（1）学科专业建设基础薄弱

在公安本科院校教学质量报告的问题陈述中，辽宁警院、江苏警院、山东警院、福建警院、云南警院等都反映出"学科建设不成熟，学科理论体系不够健全""学科专业基础薄弱，发展不够均衡""新兴专业发展不足，传统专业与新兴急需专业协调发展机制不够健全"的类似问题。尽管公安学和公安技术取得一级学科地位已经有10余年的时间，但由于公安本科院校树立学科专业建设的意识较晚，仍处于学科建设的起步阶段或"准学科专业建设阶段"，远未达到成熟的地步。[73]

（2）师资队伍结构不合理

"师资队伍建设存在不足"在大部分公安本科院校教学质量报告的问题陈述中皆有呈现。主要表现在"教师队伍年龄结构不合理""高层次人才数量不足""高水平学科专业带头人相对缺乏""教学特别是实战化教学能力不足"几个主要方面。由于公安院校特别是省属公安院校开展学历教育和升格为本科院校的时间都相对较晚，相比于其他普通高等院校，公安院校师资队伍在人数、结构和发展水平等方面都较落后，至今仍制约着公安院校的发展。[74]

（3）与实战的结合程度不足

"贴近实战、引领实战、融入实战"是近年来公安部对公安教育提出的总体要求。[75]然而，"实战化教学改革仍需不断深化"在公安本科院校教学质量报告的问题陈述中依然是一个主要问题。"人才培养目标与社会数字化转型、新科技发展、智慧警务改革的需求匹配度还不够""教学实际供给能力与学生需求尚存在差距""实验实训条件同公安实战环境、实战条件还存在差距"等问题仍在，公安教学亟待进行更加深入的实战化教学改革探索与实践，从而更好地面对新时代公安工作带来的多样化挑战。

（4）科研实力普遍落后

科研实力普遍较弱，是制约公安院校发展的另一块短板。在公安本科院校教学质量报告的问题陈述中"科研创新能力还有待提高"一直是一个高频问题，具体表现为：重大标志性、代表性科研成果较少，缺乏杰出领军人物，科研内容与实战结合还不够紧密，科研对教学的促进作用有待进一步提高，科研成果自主创新不够、成果转化率不高等等。科研工作不仅有利于促进教学和人才培养质量的提高，还是学科建设之源，由此可见，长期以来科研水平发展滞后将影响公安院校未来发展的后劲，是值得下大力气解决的一个问题。

3.2.3 公安本科院校人才培养的建议路径

（1）加强学科专业建设

学科及其学科层次，是衡量一个领域科学水平、教育水平和社会服务水平的重要标志[8]，专业处在学科体系与职业需求的交叉点上。对于弱学科基础和强职业属性的公安院校来说，学科专业建设发展更为重要。学科专业建设基础薄弱越来越成为制约公安院校特别是省属公安院校高质量发展的瓶颈。优化学科专业发展战略布局，建立良好的公安学科专业发展生态，是当前公安院校的努力方向。

①重视学科的前瞻性布局与建设。创新学科发展体制机制，以公安学、公安技术为主干，法学、管理学为补充，强化学科顶层设计，大力培育学科增长点。强化学科建设目标、资源配置及高层次人才引进培育之间的衔接，引进培育学科带头人，加强学科梯队建设，强化科学研究和基地建设，推动学科间交叉融合，加强学术交流，重点支持产出一批具有高显示度的原创性科研成果。

②系统优化专业结构。巩固优化传统专业，积极拓展新兴专业，逐步淘汰弱势专业。强化绩效评估，对实施有力、进展良好、成效明显的专业，加大支持力度，形成良性竞争。重视专业内涵式发展，加强一流课程、教材、教学团队、实践教学中心等项目建设，完善教学质量保障机制，全面推动专业高质量发展。

（2）打造高水平师资队伍

教师是教育发展的第一资源[9]，教师队伍是推进公安教育事业高质量发展的重要力量。加强师资队伍建设是新时代提高公安院校核心竞争力的重要举措，也是提升公安院校建设发展质量最直接、最有效的途径之一[10]。努力打造由专业带头人领衔，以骨干教师为中坚，中青年教师为主体，数量充足、结构合理、素质优良、能力突出，适应应用型人才培养要求的教师队伍，是当前公安院校建设发展的一项重要任务。

①加大人才引进力度。做好顶层设计，用好现有人才政策，根据重点学科专业发展需求，有针对性地引进高水平领军人才和教学团队。统筹谋划落实人才待遇、职务晋升、科研经费、后勤保障等方面保障措

施，增强公安院校对高层次人才的吸引力。

②重视教师发展工作。帮助教师进行职业生涯规划，持续推进学科（学术）带头人、专业带头人、中青年骨干教师遴选和培养工作，从学历提升、公安司法实践锻炼、重大课题承担、重大学术活动参与等方面加大对优秀青年骨干教师的培养力度，促进学科专业领军人才的成长。

（3）增强科研工作实效

公安院校的科研工作承担着为公安机关维护国家安全和社会稳定提供技术帮扶和理论支撑的重要任务，如何适应科研形势与环境的改变、把握科研创新的时代脉搏，以更好地服务公安科技发展，是公安院校面临的一大挑战。[11]公安院校科研工作的当务之急是迎难而上，创新科研激励机制，充分调动广大师生的科研积极性，使科研工作质量和效益不断提高。[12]

①做好战略规划与布局。抓住《科技兴警三年行动计划（2023—2025年）》契机，切实加强对公安科技、平安中国建设的前瞻性研究，同时注重在应用基础研究、实践智慧与方法研究上取得突破，创建高层次科研创新平台，产出有重要影响的科研成果，形成理论指导实践、科研反哺教学、院校服务实战的警学研用协同创新体制。

②加强重点科研基地建设。以重点科研基地为依托，大力推进"项目、人才、基地"一体化建设，围绕国家及区域公安领域发展重点方向，积极承担重大科研任务，提升承担重大科研任务的能力。制定相关激励措施，优化科研资源的配置方式，保证人才、条件、资源向国家级项目、高水平论文、重大战略科研任务倾斜。

③完善新型公安智库体系。构建专业高效的知识产权运营和成果转化体系，完善科技成果转化激励机制，提升服务公安实战的能力。建设一批公安专题数据库和典型实战案例库，提升公安院校科研工作服务公安与经济社会发展的能力，扩大公安院校的影响力，提升知名度和贡献度。

（4）深化实战化教学改革

培养实战应用型人才是公安院校的首要任务。人力资源社会保障部等六部门《关于公安院校公安专业人才招录培养制度改革的意见》中明确要求，公安院校在提高人才培养质量时要贴近实战。公安部也要求，公安教育要以公安实战需求为导向，以服务警务工作为目标，做到贴近实战、引领实战、融入实战[13]，这是公安院校实战化教育教学改革的基本遵循。

①深化人才培养模式改革。解读好"实战化"内涵，将传统的"训练方法实战化"全方位地拓展融入到教学改革设计、教学过程和教学保障之中[14]，实现实战化改革与公安教育高质量发展的内在统一。建立健全实践教学导师制，推进实战案例教材、实验实训教材和数字化教材的建设步伐。加强实验室硬件建设和实践教学平台建设，加大实习经费预算额度，规范经费使用，提高资金使用效益。

②推进校局合作协同育人。继续加强与公安司法机关的沟通和衔接，探索"捆绑式""同城一体化"办学模式，通过与实战部门合作成立专业指导委员会、共同修订人才培养方案、共建共享校内外实训基地、共同研发课程教材、合作开展科研、教师教官双导师论文指导制、互派教师教官挂职锻炼等方式，不断拓展素质强警战略的广度与深度，把更多的社会优质资源转化为人才培养资源。

③创新前沿性理论研究。科学研究聚焦实战、服务实战，支持公安院校与实战部门共建一批研究基地，围绕社会治理的热点难点问题开展对策研究，提高公安实战的理论研究能力和创新研发水平。聚焦重大公安领域现实问题，注重需求导向，争取在解决实战部门和区域社会发展问题上新增一批标志性成果。

3.3 公安院校大学生职业认同发展的重要意义

3.3.1 警察职业认同问题的理论与现实意义

（1）警察职业认同的重大战略意义

习近平总书记在2019年全国公安工作会议上发表的重要讲话中指出，和平时期，公安队伍是牺牲最多、奉献最大的一支队伍。中华人民共和国成立以来，全国公安机关共有1.7万余名民警因公牺牲，其中

3 700余人被评为烈士（截至2022年10月）。广大公安英烈用热血和生命诠释了对党和人民的无限忠诚、对公安事业的无限热爱，谱写了一曲曲壮丽的英雄赞歌。习近平总书记还指出，要完善人民警察荣誉制度，加大先进典型培育和宣传力度，增强公安民警的职业荣誉感、自豪感、归属感。这里所提及的职业荣誉感、自豪感和归属感，指的就是公安民警对警察职业的高度认同。[76]这种职业认同不仅直接决定了警察群体是否热爱自己的职业和岗位，甚至还关系到公安机关战斗力的提升和公安职能的全面履行，是锻造一支让党中央放心、人民群众满意的高素质过硬公安队伍的坚实基础，更是广大公安民警踔厉奋发、勇毅前行，立足本职工作，忠诚履职尽责，为推进中国式现代化贡献公安力量的重要支持，具有重大而深远的战略意义。

（2）警察职业认同的现实挑战

然而，面对不断变化和日益复杂的执法环境，以及随之而来的更加危险和繁重的警务工作，当代公安民警的职业认同受到了前所未有的挑战，呈现出逐渐弱化的趋势（岳珺雅，2016；李云昭等，2016）。与此同时，"工作条件恶劣""得不到认可""缺乏上级的支持""工作面临风险""工作毫无成效"等因素也成为影响公安民警职业认同的不可回避的现实因素（Maria，2012）。有调查显示，"职业焦虑、职业倦怠、缺乏从警信心"等表征都体现出当前我国公安民警职业认同感普遍偏低的整体情况，甚至该调查中有一半的受访者表示"如果有选择将离开警察队伍"（张佳佳，2012）。这无疑对未来我国公安队伍建设和公安事业发展来说是一项严峻的考验，因而如何帮助公安民警尤其是青年民警群体树立并强化自身的职业认同，已经成为公安工作中不容忽视的问题。

（3）学术界对警察职业认同的关注不足

"警察职业认同"的相关研究是"职业认同"研究在警察这一职业群体上的细化和延伸。国外关于警察职业认同的研究已经取得了一些成果，对本研究具有一定的参考意义：内容涉及初任警的职业认同建构与危机（Bahn，1984；Matthew，2012），警察职业认同与职业倦怠、职业忠诚等变量间的关系（Lynch 和 Tuckey，2004）等方面。在国外有限的关于警察职业认同的研究中，已经有学者开始注意到高等教育对警察职业认同发展的重要影响（Stanley，1992；Cox 等，2018），与家庭等先赋性因素、工作环境因素共同构成了影响警察职业认同的主要因素。国内对于警察群体的职业认同研究起步相对较晚，作者在中国知网（CNKI）检索后发现，关于警察职业认同的研究成果从 2008 年之后才开始出现，且总数不足百篇，尚不属于一个热门问题。目前我国关于警察职业认同的研究，大多采用质性研究方法，内容则主要可以归纳为特征研究、影响因素研究以及提升策略研究三大类。[77]

目前国内外对预备警官（公安院校大学生）职业认同问题的关注程度较低，呈现出起步较晚、参与度不高的特点。受理论研究和实践探索成果稀少、尚不成熟的影响，目前关于预备警官（公安院校大学生）职业认同的研究主要还体现在现状调查层面，虽然有少数学者已经提及高等教育经历在预备警官（公安院校大学生）职业认同发展过程中所能够发挥的重要作用，但对公安院校如何通过教育手段提升预备警官的职业认同，学术界和实务界都还未引起足够的关注和思考。因而，有必要从公安院校的教育实践出发，就预备警官职业认同的影响因素和引导策略展开更为深入和细致的思考和讨论，这不仅是现有研究中缺失的部分，也正是本研究的努力方向。

3.3.2　青年民警职业认同的现实情况

（1）调研过程

在明确青年民警职业认同内涵与重要意义的基础上，本研究以"民警职业认同调查问卷"为工具，测量和反映青年民警职业认同的程度和水平。问卷根据成熟量表"中小学教师职业认同量表"改编而成，该量表经大规模测试，具有较好的信度和效度，是国内使用频率最高、经改编后应用范围最广的职业认同测量量表。本研究仅对该量表中的职业进行了更换，问卷的题目数量和结构均与原有量表保持一致，经信效度检验后改编而成的问卷"民警职业认同调查问卷"也同样具备很好的信效度（Cronbach'Alpha=0.938，KMO=0.889），且与原量表一致，警察职业认同同样可以形成二阶一因子（职业认同）一阶四因子（角色价值观、职业行为倾向、职业价值观、职业归属感）的实证结构[78]，见表3-4。

表3-4	警察职业认同问卷结构
角色价值感	我为自己是一名警察而自豪
	从事警察职业能够实现我的人生价值
	在做自我介绍的时候，我乐意提到我是一名警察
	我适合从事警察工作
	作为一名警察，我时常觉得受人尊重
	当看到或听到颂扬警察职业的话语时，我会有一种欣慰感
职业行为倾向	我能够按时完成工作任务
	我能够认真完成工作任务
	我能认真对待职责范围内的工作
	我积极主动地创造和谐的同事关系
职业价值感	我认为警察职业对促进人类社会发展十分重要
	我认为警察的工作对维护社会安全很重要
	我认为警察的工作对维护国家安全稳定有重要作用
	我认为警察职业是社会分工中最重要的职业之一
职业归属感	我关心别人如何看待警察职业
	当有人无端指责警察群体时，我感到自己受到了侮辱
	我在乎别人如何看待警察群体

调研选取辽宁省青年民警作为样本，采用简单随机抽样法进行问卷调查，在此基础上根据调查结果总结出当前辽宁省青年民警职业认同发展的基本情况。本次调研共发放问卷223份，有效回收200份，有效率89.5%。

（2）调研结果

在调研的第一部分，我们对被试民警的基本情况进行了调查，见表3-5。经过与其职业认同进行相关性分析，我们可以得出结论：青年民警的人口统计因素（如性别、年龄、地域、学历、从警时间、毕业院校）等均与其职业认同没有显著的相关关系。这也证实了职业认同是一个"建构"过程，来源于个体对自身经历进行的意义建构，并不受个体的先赋性特征影响，而主要受个体所处的环境、所经历的体验影响。调研的第二部分是对被试民警进行职业认同现状的调查，一阶因子职业认同的二阶四个因子分别为："角色价值感"，指个体对"警察角色"对自我的重要程度等的积极认识和评价，表现为个体以"警察"自居并用"警察"角色回答"我是谁"的意愿；"职业归属感"反映的是个体对自己与其职业的关系的积极感受和体验，指个体意识到自己属于警察群体中的一员，经常有与警察职业荣辱与共的情感体验；"职业行为倾向"指警察表现出完成工作任务、履行职业责任的行为倾向；"职业价值感"指个体对警察职业的意义、作用等的积极认识和评价，见表3-6。

表3-5　　　　　　　被试民警的基本情况（N=200）

	选项	频数	百分比（%）
性别	男	156	78.00
	女	44	22.00
年龄	25岁以下	2	1.00
	25~30岁	22	11.00
	30~35岁	86	43.00
	35岁以上	90	45.00
从警时间	1年以下	4	2.00
	1~5年	18	9.00
	5~10年	92	46.00
	10年以上	86	43.00
学历	专科及以下	4	2.00
	本科	164	82.00
	硕士及以上	32	16.00
毕业院校	公安院校	60	30.00
	非公安院校	140	70.00
从警地点	城市	184	92.00
	农村	16	8.00
家乡	城市	160	80.00
	农村	40	20.00

表3-6　　　　青年民警职业认同一阶因子得分均值（N=200）

因子名称	职业归属感	职业价值感	职业行为倾向	角色价值感
均值	4.130	4.147	4.030	4.208

从各因子得分均值来看，青年民警的职业价值观和职业行为倾向得分较高，体现出青年民警对所从事职业的尊重程度和投入程度都较高。但职业归属感得分偏低，"角色价值感"即对自身作为警察这个职业角色的认同度（角色认同）则得分最低。数据说明当前青年民警对于警察职业的重要意义和作用尤其是这个行业的社会价值具备清晰的认知，在实际工作中也愿意付出和投入，尽职尽责，但对于从事警察职业给自己带来的个人价值的认同度不高，对自己作为警察这个"角色"缺乏积极认识，同时职业归属感不强。得分最低的几个问项"我为自己是一名警察而自豪"（3.880）、"从事警察职业能够实现我的人生价值"（3.680）、"作为一名警察，我时常觉得受人尊重"（3.530）、"在做自我介绍的时候，我乐意提到我是一名警察"（3.520）均显示出了辽宁省青年民警对于自己作为一名警察的角色价值认同度偏低。甚至有41%的被试青年民警在问卷的附加问项"如果可以重新选择，我依然会选择从事警察职业"中选择了"否"选项，职业忠诚度明显不足，这些数据都反映了对青年民警进行职业认同教育并采取提升其职业认同的相关策略势在必行。

3.3.3　大学时期是民警职业认同发展的关键时期

公安院校大学生是未来公安事业的建设者和接班人，肩负着"巩固党的执政地位、维护国家长治久安、保障人民安居乐业"的政治和社会使命。现代公安工作的复杂性和严峻性要求预备警官在学生阶段就应当努力提升自身的职业认同感，这不仅关系到他们在校期间的学习动力，更关乎其毕业后在警察岗位上的职业忠诚乃至终身职业发展，甚至还关系着未来公安事业护国民保平安的重大使命能否达成。职业认同的发展是一个长期而又复杂的过程，青少年时期是职业认同发展的最关键阶段。认同来源于个体对自身经历进行的意义建构，受到个体内在因素和外部环境与关系因素的共同影响。在大学时期，公安院校大学生作为预备警官，正处于职业认同形成和确立的重要节点，公安院校作为公安队伍的输送地和练兵场，有义务有责任为预备警官职业认同的发展贡献力量。公安院校作为公安高等学历教育的主阵地，具有普通高等院校的共性。同时，公安院校的职业教育取向又成为区别于普通高等院校的特性[3]。长期以来，由于公安院校在领导体制上主要受公安机关领导，毕业生就业集中于公安机关等原因，使得公安院校呈现出高度行业性，在教育理念上出现了典型专业化的倾向。具体表现为公安院校在培养目标和培养方式上更多关注的是学生的专业技能是否能学以致用，重视实战教学。

鉴于青年时期是职业认同发展的最关键时期，公安高等教育在塑造民警职业认同过程中发挥着不可替代的作用。尽管经验是警察最好的老师（Terrill，2007），但书本知识和街头智慧具有同样的重要性（Bostrom，2005）。研究表明，具有大学经历的警察与更高的工作满意度、更好的沟通能力、更好的工作表现、更大的晋升潜力等呈正相关（Bumgarner，2002）。警察职业和教育训练的特殊性也对公安院校的责任担当提出了更高的要求。认同实质上是个体对自身经历进行的意义建构，公安院校就读期间的经历也是青年民警建构自身职业认同的重要材料，在大学时期，公安院校大学生作为预备警官，正处于职业认同形成和确立的重要节点，公安院校作为公安队伍的培养基地和练兵场，有义务、有责任为青年民警职业认同的发展贡献力量。公安院校应坚持政治建校、政治建警的办学方针，借助思想政治教育、校园文化建设、警务管理工作等"材料"来"形塑"预备警官的职业认同。

4 大学生职业认同的理论探讨

4.1 大学生职业认同的含义

4.1.1 大学生职业认同的定义

（1）认同

"认同"（identity），中文也译作"同一性"。最初来源于拉丁文中的一个词根"idem"，有"同样的"之意。早期认同是哲学领域中的一个概念，主要用于探讨和反思"我是谁"等重要哲学问题。后来这一概念在心理学领域得到了更为广泛的应用，如美国《心理学百科全书》把认同归为精神分析理论的核心概念，意为主体同化和吸收其他的人或事，以构建自身人格的过程[79]。认同在中国语言中有两种基本含义：一种含义是指"认可、赞同"；另一种含义则解释为"承认同一"，即按照某种身份或范畴，如性别、种族、职业等，将自己归入该类群体，即个体作为群体成员或角色载体获得一定的意义和属性[80]。有学者还专门针对认同的词性进行了质性分析，Ashforth（2001）指出"认同"既可以作名词也可作动词，前者指的是认同形成后的稳定状态，后者描述的是认同形成的过程。也就是说，一方面认同具有名词词性，"与某一身份的同一性"即为认同；在多数情况下，认同具有动词词性，是对某种身份或角色与自我具有同一性的承认，其中也包括寻求同一性的行为。[81]

目前，学术界普遍接受美国心理学家埃里克森（E.H.Erikson）对"认同"的定义，他认为"认同"是指将自身内在的感觉、自我意识与外部评价等加以综合，形成个体在职业、宗教、价值观等方面的自我评价及自我定位，以此来回答"我是谁"的问题。[82]埃里克森还认为认同是一种"熟悉自身、知道个人未来目标的感觉"，认同的发展有利于个体在熟悉自身的基础上建立起"个人未来目标"，是个体产生行为动机的首要前提。

（2）职业认同

职业认同是个体与职业身份和角色方面的同一性，是认同的下位概念。每个人的认同由其自身不同的身份和角色所决定，因此个体的认同和他们所处的不同的关系网络一样多，占领着个体日常生活的阵地，并无时无刻不在发挥着作用。民族、宗教、种族、性别、阶层、职业等，都体现着个体在不同关系网络中的身份和角色。20世纪60年代，Miller将职业认同从个体认同的整体结构中划分出来，将认同视作包括了三层结构的同心领域，中心包括防护的和应付的自我，边缘是表现出的自我，而中间则是多重社会层次自我领域（民族认同、宗教认同等），其中就包括职业认同。James（2000）则提出了理解认同的四个角度（见表4-1），有利于通过与其他方面的认同进行对比，来理解个体认同的全貌。从表4-1中可以看出，职业认同是个体认同在制度视角的体现，是基于制度所授予个体的权力或权威而构建的，是个体在职业社会中的一种定位，是个体认同的重要方面。

职业是"个人服务社会并获得主要生活来源的工作"。职业既是用于建构认同的"原材料"，又是表达认同的符号和象征。个体职业的发展过程既是认同形成的过程，又同时受到认同的指导、支配和影响。"我"

表4-1　　　　　　　　　　职业认同与其他认同的区别

角度	表现形式	来源	举例
自然视角下的认同（narture-identity）	一种状态	先天赋予的强制性状态	我是"双胞胎"
制度视角下的认同（institution-identity）	一种定位	制度授予的权力或权威	我是"教授"
话语视角下的认同（disourse-identity）	一种品性	重要他人的评价	我是"有魅力的人"
关系视角下的认同（affinity-identity）	一种经历	实践中参与和共享	我是"足球迷"

想要从事什么职业，既体现了对自身能力素质的客观评价，又反映和贯彻了"我"对自己的看法与定位，甚至表达了个体对某种价值目标的认同，这些方面又共同促进了个体认同的形成与发展。与此同时，"我"想要从事什么职业，首先是基于对自身社会角色和地位的接受（即基于对某种认同的接受），个体不会超越认同去从事不符合"我"的身份和地位的职业。

职业认同这一概念自诞生起也面临着不同的解读和分析。如霍兰德（Holland）将职业认同定义为：个体对自己的职业禀赋、职业兴趣和职业目标等方面认识的稳定和清晰程度；Mad和Ashforth（1992）认为职业认同是个体用职业或从事这项职业的人所具有的"原型特征"（prototypical characteristics），以此来定义他自己的程度；Meyer等（1993）把职业认同定义为个体对他所从事职业的积极评价[83]；Fugate等（2004）认为，职业认同可以理解为个体以"未来想从事的职业"或"现在正在从事的职业"来回答"我是谁"这个问题。上述观点对大学生职业认同问题的探讨都具有重要的启发意义，综合以上观点和研究目的，本研究认为职业认同即个体视某种职业角色与自我具有同一性，是个体逐渐从成长经验中发展起来的自我在职业世界中的定位。

（3）大学生职业认同

结合对元概念"认同"和上位概念"职业认同"解析，经已有研究启发，本研究将大学生职业认同的概念界定为：大学生通过参与和投入到学习经历中，逐步发展起来的视自我与某种职业角色具有同一性的态度，是大学生对未来可能自我在职业世界中的定位。具体来说，大学生职业认同在认知层面体现为对某种职业的价值作出肯定性判断和评价（职业价值）；在情感层面体现为对某种职业报以特别的关心和重视（职业归属）；在行为层面体现为努力为从事某种职业进行准备的行为倾向（职业准备倾向）。大学生职业认同发展的过程即大学生不断将未来所要从事的职业在认知、行为和情感上与自我进行融合、相互内化的过程。

①认同与大学生职业认同。

大学生职业认同的概念是在"认同"这一元概念的基础上提出的，因此认同理论中的许多观点对于分析大学生职业认同的相关问题都具有十分重要的指导意义。如认同既具有名词词性，表"同一性"之意，也具有动词词性，表"承认具有同一性"之意。延伸到大学生职业认同的概念上来，大学生职业认同既是一种状态，意为大学生自身与某种职业角色的同一性程度；同时大学生职业认同又是一个过程，即大学生寻求直至承认某种职业角色与其自身具有同一性的过程。

根据埃里克森的观点："自我认同"是指将自身内在的感觉、自我意识与外部评价等加以综合，形成个体在职业、宗教、价值观等方面的自我评价及自我定位，以此来回答"我是谁"的问题。大学生职业认同即个体在大学阶段，将自身内在的感觉、自我意识与外部评价等加以综合，形成其在职业方面的自我评价和自我定义，以此来回答"我是谁""我想成为谁"的问题。

②职业认同与大学生职业认同。

大学生职业认同是职业认同的一个下位概念，是大学生这一特定群体的职业认同。大学生职业认同与职业认同的其他下位概念，如"教师职业认同""医生职业认同"这些实际从业者的职业认同的区别就在于：前者是用未来即将从事的职业来解释"我是谁"的问题，而后者则是用正在从事的职业解释"我是谁"的问题。大学生职业认同的实质是大学生逐渐从成长经验中发展起来的自我在职业世界中的定位，即用未来即将从事的职业来解释"我想成为谁"的问题。大学生作为"准从业者"，其职业认同尚未受到现实中职场利益和职场关系的影响，因此相较于实际从业者的职业认同而言，大学生职业认同更大程度上体现为对理想职业的态度，是大学生对"未来可能自我"在职场中的定位。

③大学生职业认同与大学生专业认同。

国内相关研究认为，专业认同指的是大学生对其所学习的学科下属的某个细化专业的认同情况的研究，实质上是"主修专业认同"（major identity/ speciality identity），这两种提法在国外并不常见。这是因为国外大学生对于专业选择和更换具有很强的自主性，很多国外大学甚至在第一年并不要求学生确认自己所学的专业，普遍采取第二年之后确定专业的制度。这样学生就可以忠于自我，根据自己的职业理想去选择和更改自己的专业。在这样的背景下，职业认同对于大学生在学习主动性、未来职业发展等方面的意义就更加凸显，因而大学生职业认同（professional identity）成为了国外高等教育理论界和实践界的关注点。

根据专业社会学的观点，人类的全部职业（vocation/occupation）可以分为专业性职业（professional occupation）和一般职业。"专业性职业"简称为"专业"（profession），是指像医生、律师、教师等需要经过专门学习和训练的职业。因此国内外关于教师、师范生、护士生的专业认同研究中所指的"专业认同"（professional identity），实质上都是专业性的职业认同。Vincent Tinto（1980）根据专业社会学的观点，将职业分为专业职业和应用性职业两类，专业职业指需要更多专业知识和需要更多的智力技能的职业，这些又主要是通过正式教育（如大学教育）实现的，而应用性职业则可能需要更多实践技能和职业兴趣。这一观点说明了目前国内外所进行的师范生专业认同、医学生专业认同的研究，实际上指的也是这些学生的职业认同。

比较大学生职业认同和大学生专业认同，可以发现二者之间具有密切的联系。首先，大学生入学时专业的选择就是由其职业认同决定的。举例来说，对工程师、工程教师、科学家这三种职业具有职业认同的大学生，都会对工程专业形成专业认同，这是由于专业学习是实现职业目标的途径，职业认同此时成为专业认同形成的一种动力。其次，进入大学之后，职业认同也会对专业认同发挥引导作用。职业认同程度高的学生，在专业学习的过程中，能够坚持职业理想，克服学习中的困难，保持学习动力，有利于其增强对主修专业的认同；职业认同程度低的学生，往往在困难面前表现出决心和毅力的不足，学习动力下降，专业认同随即也会受到影响。与之对应，专业认同程度高的学生，自然也会依据所学专业规划未来职业，在学校期间就对这种职业形成较强的认同感，可见大学生专业认同与职业认同之间是相辅相成的。

然而，大学生专业认同与大学生职业认同之间又存在明显的区别。大学生的职业认同（professional identity）是大学生对职业自我进行建构的过程，是大学生在学习过程中，通过对某个职业（vocation/occupation）进行认知、情感和行为上的体验，进而对这一职业的外在属性、内在价值和未来使命进行了深刻的考量和判断，形成的对该职业发自内心的认可态度，即对未来可能从事职业的认同。我国学者张愫怡曾援引国外学者对于专业认同与职业认同的关系的研究，指出职业认同贯穿于人的整个发展过程，也是青少年自我发展的重要内容。"是否喜欢所学专业、依据专业选择职业、认可专业及职业的机制与规范、感到在职业工作中能够体现自身价值、希望把职业作为个人终身发展目标"等层面的和谐统一即为职业认同。[84] 大学生专业认同则意味着大学生视当前所学的专业（major）与自身禀赋具有同一性，主要针对学生的在校学习情况，并不侧重于其未来的职业发展方向；而大学生职业认同不仅与其在校期间经历具有重要联系，更和大学生未来的职业生涯发展密切相关。从这个意义上看，专业认同主要是大学生对当前所学专业的态度，而大学生职业认同则是其对未来所从事职业的态度，因而与大学生专业认同相比，大学生职业认同对个体终身职业生涯发展具有更为长久和深刻的影响意义。

4.1.2　大学生职业认同概念解析

大学生职业认同，是本研究基于认同理论，针对大学生群体、在大学这一特殊阶段，提出的一个新概念，在此有必要对这一概念的内涵进行更为深入的诠释与解析。

（1）大学生职业认同是对"未来可能自我"的职业定位

对于大学生而言，职业认同是用未来即将从事的职业来解释"我是谁"的问题，这种认同是大学生对其未来可能职业的认同，也即大学生对未来可能自我在职业世界中的定位。Markus 和 Nurius 两位学者于1986 年首先提出了"可能自我"的概念，认为个体基于对现有经历的认识，可以对自我的行为表现和能力作出评价，在此基础上借助想象力描绘出未来的愿景，从而"勾勒"出未来自我的表象（视觉、语义或符号），这些表象就是自我概念中的未来定向成分，即"可能自我"（possible selves）。可能自我的形成并不仅仅依靠个体本身，个体所处的社会情境，特别是个体生活环境也起到至关重要的作用。例如，家庭、媒体、同伴等因素的干预都会影响可能自我的形成和重塑。[85]

Pisarik（2009）认为职业可能自我是个体未来的表象，是自我根据未来工作价值进行的描述，表达了其对未来职业的希望和预期。依据这一观点，Pisarik 提出了以职业希望自我（hoped professional selves）和职业预期自我（expected professional selves）为核心的职业可能自我的两分结构假设。前者主要指个体对某种职业的渴望、梦想和愿景，是不受现实约束的；后者则指的是个体直接感知到的现实意象，受到现实结果制约。这些职业意象构成了个体希望成为的理想中的职业自我。

（2）大学生职业认同是自我与"某种特定职业"的同一性

大学生职业认同是一个与特定职业相联系的概念。[86]大学生职业认同中的"认同"，指的就是大学生视"自我"与"某种特定职业"二者之间具有同一性，其中"某种特定职业"，即通常所说的职业目标，实质上是大学生职业认同的对象。王丽（2014）认为职业目标是个体对于选定的职业领域，在某一节点或某一时期要取得的成绩或要达到的高度。对于大学生而言，由于其并非真正的从业者，其职业目标通常是指其对于某一职业领域的选定，是大学生对其毕业后想要从事的职业进行努力探索后的确认，直接表现为大学生想要从事某种职业的愿望。在诸多职业角色中，大学生经过对自我和各类职业角色进行探索，最终认定某种特定角色与其自身属性具有同一性，这种特定的职业角色即成为大学生的职业目标。

职业目标的清晰程度和稳定程度体现着大学生职业认同发展的结果，只有在选定职业目标的基础上，才有可能实现大学生"自我"与"职业"的同一性，没有一个职业目标，二者之间的同一性就无从谈起。当大学生没有任何择业目标或者目标混乱时，直接表现为不知道自己"想做什么、能做什么、适合做什么"，其职业认同就无从谈起。由此可见，对某种特定职业的探索和承诺，是大学生职业认同发展与形成的一个前提。从另一个角度讲，大学生"自我"与"职业"的同一性越强，大学生职业目标也就更加清晰稳定。因此，职业目标既是大学生职业认同发展的出发点，也是大学生职业认同发展的落脚点。

（3）大学生职业认同是自我与某种特定职业在主客观上的适配和统一

是否与某种特定职业具有同一性，则是大学生在对自我和职业两方面进行斟酌和考虑之后得出的结论，并非单方面出于自我的职业愿望，也并非脱离自我属性去谈职业本身的地位和声望所带来的优越性，而是强调自我与职业二者之间的适配和统一。自我与职业二者适配统一，最直接的表现就是个体"愿意"且"能够"从事某一职业。"愿意"从事这种职业反映了个体的主观愿望，"能够"从事这种特定职业则反映了职业的客观需求。当只从大学生主观愿望出发的"愿意"从事某种职业，而客观上无法满足职业的需求时，大学职业认同只能停留在单方面的预期状态，会受到现实条件的制约；相反，客观上大学生尽管满足于某种特定职业的需求，而主观上却并不愿意去从事这个职业，这时职业认同就成为一种空谈，始终无法达成。从这个意义上来说，大学生职业认同既是自我与某种特定职业的主观同一，也是二者在客观上的同一。

4.2 大学生职业认同的内涵

4.2.1 大学生职业认同的构成

现有研究中，由于学者们从不同的学科视角出发、研究对象各异，因而对职业认同结构的划分方法也不相同。如 Kremer 和 Hofinan

（1981）以教师为研究对象，认为教师职业认同包括向心维度（职业角色的重要性和意义）、价值维度（职业的价值和吸引力）以及团结维度（与其他同事分享共同命运）和自我表现维度（被别人认同的自我表现）。Meyer 等 （1993）建立了包括情感认同、持续认同和规范认同三个维度的职业认同模型。Brickson（2000）的研究中则将职业认同分为认知、情感和行为倾向几个构面[87]，受此影响我国学者魏淑华（2008）在设计教师职业认同量表时将职业认同划分为角色价值观、职业价值观、职业归属感和职业行为倾向四个维度。根据吴卫东（2006）的观点，个体对职业自我的概括性理解（即职业自我图式）主要包括职业自我认知、职业自我感受和职业自我设计三个维度。职业自我认知即个体对某种职业的角色要求、生涯发展规律等方面的认知；职业自我感受则是个体对职业的自我效能感、满意度、归属感等各种感受；职业自我设计即个体在对职业自我进行观察、判断、评价和感受的基础上，对自身职业发展所做的设计。换言之，职业自我图式的具体指向包括了认知、感受和行为倾向三方面内容，这与职业认同所包含的认知、体验和行为倾向三种心理因素具有基本一致性。[88]

参考前人研究成果，基于本研究对大学生职业认同概念的界定，在此将大学生职业认同划分为三个维度，这三个维度分别是职业认同在个体认知、情感和行为层面的表达，包括大学生对其未来将从事的职业所持有的认知上的评价、情感上的感受和行为上的倾向，分别为认知层面——职业价值共识、情感层面——职业归属感和行为倾向层面——职业准备倾向。

鉴于大学生作为"准从业者"，其职业认同的各个维度与实际从业者也存在着较大区别，因此有必要对大学生职业认同的每个维度进行深入剖析，以便为进一步对大学生职业认同进行测量做好理论准备。

（1）职业价值维度

大学生与某种特定职业在认知上的同一性体现为一种"价值共识"：即意识到自我对某种职业角色的价值观的认可，对某种职业的意义作出肯定性判断和评价，形成自我价值与职业价值的同一。

马克思主义理论指出，"价值"反映的是事物属性对个体主观需求的满足程度。职业价值（work values）观是个体价值体系中的一个重要组成部分，是个体价值观在职业生活中的具体体现和应用。早期对于职业价值观的探究多是从哲学层面入手，即寻求个体的内在需求和工作属性之间的关联，职业价值观本质上反映的是个体内在对职业属性的需求，个体的职业选择又一定程度上体现了其自身的价值观。如 Kalleberg（1977）、Elizur（1984）认为职业价值观是个体想要从工作活动中追求的意义或价值，是对工作行为及从工作环境中所获得结果的价值判断[89]，具体包括对内在动机、便利、关系、资源和生涯发展等方面的追求和价值判断，因此职业价值观是决定个体能否获得职业满意（job satisfaction）的根本前提。[90] 20世纪90年代后，对于职业价值观的研究开始逐渐从哲学思辨层面转向实践层面，如 Ros 和 Schwartz（1999）将职业价值观视作个体对工作中所能获得的"终极状态"的信念，影响个体的职业决策和工作中的行为方式。[91] 我国学者周锋（2015）在总结国内外对于职业价值观的研究成果的基础上，认为职业价值观作为一种内在驱动系统，是个体对职业的评价和信念，同时也是对职业进行价值判断的标准、内心尺度和个性倾向，是引导个体进行职业评价和形成职业偏好的动力。[92]

职业价值是大学生职业认同的重要构成，是大学生职业认同在认知层面的表现。需要说明的是，本研究中的职业价值，主要考量的是个体视某种特定职业与"自我"在价值上的适配程度。因此，这里的职业价值是个体对某种特定职业的价值判断，是对某种特定职业的评价和信念，相较于通常意义上的价值观具有特定的指向性。

（2）职业归属维度

大学生与某种特定职业在情感上的同一性体现为一种"职业归属感"：即感受到自我在不断融入到某种职业角色中，经常对某种职业产生特别的关注和重视，形成希望成为某种职业群体中的一员的职业归属感。

Hagerty 等（1992）认为，归属感是"个体在某种程度上参与到某个系统或环境中，并感受到自己是其中一部分"的体验或经历[93]，并认为有价值的涉入（valued involvement）、与环境或系统的关联

（connectedness）、个体与系统或环境有潜在的共享或互补特质（fit）三个方面是归属感的基本构成。王锦（2011）则将归属感理解为由归于或属于某种事物所产生的情感，这种情感不易被个体察觉却客观地存在，并潜移默化地影响着个体的行为表现。在马斯洛的需要层次论中，个体寻求归属是每个人的基本需要，职业归属感是个体归属需要通过职业所得到的满足。由此可见，个体的职业选择与发展，不仅仅在于找到一份工作和获得一份收入，还在于寻找自己内心的归属。

职业归属（professional belongingness）感是指个体认为自己属于某个职业群体或职业领域，并对该职业群体或领域产生依赖、关心等情感，认为该职业群体或领域与自我高度相关。由此可见，职业归属感是大学生职业认同在情感层面的表达，也是大学生主观上想要从事某种职业的体现。职业归属感会启发大学生持续思考我要通过什么样的方式成为职业群体中的一员，如何在职业群体中占有一席之地等问题，是大学阶段个体职业发展的重要动力。同时，职业归属感也会对大学生未来就业产生导向性影响，甚至使个体"嵌入"某种职业，高职业归属感往往意味着较高的职业稳定性和较低的职业流动性，有利于从业者长期性地、有规律地专注于从事某一职业，对个体职业生涯的可持续发展有所助益。

由于大学生尚不是职业群体中的正式成员，职业归属感也达不到使大学生依赖某种职业的程度，因而这种归属感也并非直接表现为对职业群体或环境的参与，而是主要表现为对某种特定职业的关心、关注和重视。大学生逐步开始涉入职业领域，找寻自我在职业领域中的价值，感受到自我与职业的关联、分析自己与职业的共享或互补特质等，都属于大学生职业归属感的范畴。归属是个体作为"社会人"后天经过环境影响和教育训练所获得的，大学生的职业归属感可能不易被个体察觉到，却客观存在并能够潜移默化地影响大学生的行为表现，有必要向学生进行系统的职业归属引导和教育。[94]

（3）职业准备倾向维度

大学生与某种特定职业在行为倾向上的同一性体现为一种"从业准备"：即积极地为从事某种职业进行从业准备，努力将自我与职业角色进行统整，逐渐地像真正的从业者一样思考和行动。

《管理心理学词典》中将行为倾向作为态度的心理成分之一，是对引起态度的对象作出反应的准备状态，即准备对引起态度的对象作出某种反应。行为倾向是在个体认识对象并作出一定的评价、产生一定的情感的基础上形成的。由此可见，个体的行为倾向与态度的其他两个成分即认知、情感是相互协调一致的。职业认同作为一种与职业有关的态度，不包括某些具体的外显职业行为，但可以表现为一些行为的倾向。这是由于职业认同不但是个体从主观上对某种特定职业的认同，还需要在客观上满足这种特定职业的需求，这时就需要个体以所认同职业的要求来发展自己，按照所认同职业的规范行动，这些都属于个体在认同某种职业时所表现出的行为倾向。

心理学中常用"倾向"来解释无法观测或预测的行为，计划行为理论（theory of planned behavior，TPB）就是基于此逻辑提出的。依据计划行为理论中的观点，个体的行为是经过深思熟虑计划后的结果，当实际发生的行为难以被观测或预测时，"行为倾向"是最具预测性的变量。[95] Warshaw 和 Davis（1985）将行为倾向定义为个体是否进行某种未来行为的意识程度。尽管行为倾向并不等同于实质发生的行为，但可以通过"行为倾向"来预测实际行为。职业倾向不仅能够反映个体求职选择的倾向性，还可以反映个体愿意为获得职业付出的努力程度[96]。有学者认为，在没有成本付出的情况下，求职者容易作出草率的求职决定，但如果强调需要付出努力，这种求职行为倾向就比较强。

大学生作为准从业者，尚未发生实际的职业行为，所以这里的从业行为倾向是指大学生个体在从业酝酿阶段所采取的一些初始性的、准备性的活动，即未来打算从事某种职业的行为倾向。在求职时选择某种职业的倾向性、为某种职业付诸努力的意愿、以某职业的要求来发展自己、按某职业的规范行动，都是大学生认同某种职业所表现出的行为倾向。

4.2.2　大学生职业认同的类型

（1）按照形成方式分类

①先赋性职业认同。

先赋性职业认同是指大学生在入学前就已经形成的职业认同。在学生入学前的经历中，对某种职业工作状况和社会地位的认知，与从事某种职业的亲朋好友的密切交往，以及社会认知对某种职业的评价和影响，都可能会使学生在入学之前就已经形成了自我与某种职业具有同一性的态度。先赋性职业认同的形成多数是被动赋予的，如父母的期望、社会观念的影响、自身关系和资源的限制等，使学生在入学前就形成了对某一职业的"认定"。因此，先赋性职业认同大多不是学生对自我和职业进行主动的探索和感知，并在此基础上对二者进行统整归一而形成的。在大学阶段，这种先赋性职业认同可能被强化，也有可能在学生经过对自我和职业的探索和感知之后发生改变。

②结构性职业认同。

结构性职业认同是机构和制度所要求大学生应具有的职业认同。大学代表国家来行使人才培养职能，通过专业对大学生进行标签化的身份生产，通过知识的传授对大学生进行认同的构造和濡化。[97]结构性职业认同也并非经过学生对自我和职业进行主动的探索和感知，并在此基础上对二者进行统整归一而形成的，而是由学科专业外在规定的，如为了培养人民教师规定"师范生"对教师职业形成职业认同，为了培养军人规定"国防生"对军人职业形成职业认同。培养高级专门人才是高等教育的第一要务，因此促进学生形成结构性职业认同也是高等教育的应然使命。

③建构性职业认同。

建构性职业认同则完全是学生在其个人经历中主动探索自我，并对某种职业作出承诺，进而将"自我"与"职业"进行统整归一而形成的。大学阶段是建构性职业认同形成的关键阶段，因为在这一阶段，学生有更多机会和更多条件去学习和内化专业知识、技能，进行反思性实践，甚至体验职业情感，树立职业信念。因此，赵明仁（2013）将建构性职业认同视作先赋性职业认同和结构性职业认同的融合。

三类大学生职业认同的关系及影响因素如图4-1所示。

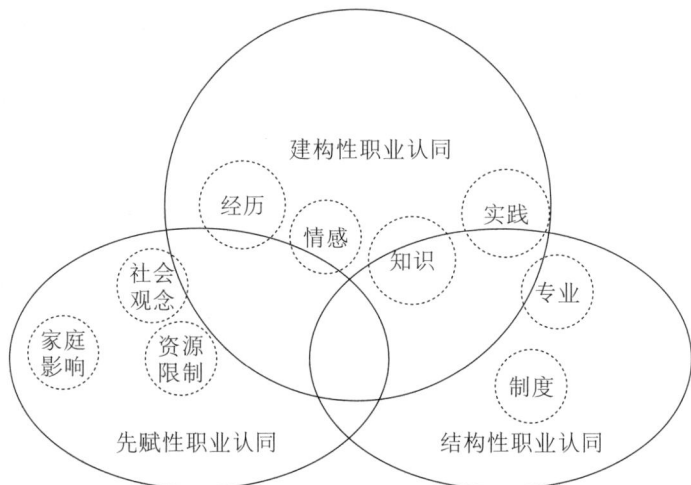

图4-1 三种类型的大学生职业认同的主要影响因素和关系

（2）按照职业认同的性质分类

职业认同得以建构和发展的一个前提是个体对某种职业作出承诺，而对哪种职业作出承诺，不仅取决于个体本身的经历，还和个体对职业的理解相关。换句话说，职业认同的建构是基于个体对职业属性的意义化思考。这种思考来自个体对某种职业实际属性和象征性属性的感知，个体在对此职业的工具属性与符号属性进行综合评判之后，再考虑该职业与自我是否具有同一性。

①工具性职业认同。

工具性职业认同是个体对职业工具属性的认同。工具属性是职业有形的、客观的属性，是和职业本身有关的属性。如医生这个职业的工具属性在于治病，老师这个职业的工具属性在于教学，职业的工具属性通常规定了从事这个职业所需要具备的知识和技能，还包括薪酬待遇、工作内容、工作时间地点等。工具性职业认同主要是基于个体对自我在认知和行为上与某种职业具有同一性的考量。随着薪酬待遇、工作内容、工作时间地点发生改变，个体的工具性职业认同可能会发生改变。但工具性职业认同仍然在早期个体职业选择方面具有十分重要的意义，因为良好的职业收入等功能性意义仍然是当前大学生就业与择业所要考虑的重要因素。

②符号性职业认同。

符号性职业认同是个体对职业符号属性的认同。符号属性以无形和主观的属性来描述和传递一种职业的面貌。它来自人们如何感知一种职业并且作出关于它的评估,而不是直接来自这个职业所起到的实际作用。例如,社会大众认为医生这个职业的符号属性是救死扶伤的白衣天使,教师这一职业的符号属性是人类灵魂的工程师。职业的符号属性更能促进个体与职业之间建立同一性,因为职业的符号属性不仅可以反映个体的自我概念,而且个体可以借助职业的符号属性提升自我形象。符号性职业认同对个体的职业发展具有重要影响,关乎个体的工作动力、职业坚持乃至自我价值的实现,因此相较于工具性职业认同,符号性职业认同对个体职业发展的影响往往更加持久和深远。

两类大学生职业认同的特征见表4-2。

表4-2   两类大学生职业认同的特征

类型	认同的属性	特征	举例
工具性职业认同	有形的、客观的	浅表易变	对薪酬、工作环境的认同
符号性职业认同	无形的、主观的	持久深远	对职业价值、意义的认同

4.2.3 大学生职业认同的特征

(1)过程上的发展性

"认同"是"自我"对经历赋予的意义,随着个体经历的改变,其对经历所赋予的意义也发生改变。职业认同本身又是一个"个体不断考量自我是否与某种职业具有同一性"的复杂过程,并非固而有之,也不是一成不变的,而是持续性地根据个体内在因素和外部环境因素的共同影响发生变化的动态过程。大学生职业认同作为认同和职业认同的下位概念,其在过程上的发展性是天然的。大学阶段是职业认同形成及发展的关键时期,学生可能会对某一职业由陌生到喜欢并为之努力,也可能会由喜欢到茫然甚至背弃。入学前尚未形成先赋性职业认同的学生,通过高等教育经历建构职业认同，是一个从无到有的发展过程；已经具有先赋性职业认同的学生，通过高等教育对自己的职业认同更加坚定或不再确定甚至发生背离，是一个强化或改变的发展过程。总而言之，大学阶段个体内在因素和大学环境中的各要素不断发生互动，共同影响大学生职业认同发展，因而大学生职业认同具有明显的过程上的发展性。

（2）对象上的稳定性

尽管大学生职业认同是一个动态的发展过程，但在这一时期，职业认同的对象逐渐趋于清晰和稳定。相较于以往的生活经历，大学阶段为大学生提供了更多探索自我和职业的机会和条件，这有利于增强大学生建构职业认同的主动性。这一阶段发展与形成的职业认同，不再是被动接受父母的安排或者受外界社会观点左右的结果，而是经过自己主动探索后所作出的忠于自我的决定。因此，大学生职业认同更为持久更为深化，所认同的职业对象也不易发生改变，不仅是其择业与就业的重要依据，往往也会对其毕业后的职业生涯发展形成深远影响。

（3）状态上的可塑性

大学生职业认同从静态角度可以理解为自我与职业的同一性程度。大学生职业认同所处的状态是可塑的，即处于职业认同弥散、延缓和闭合状态的大学生，其职业状态应该且可以通过教育来形塑。对于处于职业认同弥散状态的学生，应鼓励他们积极参与到学业活动中来，从体验中了解职业也了解自我，否则会进入越没有目标越没有动力，越没有动力越没有目标的恶性循环。处于职业认同延缓状态的学生，对自我已经有了较为清晰的认知，但职业发展尚有缺陷，应给予其有针对性的生涯辅导，提升其职业发展的主动性。对于处于职业认同闭合状态的学生，则应帮助他们提升职业胜任力，以免空有职业目标而达不到从业要求的情况发生。总而言之，应努力发挥高等教育对职业认同的形塑作用，努力使大学生职业认同发展成"自我"与"职业"统整合一的良好状态。

（4）结果上的归属性

大学生职业认同形成的一个必经过程是对某个职业群体中"成员资格"的考量，继而产生想要拥有"职业成员资格"的目标，促使其产生让自己变得独特、优异的动机[98]。因此大学生职业认同发展完善的结果，直接表现为对某种职业产生归属感。这种职业归属感来源于学生对某种职业的接受和认可，在诸多职业中视某一职业与自我具有同一性，将其他职业视为他者。不仅如此，大学生职业认同在结果上的归属性还会促使其产生"希望自己成为与该职业领域内杰出者一样的人"的动机，这势必会增强学生的学习动力和热情，有助于学生积极主动地提升自我和发展自我。

（5）方式上的建构性

大学生职业认同发展动力来源在于个体对"我是谁""我想成为谁"这些人生终极哲学问题的持续思考和追问。进入大学之前，学生的生活空间和生活轨迹相对比较固定，社会交往也相对集中在某个固定的区域内，按照基本既定的安排成长和生活。在这种情况下，个体认同的获得、发展与形成都比较简单，不需面临众多关于哪一种生活的选择，甚至不需要对"认同"进行太多主动的探索和建构。大学阶段，个体经历更加丰富，个体的生活空间和生活轨迹变得不再固定，伴随而来的即是生活状态的多样化，无时无刻不在面临着诸多选择。这就意味着大学生职业认同的获得、发展与形成需要进行更多的主观经历、探索和建构[99]，个体积极主动地去经历、探索和建构，寻求"我是谁"这一本源性问题的答案，体现了大学生职业认同发展动力上的内驱性。

4.3　大学生职业认同的发展本质

4.3.1　大学生职业认同是一个动态发展的过程

职业认同本身不是一成不变的，而是一个动态变化的过程。大学阶段是职业认同发展的关键阶段，在这一时期，受到大学环境的影响，大学生关于自我和职业的认知、行为和情感都在不断积累和成长，与此同时不断地将自我与职业进行统整。大学生职业认同就是在这样动态整合的过程中得以建构和发展的。

发展体现为"事物不断实现自身的扬弃，向着更高的层次不断递进"。根据加拿大发展心理学家詹姆斯·玛西亚（James Marcia）提出的认同发展状态理论（identity status theory），青少年职业认同发展的不同状态可以分为形成（achievement）、延缓（moratorium）、闭合（foreclosure）与弥散（diffusion）四种。其中形成（achievement）状态代表着较高的认同水平和较好的认同效果，其他三种状态则意味着认同尚未发展完善。大学生职业认同发展的过程中，必然会经历上述某一种或几种状态，扬弃延缓、弥散和闭合状态，努力形成对某种特定职业的认同，体现了大学生职业认同向更高层次递进的发展本质，如图4-2所示。

强 ↑ 主动探索自我 ↓ 弱	职业认同延缓	职业认同形成
	职业认同弥散	职业认同闭合
	弱←对某种职业作出承诺的程度→强	

图4-2 大学生职业认同的状态

资料来源：MARCIA J E. Identity in adolescence [J]. Handbook of Adolescent Psychology, 1980, 9 (11)：159-187.

（1）大学生职业认同弥散

职业认同弥散是大学生职业认同发展最为不完善的一种结果。在这种状态下，大学生既没有探索职业自我，也未对任何职业角色作出承诺，表现为对职业选择漠不关心，对职业价值与职业理想更是不在乎，导致学生没有任何择业目标或者目标混乱。处于此类认同状态下的大学生通常不知道"想做什么、能做什么、适合做什么"，严重阻碍了其自身职业发展，时常出现就业难问题。

（2）大学生职业认同延缓

职业认同延缓是大学生职业认同发展相对不完善的一种结果。在这种状态下，大学生虽然对自我进行了积极的探索，但尚未对任何职业角色作出承诺，导致其无法从大学经历中获得更加具有职业针对性的发展，面临就业时常常"对社会上的职业类型不了解，对职位的具体要求不清楚"，同样会对自身职业发展造成不良影响。

（3）大学生职业认同闭合

职业认同闭合是大学生职业认同发展相对不完善的另一种结果。在这种状态下，大学生虽然已经对某种职业作出了承诺，但并非经过主动探索自我，再对职业与自我进行统整所作出的承诺。这个职业承诺通常是被动接受父母、权威、世俗等外界因素的安排，因此大学生对已经作出承诺的职业角色并不投入，导致其大学阶段并不注重对自我能力的提升，也不积极学习职业知识与技能，往往空有求职目标而达不到雇主要求，职业发展同样受到限制。

（4）大学生职业认同形成

职业认同形成是大学生职业认同发展的较为理想的结果。在这种状态下，大学生既积极地对自我进行探索，也已经对某种职业作出承诺，对自我与某种职业角色形成了同一性态度。大学生职业认同的形成有助于其树立职业目标，端正择业态度，摆正学习动机，提高学习专业知识与技能的积极性，为学生主动学习提供了强大的动力。不仅如此，对于大学生而言，职业探索和职业选择是其在大学阶段的发展中必然面临的重要课题，同时也是大学生在毕业后对将从事行业的适应乃至取得职业成功的前提条件，因而大学生职业认同的发展不仅对大学生在校期间的学习具有推动作用，还是其未来职业生涯成功发展的基础与前提。

4.3.2　大学生职业认同是职业与自我不断统整的过程

根据本研究对大学生职业认同的界定——大学生职业认同是大学生通过参与和投入到学习经历中，逐步发展起来的视自我与某种职业角色具有同一性的态度，因此决定大学生职业认同发展程度的两个方向分别是：大学生对自我的探索程度和大学生对职业的承诺程度（如图4-3所示）。只有分别在这两个方向上都得到发展，其和值才会更大，意味着大学生职业认同发展的效果更好。反之，两个方向上的发展都较差，或其中任一方向发展不善，则都会导致大学生职业认同发展不完善的后果。

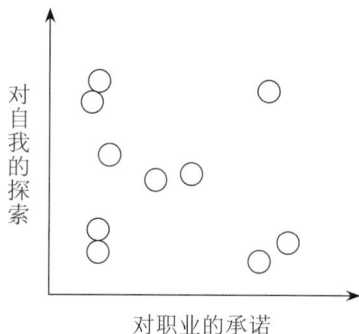

图4-3 大学生职业认同的发展方向

又由于大学生职业认同可以从认知、情感和行为倾向三个层面具体来理解：在认知层面体现为对某种职业的价值作出肯定性判断和评价（职业价值）；在行为层面体现为努力为从事某种职业进行准备的行为倾向（职业准备倾向）；在情感层面体现为对某种职业报以特别的关心和重视（职业归属）。所以大学生职业认同的发展实质上是大学生不断将未来所要从事的职业在认知、行为和情感上与自我进行融合的过程，即不断将自我与职业进行统整的过程。

4.3.3 大学生职业认同是个体终身职业认同的一个发展阶段

（1）大学时期是个体职业认同发展的关键时期

职业认同的发展是一个长期而又复杂的过程，这一过程贯穿于人生的各个时期。在不同人生时期和阶段，个体的职业认同发展也表现出不同的内容、特点及要求。在大学阶段，个体正处于一个从多变逐渐步入成熟稳定的时期，因此是人生观、价值观、职业观等形成的关键时期。[100]

进入大学之前，个体职业认同的发展主要受到家庭和外界社会观念的影响，入学之后学生的经历和社会关系会较入学以前发生较大变化，且大学生的自我意识也逐步加强，他们了解到更多专业知识，参与专业实践的机会增加，师生交往、同伴互动成为人际交往中的最重要的部分。在此过程中，大学生不断地对自我进行思考和反思，运用其大学经历建构起职业认同；大学生毕业后，将进入职场，他们的职业认同将主要受到职场经历的影响，即主要受工作场所的环境和职场关系影响。但在大学阶段，学生的首要任务还是学习，其职业认同无法完全依赖工作场所实践，因此大学生职业认同又与真正从业者的职业认同存在区别。

根据埃里克森的观点，虽然发展自我认同是个体一生都要面对的问题，但青年期是个体认同发展最为特殊的时期。伴随着青年期的个体生理和心理的趋于成熟，自身各种能力也逐步提高，并且开始接触各种各样的社会角色，大大促进了个体认同的发展；但与此同时，这一时期也是最容易发生认同危机的时期，如果这一时期认同发展不完善，将直接导致个体发生角色混乱，即无法选择自己的生活角色，无疑会对成年以后的生活造成不良影响。由此可见，大学时期职业认同的发展水平，对于个体未来一生的发展而言都相当重要。

（2）大学生职业认同的发展具有过渡性特征

大学阶段是个体进入职场前的收尾阶段，也是个体真正进入职场的准备阶段，职业认同在这一阶段具有承上启下的意义。大学生职业认同是沟通教育经历和真实职场的桥梁，不仅为大学生走向人生下一阶段做好准备，也是大学生未来职业生涯发展乃至终身学习的一个基础。大学生终是要走出象牙塔的，职业认同拉近了学生与职场的距离，促进学生的职业社会化，并让学生思考自己所学到的知识与技能如何转化为社会的生产力，探索如何运用自身能力对社会文明和进步产生积极影响。因此，高等教育不仅需要帮助学生在知识和技能上做好向职场过渡的准备，还应引导学生职业认同的发展，帮助其在观念上逐步实现转化，使其像一个真正的从业者一样去思考和行动。

大学时期是个体职业认同发展过程中的一个重要阶段，是职业角色与个体本身开始发生实质性融合的开端。不同于幼儿时期和少年时期，职业角色仅仅是个体的模糊理想，在心理或情感上呈现出同一趋势；也不同于个体真正入职后，职业认同完全依赖于职场环境、人际关系甚至是利益的驱使。在大学时期，职业认同在认知、心理和行为上主要受到大学经历中各种因素的影响，同时大学时期个体对自我与职业角色有更多反思的机会。因此，相较于个体儿童时期的职业认同理想色彩浓厚，成年时期入职后的职业认同又完全受实际情况约束，大学生职业认同可谓既能够体现理想又需要结合实际。高校应把握好大学期间塑造学生职业认同的良好契机，在学生心智足够成熟又尚未完全向现实情况妥协的时期，对其职业认同起到引导和规范的作用。

不仅如此，大学生职业认同既包括个体对某种职业身份形成具有同一性的认知，也包括个体逐渐获得和进入某种职业角色的行为倾向，还包括个体对职业的归属感，实质上是职业"嵌入"个体的认知、行为与情感的过程。大学教育应该帮助学生强化自我和某种职业之间的同一性，激励、引导和规范学生涉入职业行为，促进学生在认知、行为和情感上向专门从业者进行转变。需要说明的是，本研究的目的不是要说明学生的职业选择受哪些因素影响，也不是要研究高等教育是否能影响学生的职业偏好，甚至去决定学生是否要从事某一职业，而是要通过分析高等教育经历中影响职业认同发展的因素，来探讨高等教育如何帮助大学生在认知、行为和情感上做好职业准备，实现其由学生到专门从业者的身份转变。

（3）大学生职业认同个体建构终身职业认同基础

Schein（1978）指出，职业认同的建构是一个终身的过程，随着时间的推移和个体参与实践经历的变化，其对专业和自身之价值的看法也会相应发生改变，这一过程也是职业认同持续发展的过程。伴随个体发展，职业认同的获得逐渐地变成一种主动的生命成长，个体对职业认同的获得与满足逐步转向一种努力寻求自我突破、以期达到更高境界的生命实践。简而言之，职业认同的实现最终将走向人的自我教化。

在个体职业认同发展的过程中，每一阶段的发展任务是否完成都会对未来阶段的职业选择乃至职业成功产生影响。在儿童时期和少年时期，个体的职业认同主要受家庭和社会信息的影响，家庭和媒体所传递的职业刻板印象和职业表征构成了"职业认知图式"，这一时期个体主要通过"职业认知图式"来认识和理解职业世界。因此，个体童年和少年期的家庭影响和社会信息导向，以及个体的早期社会化经验所建立起的职业表征，是个体构建职业认同的起始。而毕业入职之后，职业认同则会进一步发展。这一阶段个体的职业认同又主要受职场环境、职场关系、职场经历等方面的影响，其中现实打击（reality shock）[101]、师徒关系（mentorship）和职业枯竭（burn-out）是学生进入职场之后对职业认同影响作用最为显著的几个因素。

根据 Super 提出的"职业生涯"概念，职业与个体生理以及终身发展可以被视作一个捆绑式的框架，这个框架将个体完整的职业生涯划分为几个不同阶段。大学阶段位于个体职业生涯中的职业探索阶段（15~24岁），是个体自我概念与职业概念形成阶段，个体在自我审视、角色尝试、社会生活中不断学习和进行职业探索，个体逐步依据自身的兴趣、能力等条件与职业角色进行匹配与探索，并在此基础上尝试性地作出职业决策与规划。职业生涯教育的目的就在于引起青年人对职业决策重要性的重视和认识，帮助其尽快更好地完成职业决策，以为后续的生涯发展奠定基础。由此可见，大学生职业认同不仅关系着其当前的学习和发展状况，还将为其未来择业及就业乃至终身职业发展奠定重要基础。

4.4 大学生职业认同的发展机理

4.4.1 大学生职业认同发展的原因

大学生职业认同发展是一个动态发展与选择适应的过程。识读大学生职业认同发展的基本原理，乃是认识其内在发展机理和外在发展机制的首要切入点。20世纪50年代末，社会心理学家 Tajfel 和 Turner 提出了社会身份理论，并基于"微群体实验范式"的实验，Tajfel 提出社会身份对行为的影响主要表现为内群体偏向和外群体歧视。他认为社会个体建构自己和他人的身份由三个过程组成：社会分类、社会比较和积极区分。之后 Tuner 和 Hogg 等在社会身份理论的基础上提出了自我分类理论，认为自我概念是个体有关自我的一组认知表征，以自我分类的三种形式存在：人类是自我的最高水平、内群体-外群体的中间水平和处于低级的个人自我分类。

根据认同理论的观点，个人认同强调"区别"，而社会认同强调"相似"。自我认同是一种个人认同，是每个人之所以成为独一无二的个体的原因。大学生职业认同作为大学生自我认同的重要组成部分，是帮助大学生定义"我是谁"，区别我与他者之不同的依据。相对地，社会认同则是一种群体认同，是一类社会群体的同一性和认同感，最直接的表现即个体认为自己与某一群体中的其他成员相似，从而将自己归于这个群体中的一员。职业认同是个体基于其在某一社会位置（social position）上所形成的职业角色关系而赋予其自身的意义，自身和职业群体的相似性，是个体产生职业认同的前提。大学生职业认同是职业认同在大学生群体中的延伸，因而寻求个体与职业群体成员的相似性，亦成为大学生职业认同发展的前提。由此可见，个体对其自身与某种职业身份"区别"和"相似"的辨别，将伴随着大学生职业认同发展的始终。

（1）"求同"是大学生职业认同的起始

大学生职业认同这一概念能够成立的一个前提是，存在某一种职业和大学生"自我"能够产生同一性，即认同的对象是某种职业。因而大学生职业认同得以建构的起始是在诸多职业选择中，发现和探索哪种职业和"自我"具有同一性，也即"求同"。这种"求同"体现为个体对诸多职业的"群体成员资格"进行考量，根据自我的特征和对某种职业群体的理解进行"自我锚定"（self-anchoring process）的过程，即发现自我与某种职业的"群体成员资格"具有共性，如在价值观和兴趣上的契合，从而"锚定"于某种职业。不仅如此，所谓"资格"还需要个体自身所具备的资源条件必须能够达到成为"群体成员"在认知、行为和情感等方面的要求，即自我与职业的匹配。简而言之，求同体现为个体"自我"与"职业"之间的"契合"和"匹配"，即大学生在对自我和诸多职业进行考量之后，愿意且能够从事某一种特定职业，因此产生了和某种职业之间的"同一性"。

（2）"存异"维持着大学生对某种特定职业的认同

"求同"必然伴随着"存异"，这是一对互赖的概念。大学生在"锚定"某种职业目标时，对所"锚定"的职业的评价需要参照其他职业，通过社会比较来作出考量，且大学生一旦将自己归入某一职业群体中，便更加倾向于将这一职业群体与其他职业群体进行比较，"存异"的作用效果会更加明显。为了获得和维持职业优越感，大学生将自我所属的职业群体与其他职业群体进行比较时，往往会倾向于在一些特定的维度上夸大职业群体间的差异，给自我所属的职业群体更加积极的评价[102]。从这个角度来说，与其他职业群体"存异"能够更加坚定"求同"的信心，有利于职业认同的保持，因而"存异"效应也在大学生职业认同发展与形成中起到重要的作用。

（3）"求同存异"伴随着大学生职业认同发展的始终

根据 Brewer（1991）提出的最优区别理论（optimal distinctiveness theory），人类在社会生活中有两个基本的需要——独特性的需要和相似性的需要：个体对"自我"各个方面特征的统整（自我认同）满足了个体独特性的需要，而拥有"群体成员资格"（社会认同）则能满足个体相似性的需要。大学生职业认同既是自我认同也是社会认同，在想要拥有某类"职业群体成员资格"的动机（求同）的同时，会随时与其他职业群体进行比较，以这种特定的"职业群体成员资格"来维持自我与其他群体成员的区别（存异）。这种"求同存异"的需要是个体社会生活的基本需要，将伴随着大学生职业认同发展过程的始终。

4.4.2 大学生职业认同发展的动力

大学生职业认同的形成与发展是一个复杂过程，是来自内外部动力共同作用的结果。明晰作用于大学生职业认同发展的各种动力，并厘清这些动力作用于大学生职业认同的方式，有利于对大学生职业认同发展的内在机制形成更为直观的认识。

（1）大学生职业认同的原动力

Bauman（2009）认为，随着现代性的发展，个体的生活不再是

"宿命论"的结果，每个人所属的社会范畴都不再是与生俱来的。这就意味着，对自我身份的探寻成为现代人必须独立完成的一项任务，认同的建构也就成为现代社会中个体必须面对的一个重要问题。对于"我是谁"等一系列人生问题的持续思考和追问，是个体认同发展的原动力。关于"我是谁"这个问题，通常由以下几个方面构成：

①我是谁，即我的本质是什么？

②我是什么样的人，即我的个性、特长与能力如何？

③我想成为谁，即我的愿望和理想是什么？

④我应该成为什么样的人，即我的价值观、生活准则是什么？

对以上几方面的思考正是对个体自我概念的完整描述，同时也是个体认同发展的起始。大学生职业认同的原动力同样来自对上述问题的思考，而特殊之处则在于大学生是用未来可能从事的职业来描述自我，来回答"我是谁""我将成为谁"这些本源问题。大学生职业认同发展的这一原动力，支持着大学生不断地对自我进行探索，不断地从其大学经历中寻找自我与哪种职业角色具有同一性，并且不断地比对某种职业的规则、阶层、权利等是否与自我相适配。因此，大学生对这一系列人生问题的思考，不仅是大学生职业认同发展的起点，还将伴随着大学生职业认同发展的整个过程，也是大学生职业认同发展过程中其他动力的来源和支点，因此被视作大学生职业认同发展的原动力。

（2）大学生职业认同的建构性动力

认同是自我对经历赋予的意义。大学生职业认同并非凭空形成的，而是根据其大学经历建构的。Baxter Magolda（1998，2004）总结了一个大学生职业认同发展的框架，认为大学经历是大学生职业认同发展的推动力。他将大学生职业认同的发展视为个体依据大学经历不断进行自我创作（self-authorship）的过程（见表4-3），该框架依据大学生在学习经历中的不同状态，将大学生职业认同的发展分为三个发展阶段，以此来解释本科学习经历是如何逐步建构起大学生职业认同并推动其发展的。

表4-3 　　　　　　　　　　**大学生职业认同的建构过程**

建构阶段	第一阶段	第二阶段	第三阶段
建构主体角色	观察者	提问者	合作者
主要建构依据	外部资源线索	外部资源与内部因素结合	内部因素
建构特征	跟随规则	交叉道路	内部基础

职业认同建构 →

① "跟随规则"（following formulas）阶段。

在这一阶段，个体主要从学习经历中的外部资源（人、事件、条件、情况或有形物品）中获得线索。这些线索是大学生职业认同建构的重要基础。接受本科教育的初期，大学经历对学生的影响主要体现为从外界施加力量（如专业内的师生所施加的规范压力），大学生也主要从学习经历中的外部资源（人、事件、条件、情况或有形物品）中获得线索，并以此来描述和识别自己，在与他人、任务和情境互动时，所传递的想法和观点也主要受到外部资源影响，因此处于"跟随规则"阶段的学生通常应用外部的规则和轨迹来定义自己的职业认同。

② "交叉道路"（cross roads）阶段。

随着学习经历的增加，个体越来越了解自我，并且更加知晓自己要在社会中扮演的职业角色，开始综合依据内部和外部的资源来进行自我识别与定位，此时便到达了个体职业认同发展的第二个阶段："交叉道路"阶段。在这一阶段，大学生开始反思学习经历中来自外界的各种观点和立场，一方面会尊重权威观点，另一方面会探寻其他的解释或立场。因此这一阶段大学生职业认同的建构，既受到学习经历中外部因素的影响，也开始倾听自己内心的声音。

③ "内部基础"（internal foundations）阶段。

伴随着学习经历的进一步增加，大学生有机会将自己的行为与职业角色进行整合，也有机会在权威面前发表自己的意见或捍卫自己的观点，这些经历都会使大学生职业认同的建构更多地依据自己内心的想法，意味着大学生职业认同的发展进入到了"内部基础"阶段。在这一阶段，学生不再主要依赖学习经历中的外部资源建构职业认同，而是在描述和识别自己，以及与他人、任务和情境进行互动时都坚持自己的信念和表达自己的观点，形成较为稳定且忠于自我的职业认同。

（3）大学生职业认同的结构性动力

除了来自大学生对自我概念思考所产生的原动力和来自大学经历所产生的建构性推力外，大学生职业认同发展还需要依靠一种来自外部社会的重要力量，即职业本身所形成的结构性约束力。正如埃里克森所指出的：在高度技术化的社会中，年轻人最感困惑的问题之一便是"发展职业范畴的同一性"。大学生职业范畴的同一性，是大学生自我与职业属性二者之间的同一，因此来自职业方面的结构性牵引力对这种同一性的形成与发展同样具有重要意义。根据肯尼斯·博克（Kenneth D. Burke）对认同的认识，二者之间的属性存在共同之处是认同形成的前提。按照认同双方所依据的共同属性的不同，肯尼斯认为存在着三种互相交叉的认同来源：

①物质性来源。

物质性认同（materialistic identification）的来源一般是一些可接触的、有形的内容。对于大学生职业认同而言，物质性认同指的是大学生个体对未来所从事的职业的有形属性的认同，如对职业的薪酬待遇、工作环境等有形方面的认同。

②理想化来源。

理想化认同（idealistic identifications）一般来源于共享的兴趣、想法、感觉、经验、主张和价值观等。对于大学生职业认同而言，理想化认同指的是大学生个体对未来所从事的职业的价值观等方面的认同。

③形式性来源。

形式上的认同（formal identification）一般来源于共同认可的组织、安排和形式等。对于大学生职业认同而言，形式上的认同指的是大学生个体对未来所从事职业的从业规则、职业赋权、阶层归属等方面的认同。

以上三方面互相交叉的认同来源构成了大学生职业认同的外部牵引

力，对大学生职业认同发展起到拉动作用。由于不同的职业在以上三方面具有不同的属性，这些职业属性实质上也对大学生职业认同在物质上、理想上和形式上起到结构性的约束作用，因而被视作大学生职业认同发展的结构性约束力。

（4）大学职业认同发展的动力机制模型

至此，大学生职业认同发展的动力机制可以总结为由原动力、内在建构性动力和外在结构性动力三种力量共同组成的动力系统，如图4-4所示。

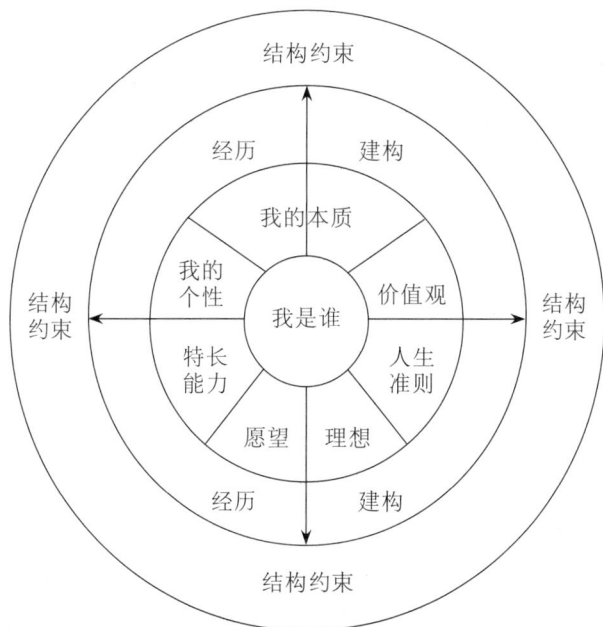

图4-4 大学生职业认同发展的动力系统

其中，根本性原动力在于个体对自我的追寻与思考，位于整个动力系统的最中心。这一根本性原动力驱动着个体不断对其经历赋予意义，构成大学生职业认同发展的建构性推力（实践经历与意义追寻）。此外，来自职业本身的结构性动力（职业知识，行业规则；职业赋权与社会承认；知识生产和阶层归属）一方面牵引着个体不断建构起一种职业角色，另一方面也对大学生职业认同的发展起到约束作用。在这三方力量的共同作用下，大学生职业认同的发展才能够成为一个可持续的动态过程。

4.4.3　大学生职业认同发展的路径

职业认同的发展实质上是个体与职业角色不断趋同的过程，本质上是个体将自我与职业不断进行统整的过程。这一过程始于个体根据自身的个别化经历"建构"起一个职业目标；进而不断将自我与所建构起的职业目标进行调和，逐渐达到"适应"的状态；最终经过反复调节和适应，对所建构起的职业目标形成一种"归属"感。循着"建构—适应—归属"的路径，大学生"自我"与目标职业走向共识，大学生职业认同逐步发展。

（1）目标上建构

认同的发展依托于个体与环境的互动，认同的目标是行动者经由个别化的经历建构起来的。[103] 究竟认同何种职业，需要学生主动进行探索和建构，同时离不开高校为其提供体验的机会与环境的支持。Kuh（2003）的研究表明，学生入学前的状态和经历，与他们的发展乃至成功的关系，远远小于他们在高校期间的学习经历所带来的影响。[104] 这段经历同时也会影响大学生职业认同的建构：大学生在参与学业活动的过程中，实现自我与学习环境的个别化互动，逐步建构起职业方面的"自我"，形成职业认同的目标。具体表现为学生通过学习专业知识和技能了解行业的规则与规范、职业发展前景；通过专业实践考察职业所需要的能力素质等要素与自身情况是否相匹配；通过接受专业教育理解该职业的意义、责任与义务。在这些经历中，学生逐步建构起职业认同的目标，开始将某种职业与自我进行统整，这是职业认同发展的第一步。

（2）过程中适应

职业认同的发展是一个复杂的过程，是个体不断将自我与职业相统整的过程。大学阶段是职业认同发展及形成的关键时期，在这一时期大学生既可能否定或强化早年的职业认同，也可能对其他职业产生认同感，形成新的职业认同。Cohen（1982）提出了大学生职业认同发展的四阶段模型，认为大学生在对其职业角色从"陌生"到"感到舒适"的过程会经历四个阶段：第一阶段通过专业基本理论学习对职业角色从陌生到形成初步认识；第二阶段学生将所学知识与他们已有的信息、规范和价值观进行对比，开始产生质疑和不适；第三阶段学生努力寻找一个模式使职业角色既满足个人需求又满足职业要求；在最后的第四阶段，学生对其职业角色感到"舒适"，从而职业角色成为他们自我概念的一部分。[105]学生反复对建构起的职业目标产生不适到调节自我再到适应的过程，是职业认同发展的必由过程。

（3）结果上归属

对某种职业产生归属感是职业认同发展的结果。职业认同会促使学生更加关注职业领域内的前沿信息，产生"希望自己成为该职业领域内的一员"的动机，认为只有从事该种职业才最能说明"我是谁"，甚至将从事该职业作为自我实现的途径，这些都是职业归属感的最直接体现。大学阶段，这种由职业认同发展而来的职业归属感趋于清晰和稳定，不易再发生方向上的变动，更为持久也更为深化，对个体终身的职业生涯发展影响深远。大学生职业认同结果上的归属性不仅是其在校期间学习与发展的动力，更是其步入职场后努力成为职业领域内杰出人才的重要支撑。

5 大学经历与职业认同关系的
模型构建

5.1 大学经历作用于职业认同的内在逻辑

5.1.1 大学经历为职业认同建构提供了情境和支持

（1）大学环境是本科阶段职业认同建构的主要场所

大学生在入学以前，家庭和学校是其建构职业认同的场所，在大学生毕业之后，职场则是其建构职业认同的主要场所。诚如 John Santrock 的观点，青年期既不是认同的起点也不是认同的终点，认同的发展受到个体与所处环境的各类联系的影响，如从儿童期开始逐渐表现出来的独立意识，到老年时建立起来的对生活的总体认识和理解。认同的发展与变化是依托个体经历中的点点滴滴累积起来的，日常生活中的每一次细微的选择与决定，都将影响个体认同的发展。

大学生作为"准从业者"，其职业认同尚未受到真正职场利益和关系的影响，因此相较于实际从业者的职业认同而言，更大程度上是基于对职业的理想化认知。实际从业者的职业认同则更多受到其职场体验、职场环境和职场关系的影响；而大学生的职业认同则主要受其这一阶段主要的经历、生活环境和互动关系的影响。Bronfenbrenner（1979）提出了"人类发展生态学"理论，指出"个体的发展过程发生在其所处的一系列情境和关系中，这些情境和关系的相互作用形成了推动个体发展的力量"。对于大学生而言，其职业认同的建构和发展也需要依赖于其所处的一系列的情境和关系，并不是个体独立完成的过程，相反是嵌入在"大学"这个场所之中。这一场所中的情境和关系相互作用，是推动大学生职业认同发展的力量。

大学时期，个体的职业认同一方面是儿童期和少年期个体职业认同的成长和延续，另一方面也是毕业后职业认同的准备和基础。由于大学生和实际从业者所处的场域和经历的不同，实际从业者的职业认同更多受到其职场体验、职场环境和职场关系的影响，大学生职业认同则更多受到大学这个场域内因素的影响。大学阶段个体职业认同的建构不单单停留在认知上的理解，还受到行为上的参与，情感上的"共情"等多个方面的影响。高校在课程设置、学生对课程的选择、学习投入程度、人际关系等方面都对个体职业认同产生影响。比如，Cohen（2003）的实证研究发现，课程对学生职业认同的影响比社会背景的影响程度更高。Kuh（2003）指出，大学生入学前的状态以及他们在哪里学习，与他们的成功与发展的关系，远远小于他们在高校期间的学生经历带来的影响，这一观点充分肯定了高等教育经历对个体发展的促进意义，同样这段经历也是个体职业认同建构的重要意义来源。

（2）大学环境为学生主动建构职业认同提供了支持

Kenneth 和 Theodore（1969）在其著作《大学对学生的影响》中指出大学期间的经历，尤其是当学生受到专业领域影响时，会对学生起到"自我强化效应"，而学生接受和适应来源于外部的思想、价值观、态度的准备性和意愿性，影响着这种"强化效应"的发挥。由此可见，大学期间的经历也会对学生的职业认同起到强化作用，而学生建构职业认同的意愿和自主性，是大学发挥强化职业认同作用的前提。

大学阶段以前，个体尽管也有建构职业认同的意识，但大部分是通过"耳濡目染",社会关系相对简单,少有主动思考职业真正意义的契机,也难有接触和体验职业知识、职业行为的良好条件。导致一部分大学生的先赋性认同直接是由他者作出的选择和决定,并非经过个体的主观探索而建构起来的。大学作为本科阶段学生建构职业认同的主要场所,以教育经历作为大学生建构职业认同的材料,都是在为学生主动去建构职业认同提供支持。让学生能够真正具有"独立之精神,自由之思想",通过切身体会去探寻自我和职业之间的同一性,积极主动去建构职业认同,避免丧失主见或人云亦云的情况发生。

5.1.2 大学经历中包含着大学生职业认同建构的材料

现代高等教育以培养高级专门人才为目标,即进行知识传递、能力培养、行为实践、角色示范的最终目的是使学生成为真正的从业者。George Miller(1990)认为从初学者到专门人才的培养和教育主要分为四个层次的内容,由低层到高层分别是知识(know)、方法(know how)、表现(show how)和行动(do),这四方面内容的学习层层递推、循序渐进,呈金字塔状,越能够掌握接近塔尖的内容,则越能达到专门人才的标准。[106] Cruess(2016)在这一观点的基础上,指出学会"实践(do)",即在行为上达到专门人才的标准并不是人才培养的最高层次[107],而是应当使学生真正"成为(be)"一名专门人才,并把"认同"(identity)纳入这个金字塔之中,位于金字塔的顶端,即认为认同的形成是建立在知识、方法、表现和行动基础之上,但又是比其下层更为重要而难以实现的教育内容(如图5-1所示)。

(1)知识和方法是职业认同建构的认知材料

知识(know)指有效履行专业职能所应掌握的知识基础,方法(know how)即知晓如何运用所掌握的知识充分履行职责,或对特定的职责有足够的知识、判断和技巧。职业认同并非凭空形成的,学生需要通过对专业知识进行学习和运用来了解专业和职业的本来面貌。只有充分了解了职业的真实情况,个体才有可能对这个职业有所承诺,而对某个职业作出承诺是职业认同建构和发展的一个方向,是职业认同形成

专门人才

↑

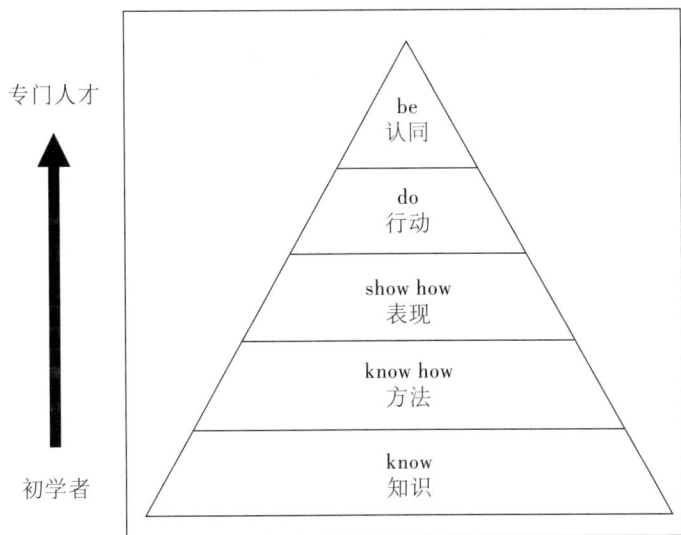

be
认同

do
行动

show how
表现

know how
方法

know
知识

初学者

图5-1 本科经历中大学生职业认同建构的材料

的一个必要前提。因此知识和方法对于职业认同建构的意义是不言自明的，二者是职业认同建构的认知材料。

（2）表现和实践是职业认同建构的行为材料

表现（show how）则指个体在虚拟的职业情境中的表现，既运用了个体所拥有的知识和方法，也展示了个体如何做的过程。行动（do）则是个体在具体、真实的实践环境中的实际行动。表现和实践不仅是将抽象的知识与方法落到实处的过程，个体在表现和实践的过程中也在持续体会自我是否适合从事某个职业，又是否能够和愿意去从事某个职业。表现和实践是个体对自我进行的探索，是职业认同形成的另一个必要前提。因此表现和实践基于知识和方法的基础之上，二者是职业认同建构的行为材料。

借助上述本科经历中的材料，大学生通过课堂学习，为职业认同的发展做好知识和方法的准备；通过课内和课外的各类活动，以及大学人际关系网络中的互动，获取职业信息、理解和体会职业行为，为职业认同的发展建立表现和实践方面的支持。本科阶段这些一点一滴的经历不仅是建构职业认同的意义累积，更在潜移默化中帮助学生实现自我与职业的"同一"。

5.1.3　大学经历是大学生职业认同建构的意义来源

认同是对经历进行的意义建构，实际上是个体在人生的多种可能性之间为自己作出选择的过程。当事人无法在缺乏必要的决策信息，甚至未曾对有关问题进行深入思考的情况下作出理想的选择。大部分本科生的实际情况是，入学前和进校之初对所学专业知之甚少，对自我的认知以及对社会的各行各业的了解也极为有限。因此本科经历就成为大学生职业认同建构的重要意义来源，大学生通过参与到本科学习经历中，与学习情境进行对话和协商，与各种关系进行互动，从而实现职业认同的建构。

根据 Markus（1977）提出的关于自我的信息加工观，即自我图式理论："图式"是指人脑中已有的知识经验的网络，自我图式即个体在以往经验基础上形成的对自己的概括性的认识。自我图式储存在个体的记忆中，一经建立即发挥选择性功能，决定着个体是否会注意某条信息、信息之于个体的重要程度如何以及个体怎样去加工和处理信息。[108] Villa 和 Calvete（2001）认为职业自我概念是由一系列与职业活动相关的职业自我图式组成的，职业自我图式决定了个体对与职业相关的事件和信息的筛选、编码、记忆等社会认知加工过程。

大学生职业认同建构的过程，正是大学生依据关于职业的信息加工观（职业自我图式），对大学经历中与职业相关的信息进行处理，从而形成职业角色与自我之间同一性的过程，如图 5-2 所示。在此过程中，学习经历是职业认同的建构材料，职业角色身份是职业认同的建构目标，职业自我图式对建构过程中的信息进行比较和处理，职业认同在以下几种相互作用的过程中动态发展[109]：

图5-2　学习经历作用于职业认同发展的内在机理

（1）职业角色映射（mirroring）职业自我图式，是指职业角色的外界规定（如职业属性、规范、责任义务等）被个体知觉到后，个体会将这些外界规定向自身关于职业的信息加工观（职业自我图式）进行映射，职业自我图式对职业角色的这些外界规定信息进行处理和认知加工，随后确认自我与职业角色是否存在差距，二者若存在差距，则激发个体采取行动达成职业同一性，以减少个体与职业角色的不一致。

（2）职业自我图式反思（reflecting）学习经历的过程，个体职业认同的形成与发展不仅在于职业角色的外在规定的牵引与约束，还需要个体根据自己的信息加工观（即职业自我图式），来理解和反思学习经历中与职业相关的各个环节和具体事件，同时通过这种过程将理解和反思的结果嵌入职业认同中。

（3）职业自我图式对学习经历的表达（expressing）过程，指个体用职业自我图式，传递和表达着从学习经历中获得的关于职业的价值观、意义和假设。通过发现学习经历中存在与职业自我图式相符的内容，激发个体在学习经历中的参与和投入。

（4）职业角色对职业自我图式的印刻（impressing）过程，是指个体向外界传递关于职业的价值观和意义，即承认自我与职业的同一性并呈现出职业角色的过程。

当这4种作用处于均衡状态时，有利于大学生职业认同良性发展，促进大学生对职业自我概念作出准确的定义和描述，帮助大学生形成在职业方面知晓何去何从的方向感、对未来所从事职业的稳定预期和跨时间的连续性，支持学生实现当前实际情况与未来职业预期之间的适配，以及自我感知和他人期望之间的协调。否则，会引发个体职业认同危机，妨碍大学生职业发展。

综上所述，大学生职业认同是在学习经历中不断发展和建构的。从学生的角度来说，职业认同的发展是接受高等教育的目标之一；从高校的角度来说，有义务借助高等教育手段引导大学生职业认同的发展。大学生职业认同的发展是自我与职业走向共识的过程，个体的心理感知和环境的形塑性共同在"达成共识"的过程中发挥作用。学习经历作为个体在大学阶段职业认同建构的材料，是大学生职业认同发展的一个支点。

5.2 大学经历作用于职业认同的路径推演

5.2.1 大学经历的操作化概念——学习性投入

（1）大学经历的内涵

朗文英语词典将"经历"（experience）一词解释为"发生在个体身上，或个体亲自做过、亲身体验过的事"。汉语中对经历的解释与之类似，如《辞海》将"经历"解释为"亲身见过、做过或遭受过的事"。本科学习经历是一个十分复杂的过程，包含着纷繁的构成要素、交互关系和影响机制，这个复杂过程如同是一个"黑箱"，难以捕捉和观测。也正是这个原因，现有关于大学生学习经历的研究，在研究的传统、主题、分析方法等方面可谓种类众多，纷繁复杂，导致学术界尚难对本科学习经历这一概念总结出单一清楚的意义。

大学生的在校经历一直是国外高等教育界最为关心的问题，大学影响力和学生发展理论中的大量研究成果，基本上都围绕着大学生的学习经历这一话题展开。由于大学教育是一个复杂的过程，包含着诸多构成要素、交互关系和影响机制，在国外现有的政策文件和相关研究中，对于本科"学习经历"这一概念尚缺乏相对清晰的界定[110]，且与"教育经历""就读经历""就读经验"或"学习经验"等概念经常不做区分[111]。国外高等教育对于学习经历的研究，则一直聚焦在如何评价和优化本科教育经历上。从现有关于本科学习经历的定义来看，这一概念尚不是一个经过系统处理的、有秩序和结构的概念。为厘清概念，陆根书教授（2013）从以下两方面出发，对本科学习经历进行了界定[112]：

①学生自身的学业活动参与情况。

②学生所感知的高校对其学习投入的支持情况。

鉴于学习经历是一个既复杂而庞大，又十分抽象的概念，有必要对这一概念进行操作化处理，以对其展开测量。

（2）学习性投入的内涵

20世纪以来，大学生学习经历研究的关注点从大学的"产出"

（college outcomes），转向学生的学习结果（learning outcome），继而转向关注学生的学习过程（learning process），使学生的"学习性投入"（student engagement）问题成为当前高等教育领域的热点。关于学习性投入的定义，目前学术界普遍认为美国教育学家乔治·库（George D. Kuh）对这一概念的界定最具代表性。根据乔治·库的观点，学习性投入主要包括两个方面：一方面是学生参与学业活动所投入的时间、努力及其他所有相关的个人资源；另一方面则是高校为实现学生发展、促进学生参与学业活动、提升学生体验和学习效果所投入的政策、环境等资源。

参考已有研究成果，本研究对"学习性投入"的内涵作出如下总结：

①强调学生的主体作用。投入并非被动地服从，而是主动投入情感和意义、付出时间和努力的行为。

②教育活动是学生投入的对象。学生学习性投入是对教育活动的投入，涵盖课堂内外一切有效的教育活动。

③关注大学在学生学习性投入中的促进作用。大学的作用是为学生投入创造条件，学生所参与的教育活动是由大学提供的，学生的学习性投入离不开大学所提供的服务和条件，因而高校的投入起到了不容忽视的作用。

"学习性投入"概念的提出，是高等教育发展到现代阶段的一个产物，融汇了来自大学生发展研究、大学影响力研究方面的诸多思想精华，已成为当前高等教育实践的重要导向之一。[113]需要指出的是，学习性投入的概念本身是立足于大规模调查的基础上提出的，该量表对本科学习经历具有很好的测量效果。

（3）学习性投入与学习经历的内在耦合性

从学习性投入和学习经历的概念来看，二者具有内在耦合性。实质上，对学习性投入进行研究，就是对大学生的学习经历进行研究。学习经历是指大学生投入到学习与发展活动中的状况，以及其感知到的自己与学习环境之间的相互作用（陆根书，2013）；学习性投入则说明了大学生个体是如何投入以及院校是如何引导学生投入到课堂内外各种有效教育活动的（王纾，2010）。两个概念在内涵上具有耦合性，"学习性投入"作为学习经历的延伸术语（derived term），能够表达出本科学习经历的具体内容，可以将其视为学习经历的具体呈现。

不仅如此，学习经历和学习性投入两个概念及其相关研究的核心宗旨都在于优化学生的体验和学习过程、促进学生发展，同时提高大学的性能和声誉。美国学者迪·芬克（Dee Fink）在其著作《创造有意义的学习经历》中明确提出，大学教学的核心原则应当是为学生创造有意义的学习经历。这是因为有意义的学习经历具有高影响力，会使学生以高度的活力投入到学习活动中，并从这一过程中得到收获与发展[114]。基于这一观点，芬克认为可以从过程和结果两个方面来衡量一段学习经历是否有意义、具有高影响力。"学生的投入"（学生投入到学习中的程度）和"教学的活力"（教学过程的活力程度）是有意义学习经历的过程评价指标；"意义的持续转化"（学习经历给学生带来的持续的、有意义的变化）和"生活价值"（学习经历在职业准备和生活中发挥的作用）是有意义学习经历的结果评价指标。[115]

（4）学习性投入是大学经历的测量手段

大学生学习性投入调查（national survey of student engagement，NSSE）是在其前身《大学生就读经验调查》（the college student experiences questionnaire，CSEQ）的基础上发展而来的，从1974年开始，CESQ对美国大学生的学习经历进行了长达35年的跟踪调查，为大学生发展研究和大学影响力研究提供了诸多宝贵的现实素材，影响意义深远。NSSE在沿用了CSEQ大部分题项的同时，又根据实践中的调查结果和反馈对问项进行了补充和完善，以期将"学习性投入"作为"有目的的教学活动"作用于"学生发展与成功的积极结果"的依托，更加全面和准确地反映本科学习经历中大学影响学生发展的整个过程。

NSSE项目从高等教育的内部机制出发，以大学生学习行为及其与大学教育实践之间的互动为出发点，以学习者为调查对象，以教育教学过程为观测点，将高等教育评价的重心从对高等教育资源、产出水平的测量，转移到以"学生参与"为基础和以"学生中心"为原则，是关注学生学习过程的本科教育评价指标体系。其本质上是从学生在校经历的角度出发，通过测量"学生投入到有效学业活动中的时间与精力"以及

"高校能够在多大程度上促进学生更好地参与"这两大因素，来评价学生的学习效果和高校的教学质量，从而帮助高校发现教学中存在的问题，并在此基础上改进教育理念和教学方法，最终促进学生实现有效学习的自身的发展。

目前，以学习性投入为核心概念的成熟量表已经在多个国家被广泛使用，经过多年来的大规模应用和实证研究检验，显示出该量表对本科学习经历具有很好的测量效果。不仅如此，学习性投入这一概念的本身也在实践中根据评估和研究结果不断被完善和修正，已经成为一个经过系统处理的、有秩序和结构的可操作概念，能够对其进行观察与测量，以及探讨其与其他变量间的数量关系。经研究证明，学习性投入对学生发展结果、学生满意度、学业坚持、学业成就和社会参与等诸多方面皆具有正向的影响作用。

5.2.2 大学经历对职业认同发展的影响作用

（1）大学经历是职业认同发展的一个原因

根据认同理论的观点，Rodgers 和 Scott（2008）就认同的发展作出了如下总结：

①认同有赖于并形塑于各种作用于它的社会力量所构成的多元情境。

②认同形成于个体与他人的关系中。

③认同是随着经历的发展不断对意义进行建构的过程。

④情境和关系描述的是形成认同的外部力量，而经历和情感则是赋予认同意义的内部力量。

⑤认同是流变的、多元的，而非固定的。

由此可见，认同理论始终强调外部环境和自我之间的交互联系，以及社会建构自我的功能。大学阶段，与学生交互程度最高的环境是大学校园，这一阶段大学经历理应在建构学生职业认同的过程中起到主要作用。大学生职业认同的发展有赖于并形塑于大学场域中的多种元素、多种关系所构成的情境，是随着大学生经历的发展不断对意义进行建构的过程。大学场域中的情境和活动、关系和情感都是推动大学生职业认同发展的重要力量。

根据大学影响力理论，大学影响学生发展可以被视为一个由投入到产出的过程。从大学影响力的几个关键模型来看，包含课程、政策、教师、同学等要素在内的所有大学期间的教育经历，对大学生认知、情感和行为等方面的发展都起到至关重要的作用。王纾（2010）对学习经历影响大学生学习收获的路径进行了实证分析，研究结果显示，高等教育的输入变量（如院校教学资源、学生家庭背景），需要通过高等教育的过程变量（如课程要求、校园环境支持度、大学中的人际互动、学生的努力质量等）为中介，对学生的学习收获（知识技能、高阶能力、自我概念等方面的发展）起到影响作用，这一结论验证了大学影响力理论在中国大学情境下的适用性。研究还发现，自我概念是学习收获和学生发展的重要组成部分之一，主要表现为学生在自我认知和价值观方面的发展，职业认同的发展即为大学生自我概念发展的一个方面，必然受到大学经历的影响。

（2）职业认同发展是大学经历的重要收获

美国学者鲍恩（Howard Bowen）于其1977年出版的专著《投资在学习中：美国高等教育的个人和社会价值》中为学生建立起了一个发展目标框架，同时也是高等教育成果的目标框架。通过回顾以往的重要研究，鲍恩指出本科教育经历对于个体发展和社会变化都有十分显著的贡献，其中学生的学习收获是高等教育的直接贡献。他认为从学生的视角来考量高等教育的成果（outcome），主要体现在学生经历了高等教育之后会获得的三个方面的发展：首先是认知学习的成果（cognitive learning outcomes），包括语言技能、数学技能、实质性的知识、逻辑的合理性、知识的包容性、审美感知、创造性、学术道德和终身学习意识方面的发展。其次是情感和道德发展（emotional and moral development），包括个体的自我发现、心理健康、理解力、价值观和道德观、宗教兴趣、个人品味、行为习惯方面的发展。最后是实践能力方面的成果（practical competence），包括实务特征（如成就需要、未来定向、适应力、领导力）、公民权利、经济生产力、健全的家庭生活、休闲和健康等方面的发展。

大学生职业认同的发展以认知学习能力的发展为基础，属于情感和道德发展的范畴，同时是实践能力发展的一个重要的驱动力。尤其在情感成果（affective outcomes）方面，鲍恩指出大学经历在帮助学生建构个人身份方面成效显著，并促进他们在毕业后作出与自我身份相符的人生选择。职业认同是个体自我身份建构的一个重要构面，本科学习经历势必也会在职业认同建构的过程中起到推进作用。鲍恩的研究还表明，高等教育经历中学生个性结构的变化也很明显，即"个性的解放是参与高等教育最独特和最重要的结果，学生变得更加独立自主，并获得一系列内在的价值和兴趣"，这些价值和兴趣正是学生建构职业认同的重要方向和动力。

5.2.3　大学经历与职业认同的关系推演

根据前两小节（5.2.1和5.2.2）的论述，我们已知大学经历是影响职业认同发展的一个原因，学习性投入又是大学经历的操作化概念，顺此逻辑本研究尝试搭建起学习性投入与大学生职业认同的关系。

（1）国外研究中对学习性投入与大学生职业认同关系的论述

国外关于学习性投入与大学生职业认同关系的研究，大部分观点支持了学习性投入对个体职业发展发挥的重要作用。[116] Franziska 等（2012）的研究中指出，"设置以实践为基础的教学课程，为毕业生做好职业准备"已经成为当前各国政府对高等教育提出的要求，这项研究通过系统梳理20余篇关于高等教育促进大学生职业认同发展的文献，对各类学习性投入要素与学生职业认同发展的关系进行了分析与讨论，肯定了学习性投入与大学生职业认同发展的影响作用。[117] Burford（2012）认为医学生在进入专业学习之前一定程度上已经存在自我认同，大学教育通过专业课程和实习实践中包含的职业特征、价值观和信仰的部分对学生既有的职业认同产生影响，从而重塑学生的职业特征、价值观和信仰，使学生逐渐"像专业人员一样思考和行动"，促进了学生职业认同的发展。Wald（2015）则提出医学教育的基本目标就是为学生职业认同的形成塑造一个积极的、建设性的过程。医疗教育者的职责就在于负责设计标准化和个性化课程以指导、支持学习者发展职业认同，促进学生社会化的过程。学习性投入成为本科学习经历的操作化概念以来，国外学者便开始用 NSSE 作为测量工具，分析大学经历对大学生职业认同发展的影响。如 Harper 和 Quaye（2009）的研究证明了大学经历对大学生的社会性发展、自我认知等方面都具有积极的影响作用。社会性发展和自我认知的发展又是大学生职业认同发展的前提，因此该研究结果为本研究假设学习性投入对大学生职业认同具有正向影响作用提供支持。

（2）国内研究中对学习性投入与大学生职业认同关系的论述

由于国内对大学生职业认同的研究尚处于起步阶段，关于学习性投入对大学生职业认同影响的研究也比较少见，但仍有一些相关研究成果对本研究具有启发意义。张日昇（2001）认为，在现代社会，大学时期是青年职业认同发展的心理"延缓偿付期"：由于中学时代的学习压力较大，青少年少有时间和机会去探求自我、充分思考关于自我的问题。进入大学以后，个体在心理、时间上都有了更多余暇，开始真正能够专心进行自我探索并确立自我认同。实证研究验证发现，中国大学生比高中生表现出更高的"现在的自我投入"，并表现出较强的"将来自我投入愿望"，证明了大学生表现出更积极地投入到现实生活中去的心理倾向。朱红（2010）通过实证研究，分析了学习性投入对大学生发展的影响机制。研究证明了：学生在大学经历中的参与程度，是影响学生成长的最为关键的因素，明确了学习性投入与大学生发展的影响作用。大学生职业认同发展是大学生发展的一个重要方面，也同样会受到学生在大学经历中的参与程度——学生的学习性投入的影响。

罗玉容（2005）则采用质性研究方法，通过对 11 位大学在校生或毕业生进行深度访谈，了解其自我认同的发展历程与特色，探讨学生的自我认同发展是受到哪些学校经验的影响，而学校环境又在其中扮演什么角色。研究的主要结论有：①大学生自我认同发展的主要特色为自主性的提升及价值观的多元化；②参加社团活动有助于大学生的自我提升和自我认同发展；③大学的人际交流更加开放和多元，学生有更多机会接触到来自不同文化背景、不同价值观的同学，使得思想趋于包容开放，有利于大学生对自我产生更多思考；④学科差异使学生的思考方式不同，理科学生的上课方式以固定答案为主、缺乏师生讨论互动的机会，对学生的批判思考与独立思考的启发形成阻碍，不利于其认同得以发展；⑤院校环境虽不能直接对大学生的自我认同产生影响作用，但学校整体的目标、风气、制度等，却能够主导大学生的学校经验，从而间接影响学生的自我认同发展。这项研究和本研究的研究假设、研究目的相一致，为本研究讨论学习性投入对大学生职业认同的影响作用提供了支持。

（3）大学经历与职业认同发展的关系

综上所述，由于学习经历是大学生职业认同发展的一个影响因素，学习性投入是学习经历的操作化概念，大学生职业认同发展是由大学生及高校参与和投入到学习经历中所引起的一个结果，故本研究假设大学经历对职业认同发展具有正向的预测作用。

5.3 大学经历中职业认同的影响要素析出

5.3.1 大学经历的构成要素解析

学习性投入实质上是大学生学习经历的系统呈现，涵盖了学习经历中的方方面面，是一个非常庞大的概念。因此，欲讨论大学经历与大学生职业认同发展间的数量关系，首先要将大学经历这个系统的抽象概念进行操作化处理，以方便对其进行观察与测量，探讨其内部各要素与其他变量间的数量关系。[118]

对一个变量进行操作化，即将抽象概念进行具体化和分解化，在此本研究进一步对大学经历的操作化概念"学习性投入"进行分解化和具体化，划分出变量的维度并对各维度进行具体阐释。根据美国学者乔治·库对学习性投入的维度划分，学生和高校在大学经历中的投入情况共包含5个维度，11个要素（指标），如图5-3所示。

高阶学习
反思综合
学习策略
定量推理
学业挑战

合作学习
多元交流
同伴交流

师生互动
教师实践
师生交往

学习性投入

交互质量
院校支持
环境支持

实践活动
高影响力实践活动

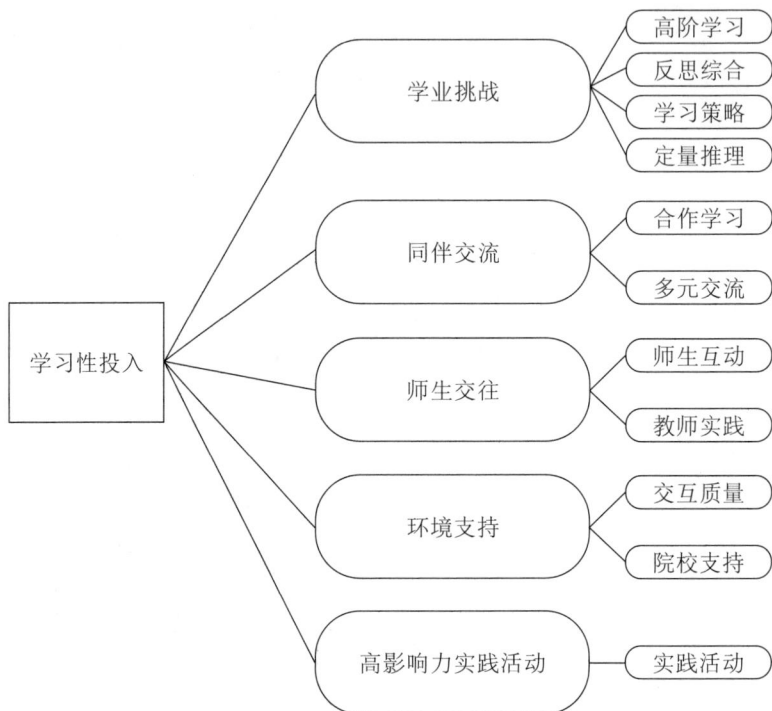

图 5-3　大学经历的操作化概念维度

（1）学业挑战

挑战性学习和创造性学习是大学生学习和大学教学的核心。学业挑战这个维度用以说明高校通过强调学业努力的重要性、向学生提出高期望、设立高目标来促进学生自身学术水平的提高。该维度下设高阶学习、反思综合、学习策略和定量推理四个指标：①高阶学习指标反映了高校能否通过鼓励学生参与复杂的认知任务（如应用、分析、判断和综合），而不仅仅是记忆事实，来提升学生的学术水平；②反思综合学习指标反映了学生能否将所学到的知识与自身、实践相联系，反思自己的观点，从他人的角度考虑问题等；③学习策略指标反映了大学生能否通过积极参与和分析课程材料，而不是被动吸收知识，来提高他们的学术水平；④定量推理指标反映了学生能否在日常生活中使用和理解数字和统计信息，以及推理能力，即学生能否用数字和统计信息来评价、支持、批判和论证事物与观点。

（2）同伴交流

学生的学业参与程度越高，学习的效果越好。同伴交流这个维度用以说明与同伴合作学习并解决问题、与不同背景的人接触和交流，有利于提升大学生在不同的环境下处理问题和解决问题的能力，也为学生在未来作为公民参与一个多元化、相互依存的世界做好准备。该维度下设合作学习和多元交流两个指标：①合作学习指标反映了大学生在学习过程中能否通过协作完成学习任务并达到学习目标；②多元交流指标反映了学生在课堂内外是否有与不同背景、生活经验的人互动交流和学习的机会。

（3）师生交往

大学教师是大学生的行为榜样和思想向导。师生交往这个维度用以说明师生之间的交往经历不仅持续指导着大学生在校期间的学习，而且对学生终身学习和未来发展皆具影响意义。该维度下设师生互动和良好教师实践两个指标：①师生互动指标反映了大学生能否通过与教师的互动促进知识和技能的掌握，并在大学经历和他们的未来计划之间建立联系；②良好教师实践指标反映了教师能否通过他们的正式和非正式的角色，如教员、顾问、导师等，积极地影响大学生的发展。

（4）环境支持

环境支持的实质目的在于提升学生的学习性投入。环境支持这个维度用以说明大学为实现学生与学习环境之间有意义的交互，需要投入政策、服务、环境等资源，以促进学生参与学业活动、提升学生体验和学习效果。该维度下设交互质量和院校支持两个指标：①交互质量指标反映了大学生能否与同伴、教师和工作人员保持良好关系并能在需要的时候寻求帮助、向周围的人学习；②院校支持指标反映了大学生所在的高校能否引导和支持学生参与到课堂内外各种有效的教育活动中。

（5）高影响力实践活动

高影响力实践活动是学生在课外自主选择并参与的实践活动。该维度用以说明参加何种高影响力实践活动会促使学生投入大量的时间与精力，同时增进学生与同伴和教师的交流与互动。高影响力实践活动还能够促进大学生不断进行反思，并在实践过程中应用知识，从而获得及时而丰富的反馈，对大学生的学业和全面发展产生积极的促进作用。该维度下设六个题项，目前 NSSE 研究中心未对该维度进行细分，本研究将在下一章中通过因子分析对该维度下的题目应分属于几个指标进行讨论。

5.3.2 大学经历中作用于职业认同发展的要素识别

大量研究已经表明，学习性投入作为学习经历的系统呈现，最终会对学习收获产生积极影响，如提高成绩、降低辍学率、更好的个人发展等[119]，这些学习收获可以归为知识技能、高阶能力、自我概念等方面的发展三大类。大学生职业认同的发展，是以其自身知识技能、高阶能力和自我概念发展为基础的，因而学习性投入势必会对大学生职业认同发展起到影响作用。由于学习性投入作为一个系统性概念，包含了 5 大维度并细分为 11 个要素，为了准确把握学习性投入系统中影响大学生职业认同发展的主要因素，本研究借助相关成果，总结出现有研究中涉及的影响大学生职业自我效能和大学生职业认同的学习性投入要素；同时，本研究借助质性访谈方法，从学习性投入要素系统中筛选出实际对职业认同产生影响作用的学习性投入要素。将两种方法所析出的学习性投入要素进行汇总，以更加全面和准确地识别出作用于大学生职业认同发展的学习性投入要素。

（1）现有研究中作用于大学生职业认同发展的学习性投入要素识别

总结现有学习性投入与大学生职业认同发展关系的研究成果可以发现，尽管将学习性投入整体作为一个要素，探讨其与大学生职业自我效能和大学生职业认同关系的成果并不多见，但已有大量研究就具体某种或某几种学习性投入要素对大学生职业自我效能和大学生职业认同的影响作用展开了研究。为对识别出具体影响大学生职业自我效能和大学生职业认同的学习性投入要素提供有力参考，本研究汇总了相关研究成果中作用于大学生职业自我效能和大学生职业认同的影响因素，并按照乔治·库提出的学习性投入的 5 维度 11 要素框架，对影响因素进行归类。从文献中析出的影响大学生职业认同发展的学习性投入要素见表 5-1。

表5-1　文献中作用于大学生职业认同发展的学习性投入要素识别

影响因素	对大学生职业认同发展的影响方式	文献来源	所属学习性投入要素
专业课程	通过澄清专业理论，增强职业公信力，加深学生对职业的认知	Mootz（2001）	高阶学习反思综合
	帮助学生理解理论与实践的联系，鼓励学生像真正的从业者一样思考	Ikiugu 和 Rosso（2003）	
	知晓职业规范和规章制度，明确职业责任和义务，根据标准来衡量自己，为从事职业做好准备	Beagan（2001） Barrow（2006） Burford（2012） 罗玉容（2005）	
跨学科课程	通过与其他专业相比较，加深理解自身所学专业的属性	Hind 等（2003）	
同伴交往	从知识发展、信息共享、社会支持和情感支持几方面促进职业认同的发展	Krackhard 和 Stern（1988） Sweitzer（2007）	多元交流
人际关系	人际关系对大学生职业决策起到预测作用	张培培（2017）	
社会性融入	在校期间的社会性融入对毕业生初入职获得的影响作用比学术性融入更强	沙磊和朱生玉（2013）	
非正式互动	师生互动尤其是非正式互动对大学生发展具有积极的影响作用	Endo（1982） West 等（2004）	师生互动
师生互动	师生互动是大学发挥教育影响力的重要形式，对大学生职业生涯发展具有促进作用	陆根书和胡文静（2015） Eimers（2001）	

续表

影响因素	对大学生职业认同发展的影响方式	文献来源	所属学习性投入要素
支持策略	高校帮助学生学习职业角色、了解职场文化、开始职业生涯、社会化和公民教育，都是促进学生职业认同发展的教育措施	Franziska 等（2012）	院校支持
大学环境	大学环境允许和鼓励学生探索自我，院校投入和学生投入共同作用于大学生职业发展	赵谦（2009）吴泰平（2016）	
实习社团活动	实习经验、参加社团活动对大学生职业成熟度具有影响作用	陈怡兆（2011）	高影响力实践活动
科研	本科生参与科研对其社会性发展、建立自我认同具有正向影响作用	Davis 等（1997）李湘萍（2015）	
专业实践	学生参与专业实践是影响职业认同建构的重要因素	Schmidt（2015）	

（2）基于访谈资料的作用于大学生职业认同发展的学习性投入要素识别

根据对国内外相关成果的总结，已经可以初步得出学习性投入要素系统中哪些要素是大学生职业认同发展的主要影响因素。为了更好地理解各学习性投入要素对大学生职业认同的作用方式，本研究采用质性访谈方法，进一步探索影响大学生职业认同的学习性投入要素，一方面可以加强研究的可靠性和完整性，另一方面可以对学习性投入对大学生职业认同发展的影响作用建立更加直观的感性认识。

①访谈对象与过程。

本研究选取了来自大连地区6所高校的不同专业、不同年级的12位本科生进行成员主体型"焦点小组访谈"，这种方式更注重听取和收集成员们的真实想法，以获得作出决策或者指导行动所需的信息，而不要求成员们就主题内容最终达成共识，或解决问题。[120] 被访者的基本情况见表5-2。本研究希望借助焦点小组访谈，深入到研究对象中，用来收集关于影响大学生职业认同发展的学习性投入要素的第一手材料。不仅可以对现有文献析出的影响要素进行检验和补充，还有助于避免对影响要素先入为主，进一步增加了总体研究结果的公正性。访谈采用集体面对面交流的形式展开，由研究者作为主持人，在对焦点小组介绍访谈目的之后，开始按照已经设计好的访谈提纲（见附录）进行意见交换和讨论，由主持人引导访谈对象说出影响其职业认同发展的学习性投入要素，全程对访谈内容进行了录音并当场进行记录，访谈时间持续约两小时。

表5-2　　　　　　　　　　被访者的基本情况

编号	性别	年级	专业
1	女	二	管理科学与工程
2	男	三	口腔医学
3	男	二	机械电子工程
4	女	二	学前教育
5	女	三	汉语言文学
6	男	四	应用数学
7	女	四	播音与主持艺术
8	男	一	世界史
9	女	一	外国哲学
10	男	四	经济学
11	男	四	车辆与工程
12	女	二	法学

②访谈内容。

访谈内容涉及：学生职业认同发展的基本情况，大学经历对学生职业认同所产生的影响以及具体哪种学习经历、大学期间的哪些重要事件对学生的职业认同产生了影响，学生还希望参加何种活动来提升自身的职业认同等，详细的访谈内容见附录 A。

③访谈结果。

访谈结束，将访谈结果整理成的资料进行编码，并逐级缩编。具体步骤为：对整理好的访谈记录文本中所反映的现象进行分解，从中抽象出不同的概念；再将这些概念重新聚拢汇合，提炼出更高一级的概念，即"范畴"。在此基础上，将访谈编码提炼出的"范畴"与学习性投入要素相匹配，筛选出与大学生职业认同发展相关的学习性投入要素，见表5-3。

表5-3 　访谈资料中作用于大学生职业认同发展的学习性投入要素识别

原生编码概念化	频次	范畴化	学习性投入要素
课程学习使我对职业的了解较入学前有所增加，甚至改变了对一些原有的与职业相关的问题的理解	10	认知变化结合经验	反思综合
经过学习对职业和自我更加了解，开始思考未来的从业目标，思考自己适合从事哪种职业	9	反思自我	
课程学习中遇到实际案例时，我会思考如果我是一名真正的从业者会如何去解决	7	联系实际	
新生入学教育中的专业介绍，让我对未来自己是否适合从事与本专业相关的职业有了更多思考	2	专业引导	
和老师讨论未来就业的问题	4	师生交流	师生互动
老师在课堂内外渗透行业内的相关信息	5	教师引导	
老师对我未来就业方向的启发、引导和鼓励	2	教师鼓励	
同学是自己的榜样	3	同伴交流	多元交流
认识了很多背景不同的同学，通过与他们交流，我更加清楚自己是什么样的人，适合从事什么样的职业	2	同伴交流	

续表

原生编码概念化	频次	范畴化	学习性投入要素
通过参加社团活动，发现了自己的能力和特质，坚定了自己从事某种职业的愿望和信心	6	社团活动	高影响力实践活动
通过参加实习、社会实践或调查，发现了自己的能力和特质，坚定了自己从事某种职业的愿望和信心	8	实习实践	
在参加学校组织的各类活动中，发现了自己的能力和特质，坚定了自己从事某种职业的愿望和信心	6	社交平台	院校支持
学校就业与指导服务中心为我进行职业规划提供指导	5	生涯辅导服务	

（3）作用于大学生职业认同发展的学习性投入要素析出

根据文献汇总和焦点小组访谈的结果，本研究初步识别出作用于大学生职业认同发展的学习性投入要素有6个，见表5-4。

表5-4   **要素识别结果**

影响要素	要素内容	来源依据
高阶学习	高校能否通过鼓励学生参与复杂的认知任务（如应用、分析、判断和综合），而不仅仅是记忆事实，来提升学生的学术水平	文献
反思综合	学生能否将所学到的知识与自身、实践相联系，反思自己的观点，从他人的角度考虑问题等	文献访谈
多元交流	学生在课堂内外是否有与不同背景、生活经验的人互动交流和学习的机会	文献访谈
师生互动	学生能否通过与教师的互动促进知识和技能的掌握，并在大学经历和他们的未来计划之间建立联系	文献访谈
院校支持	高校能否引导和支持学生参与到课堂内外各种有效教育活动中	文献访谈
实践活动	学生能否在课外自主选择并参与高影响力教育实践活动	文献访谈

5.3.3 大学经历与职业认同发展的关系假设

依据前文所假定的学习性投入对大学生职业认同发展的正向预测作用，以及从文献资料和访谈资料中识别出的影响大学生职业认同发展学习性投入要素，可提出以下研究假设：

H1：高阶学习对大学生职业认同发展存在正向预测作用。

H2：反思综合对大学生职业认同发展存在正向预测作用。

H3：同伴交流对大学生职业认同发展存在正向预测作用。

H4：师生互动对大学生职业认同发展存在正向预测作用。

H5：院校支持对大学生职业认同发展存在正向预测作用。

H6：高影响力实践活动对大学生职业认同发展存在正向预测作用

在后续的实证研究中，本研究将就这些要素与大学生职业认同的关系进行量化分析。

5.4 职业自我效能与大学经历、职业认同发展的关系

5.4.1 职业自我效能与大学经历的关系

（1）职业自我效能是大学经历的收获之一

根据本研究对大学生职业自我效能的界定，认为大学生职业自我效能即"大学生对自己未来是否可以胜任某一职业的能力判断、自我把握与信念，是大学生关于未来从事某一特定职业的能力评估和信心"。大学影响力理论中的多项研究成果显示：学生大学期间的在学习和生活中的参与和投入程度，是影响学生成长的最为关键的因素；大学生知识技能、高阶能力、自我概念等方面的发展，是学习性投入（如课程要求、校园环境支持度、大学中的人际互动、学生的努力质量等）的结果。大学生对于其未来是否可以胜任某一职业的能力判断，显然受到其大学期间知识技能的增长和相关能力素质提升的影响、受其对自我概念的认知和了解程度加深的影响，因此大学生职业自我效能的发展是学习性投入

的收获和结果之一。

已有相关研究成果中的一些观点也能够支持职业自我效能受到学习收获的影响。如傅瑜弘（2015）指出，自我效能是个体"所获得的知识、技能、社会性经验"与其"行为输出"的中介，这一观点明确了个体所获得的知识、技能、经验可以作用于自我效能，并继而对个体的行为输出发生作用。任福战（2013）在其博士论文中讨论了大学生人力资本投资与大学生职业发展的关系，认为大学生人力资本投资与职业期望间呈正相关关系，职业期望又与职业自我效能呈正相关关系。在此基础上，汪静（2015）又对大学生人力资本投入和大学生职业自我效能两个变量进行了相关性分析，验证了二者之间的正向相关关系，研究结果表明大学生人力资本投资的四个维度（综合能力、知识水平、技能水平和健康状况）都与大学生职业自我效能具有高度正相关性。大学生人力资本投资实质上是"后天投资所形成的大学生所拥有的知识、技能和健康等的总和，体现为大学生身上的技能和生产知识的存量，且人力资本是由营养、保健、医疗和教育、培训、自学等形成的投资结果（孙健敏，2004）"。教育是人力资本投资的重要途径和手段，大学生综合能力、知识水平、技能水平等方面的提升和发展也是大学期间学习性投入的重要结果，根据人力资本投资对大学生职业自我效能的正向影响作用，我们可以顺此推出学习性投入对大学生职业自我效能的影响作用。

（2）大学经历是影响职业自我效能的信息源

班杜拉将自我效能的形成的先行条件归结为四种"效能信息源"：

①直接经验/主体行为经验（personal performance），指个体参与其中的经历，既包括成功的个人经历也包括失败的个人经历。

②替代经验（vicarious experience），观察他人、榜样和导师的作用。

③言语说服（verbal persuasion），口头上的鼓励和反对。

④生理和情感因素（physiological and emotional factors），即个体自身的生理情况和对压力的感知等。

职业自我效能同样受到上述四种"效能信息源"的影响，Lent 等（1994）在总结前人多项研究的基础上，认为个体的主体行为经验是对职业自我效能最有影响力的因素，同时他们的研究还表明，除了行为经验之外，其他三种信息源（替代经验、言语说服、生理和情感因素）也会在一定程度上影响个体的职业自我效能。任福战（2013）对这四种信息源予以进一步梳理，认为"直接经验即主体自身的直接实践活动所获得的经验，是职业自我效能形成过程中最有力的影响因素；替代经验，如观察或向其他条件类似的同伴榜样学习而获得的经验，更有助于提高个体的职业自我效能；言语说服主要是指来自社会的鼓励、劝说等，这也会有利于个体职业自我效能的提高；生理和情感因素是影响职业自我效能的另一个因素，疾病、身体不适或焦虑、抑郁等会降低个体的职业自我效能，而轻松愉悦则有助于职业自我效能的提高"。

对于大学生而言，其所参与的学业活动过程中的各种经历都属于直接经验信息源，课程学习和实践中观察他人的行为，导师的指导和榜样的激励属于替代经验信息源，来自老师、同伴和他人的鼓励和反对属于言语说服信息源，参与学业活动中对于压力的感知则属于心理和情感信息源。由此可见，大学生在参与和投入到学习经历的过程中涵盖了大量影响职业认同的信息源，势必会对大学生职业自我效能产生影响。

（3）关系假设

综上所述，由于大学经历是大学生职业自我效能的"信息源"，对大学生职业认同具有影响作用，职业自我效能的发展是大学生在学习经历中以学习性投入为载体，收获知识、技能和价值观等方面发展所引起的一个结果，因此本研究假设学习性投入对大学生职业自我效能具有正向预测作用。

5.4.2 职业自我效能与职业认同发展的关系

进入大学之前，大学生职业认同主要受到父母、社会等外部因素的影响，多为先赋性的职业认同。先赋性的职业认同多数是被动赋予的，而并非经过学生主动探索所形成的职业认同。进入大学阶段，个体的职业认同需要主动去建构，自我效能是个体与环境进行沟通的内在驱动，驱动着个体通过知识和技能来处理情境中的问题，大学生在知识学习、专业实践、问题解决等过程中不断提升职业能力，强化职业自我效能，并对实践中的自我进行反馈从而更新对自我的认知，大学生职业认同就是在这样的过程中得以发展的，其中包含着职业自我效能对大学生职业认同发展的推动作用。

不仅如此，大学生职业认同发展是一个自我与职业相互调节和相互均衡的复杂过程，在这个过程中产生不适与质疑是难免的。学生可能会因为经过专业学习和训练，加强对某种职业的认同；也可能会因为学习过程中遇到困惑和压力，产生职业认同延缓或职业认同弥散的状态。这就要求学生努力进行适应和调节，找到一个模式既能够使职业角色满足个人需求，又能使自己满足职业角色的要求。在大学生个体与其目标职业进行反复"斟酌"和"调节"的过程中，职业自我效能强的个体面对不适，能付诸更多的努力和坚持，更快更好地将职业角色融入自我概念中，体现了职业自我效能对职业认同发展的促进作用。

国外已有研究中，普遍认为将职业自我效能与个体的职业兴趣相结合，可以更好地预测职业相关行为（Betz和Hackett，1983；Bandura，1995）。Hackett和Betz（1981）在首次对职业自我效能进行研究时，就发现大学生的职业能力信念与他们选择的职业类型和范围显著相关。[121] 研究还指出，职业自我效能感较低的大学生相对缺乏职业信心，逃避某些工作和职业行为，在生涯发展和职业选择上表现出诸多犹豫和不确定。Wheeler（1983）的研究比较了预期价值和自我效能对职业偏好的相对预测能力，发现自我效能对职业偏好的作用更强，尤其对于女性来说，她们的职业喜好更多是基于自己的效能知觉而不是基于职业所能够带来的潜在利益。Lauver等（1991）的实证研究发现，职业自我效能是所有学生职业发展的一个预测因素，不受文化差异的影响。Anthony（1998）总结前人研究成果发现，个体职业自我效能的提高会使其职业成熟度也随之提高，即个体的职业自我效能与个体的职业成熟度之间存在正向相关关系。职业成熟度即个体"作出具有现实性和在一段时间内保持一致的明确的职业选择"（Crites，1978）。个体能够作出明确的、具有现实性的职业选择，且在一段时间内保持这个职业选择，正是个体对某种职业认同程度高的一个具体表现。Gushue（2006）等以拉丁美洲高中生为研究对象，分析了个体自我效能与对障碍的感知、职业认同、生涯探索行为之间的关系。研究结果表明，样本的自我效能与职业认同、生涯探索行为显著相关，自我效能水平越高，职业认同发展程度越高，体现了自我效能对职业认同发展的正向预测作用。

国内相关研究中，同样肯定了职业自我效能对职业认同发展具有预测性。张鼎昆等（1999）认为"个体的职业自我效能可以通过对认知过程、情感过程、动机过程进行调节，影响其职业选择和工作态度等，同时也是预测个体工作绩效和职业发展情况的最佳指标之一"。姜飞月（2002）以我国大四学生为研究对象，就职业自我效能和大学生职业选择的关系进行了分析，研究结果表明，大学生职业自我效能对其职业选择范围具有显著的预测性，比职业兴趣对职业选择的预测性还要强。职业自我效能直接或间接地影响着个体的职业选择和对职业的态度，这意味着其在个体的职业发展中扮演着非常重要的角色。甚至在某种意义上，职业自我效能对个体的职业态度和职业行为的影响，比个体从事这一职业所具备的实际能力更为重要，因此应更加重视职业自我效能对大学生的职业行为与职业发展的预测作用。[122] 闻建平和张文海（2009）指出，职业自我效能可以提高大学生的职业兴趣，且对大学生的择业意向具有显著的预测作用。叶宝娟等（2016）通过实证研究发现：求职自我效能在大学生职业探索对大学生求职行为的影响过程中起到中介作用。

综上，关于职业自我效能与职业选择、职业态度以及相关职业行为等的关系，现有研究中已经形成了较为统一的观点：即职业自我效能对职业选择、职业态度以及相关职业行为等具有正向的预测作用。在现有研究观点的基础上，本研究假设职业自我效能对大学生职业认同发展具有正向预测作用。

5.4.3 职业自我效能的中介作用假定

通过前文对职业认同和大学经历（学习性投入）的详尽解析，以及对二者之间关系的深入探讨，我们已经作出假设：大学经历（学习性投入）与大学生职业认同之间存在正向相关关系，学习性投入对大学生职业认同的发展具有正向预测性。同时，通过分别对大学生职业自我效能与学习性投入之间关系、大学生职业自我效能与大学生职业认同之间关系的分析，我们假定了学习性投入对大学生职业自我效能具有正向的预测性，大学生职业自我效能对大学生职业认同具有预测性。由于前文我们已经假设了学习性投入可以直接作用于大学生职业认同发展，在此将对职业自我效能在二者之间的作用进行分析。

首先，根据建构主义中图式理论的观点，自我图式形成于个体过去的经历，又作用于其当前和未来的经历，在个体过去经历和当前的思想、情感、行为和生理机能之间起到中介作用，是个体经历影响自我的"触发器"（triggers）。职业自我效能作为个体对自身职业胜任特质的认知，形成于个体过去的经历，且能指导个体对当前的经历作出判断，甚至指导个体对"未来自我"作出推断和决定。因此，职业自我效能可以在学习经历和职业认同之间起到中介作用。

其次，Lent 等（1999）在整合了 Bandura（1977，1986，1989，1997）的社会学习理论、社会认知理论以及相关研究的基础上，所提出的社会认知职业理论模型（social cognitive career theory，SCCT）中指出：学习经验对自我效能具有影响作用，并通过自我效能作用于个体的职业兴趣、职业意愿和职业选择等。学习性投入是学习经验的具体呈现，职业兴趣、职业意愿和职业选择又都和职业认同密不可分，因此这一理论模型中所揭示的自我效能的中介作用，为本研究分析职业自我效能在学习性投入和大学生职业认同间的中介作用提供了理论参考。

最后，事物的发展是内因和外因共同作用的结果，外因通过内因起作用。在认同理论中，认同并不是客观意义上个体本身自有的全部特质及其组合的反映，而是个体依据其自身经历所形成的、作为反思性理解的自我。[123] 职业认同的发展并非只是一个受外界引导和影响的被动过程，同时也是一个"个体在提升职业能力的同时对实践中的自我进行反馈和评价，从而更新对自我的认知"这样一个主动性过程（Hall，2002）。对自我进行的反馈和评价中就包括对自己胜任力的评估，也即职业自我效能。

综上，教育经历在以学习性投入为载体直接引导和影响职业认同发展的同时，还通过学生的职业自我效能，间接作用于大学生职业认同的发展。由此本研究对职业自我效能的中介效应作出如下假设：职业自我效能在学习性投入作用于大学生职业认同发展的过程中起到中介作用。有关变量关系模型如图5-4所示。

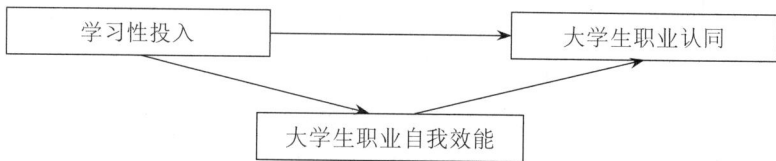

图5-4　变量关系模型

结合前文所析出的能够作用于大学生职业认同发展的学习性投入要素，在此可以将大学生职业自我效能的中介作用细化为H7—H12。

H7：职业自我效能在高阶学习作用于大学生职业认同发展的过程中起到中介作用。

H8：职业自我效能在反思综合作用于大学生职业认同发展的过程中起到中介作用。

H9：职业自我效能在多元交流作用于大学生职业认同发展的过程中起到中介作用。

H10：职业自我效能在师生互动作用于大学生职业认同发展的过程中起到中介作用。

H11：职业自我效能在院校支持作用于大学生职业认同发展的过程中起到中介作用。

H12：职业自我效能在高影响力实践活动作用于大学生职业认同发展的过程中起到中介作用。

5.4.4　研究假设与概念模型

（1）研究假设汇总

根据前文对变量间关系的探索和假定，可以将实证研究假设汇总为表5-5。

（2）概念模型提出

根据文献资料和访谈资料所析出的影响大学生职业认同发展的学习性投入要素，以及前文对学习性投入、大学生职业认同及大学生自我效能三者间的关系的探讨，可以提出如图 5-5 所示的实证研究的概念模型，为后续对变量间关系进行量化分析做好了准备。

表5-5 研究假设汇总

假设	假设陈述	作用方式
H1	高阶学习 -> 职业认同	正向 +
H2	反思综合 -> 职业认同	正向 +
H3	多元交流 -> 职业认同	正向 +
H4	师生互动 -> 职业认同	正向 +
H5	院校支持 -> 职业认同	正向 +
H6	实践活动 -> 职业认同	正向 +
H7	高阶学习 ->职业自我效能 -> 职业认同	正向 +
H8	反思综合 ->职业自我效能 -> 职业认同	正向 +
H9	多元交流 ->职业自我效能 -> 职业认同	正向 +
H10	师生互动 ->职业自我效能 -> 职业认同	正向 +
H11	院校支持 ->职业自我效能 -> 职业认同	正向 +
H12	实践活动 ->职业自我效能 -> 职业认同	正向 +

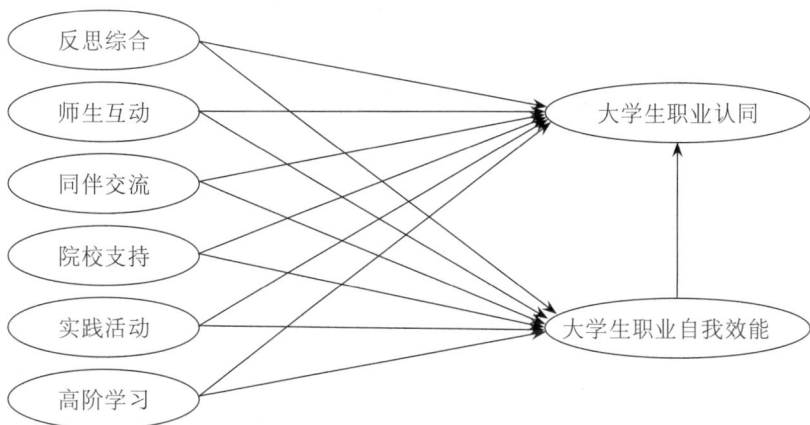

图 5-5 实证研究模型

6 大学经历与职业认同关系的实证检验

本研究的主要研究目的之一就在于探讨大学经历对职业认同发展的影响作用。在第5章中，我们讨论了大学经历影响职业认同发展的内在逻辑，并在此基础上提出了研究假设。本章将采用实证研究方法，对研究假设进行检验。

6.1 大学生职业认同与职业自我效能的测量

6.1.1 大学生职业认同程度问卷建构

总结已有关于职业认同方面的研究，可见学术界对职业认同的测量已经形成了一些相对成熟的方法。但同时我们也注意到，目前由于大学生职业认同的操作性定义和维度划分有待进一步整合规范，专门针对大学生职业认同的量表和问卷仍然比较匮乏。现有的研究成果虽然对本研究问卷的编制具有十分重要的启发意义和参考价值，但现有的成熟量表都不足以有效测量大学生职业认同的程度，即无法反映出"认同某一职业的学生是什么样子的"，因此本研究将前文所分析大学生职业认同的三个维度进行具象化，并结合已有成熟量表的问项，设计大学生职业认同程度问卷。

需要指出的是，本研究所测量的是大学生职业认同的程度，即通过测量不同的大学生个体在职业认同程度上的高低区别，来反映其职业认同的发展状况。结合前文所述，大学生职业认同的程度将通过其在认知、情感和行为倾向上对某一特定职业的认同水平体现出来。

我们分三个步骤开展大学生职业认同程度测量问卷的编制：一是将评价指标细化为若干个具体的测试题目；二是运用德尔菲法对所有拟定的测试题目进行初步筛选；三是通过小样本预测试完成探索性分析，最终形成符合心理测量要求的正式问卷。

（1）设计项目池

项目池即各待测量指标所对应的具体题目的集合。我们努力搜集相关题目，以期最大限度地反映出研究对象的真实面貌。根据前文所述：大学生职业认同共由三个指标组成，但这些指标并不能量化反映出大学生职业认同的真实程度，这就需要将各指标转换成若干具体的题目，通过被试对该题目的选择情况衡量出其职业认同程度。为此，我们为大学生职业认同的三个指标均设计了丰富的具体问项，根据已有研究中对职业认同三个维度得出的结论，参考相关成熟问卷，形成了《大学生职业认同程度问卷》的初始项目池，见表6-1。

（2）专家调查和学生访谈

由于本研究所设计的职业认同程度问卷结构相对简单，且多参考成熟量表中的问项，题项预期拥有较高的内部一致性。根据吴明隆（2000）的观点，预测试的题项数约为正式问卷题项数的1.5倍即可[124]。因此本研究采用德尔菲法和访谈法征询相关领域的专家和受测对象的实际意见，从已有的项目池中进行问项的筛选并对其进行润色，形成初始问卷。

表6-1 问卷项目池

维度	题项	题项来源
职业价值	1.从事A职业让我内心感到有价值、有意义	Sally（2005） Buy（2008） Sullivan（2007） Cook（2010） Monroux（2010） Sheppard（2009） Taveira 和 Campos（1987） 杨宏阴（2007） 张国兵等（2008） 郝玉芳（2011） 彭波（2012）
	2.从事A职业能够让我觉得有乐趣	
	3.我的价值观和A职业对人才的要求相符	
	4.我能够理解和内化A职业的价值观和实践规范	
	5.我愿意承担和履行A职业的责任和义务	
	6.我认为从事A职业能实现我的人生价值	
	7.从事A职业对我而言是重要的	
	8.目前我认为未来从事A职业是好的选择	
	9.我希望通过从事A职业的工作赢得他人的尊重	
	10.我认为A职业对人类社会发展具有重要意义	
	11.我认为从事A职业符合我的需要（如薪酬、福利、待遇、工作环境、发展前景等）	
	12.我认为从事A职业能发挥我的能力和特长	
职业归属	1.我经常在处理专业问题时把自己想象成真正的从业者	Mowday（1979） Blau（1988，1989） Becker 和 Kornhauser（2004） Beng等（2006） Lambent等（2013） Tan（2014） 闫燕（2012） 裴宇晶（2014）
	2.我为未来能够从事A职业感到自豪	
	3.A职业领域是我可以找到归属感的地方	
	4.我在A职业中能感受到归属感和满足感	
	5.我非常愿意在A职业领域发展自己	
	6.我会告诉周围的人A职业是值得从事的职业	
	7.离开A职业对我不会有太大影响	
	8.我庆幸选择了与A职业相关的专业	
	9.我关心A职业领域内的发展动态	
	10.我愿意同A职业领域的人交流和接触	
	11.我在乎别人如何看待A职业的从业者群体	
	12.别人谈论A职业的话题时，我感觉与自己相关	
	13.我感觉自己属于A职业领域中的一员	
	14.我觉得我与这个职业的成员有着很强的联系	

维度	题项	题项来源
职业准备倾向	1.我努力为从事A职业做计划和准备	Shaw 等（1989） Aiman 等（2001） Sakes（2002） Parbudyal（2002） Carr 和 Sequeira（2007） 丘海雄（1998） 廖文华（2008） 张宗海（2014）
	3.A职业吸引我求职	
	4.如果能得到A职业的录用机会，我一定接受	
	5.我积极争取A职业的面试机会	
	6.专门针对A职业制作简历	
	7.我努力提升从事A职业的知识和技能	
	8.我经常与周围人交流A职业的求职经验	
	9.我为准备从事A职业投入了大量时间	
	10.我考虑过撰写从事A职业的计划书	
	11.即使在为准备从事A职业时出现了一些困难和问题，我相信我愿意坚持下去	

首先，本研究选取了包括高等教育领域的专家和学者、心理学领域的学者、高校辅导员和一线授课教师、大学生发展教育的工作者等共计10位专家（见表6-2），以当面或电子问卷形式向各位专家发放项目池中题目形成的问项，请他们对每个题目的重要程度作出选择，以确保专家意见中重要性相对高的题目进入问卷。与此同时，调查还设置开放性问题请各位专家对关于大学生职业认同的理解抒发己见，避免项目池对各指标的表达有所疏漏、晦涩或含糊不清。该调查共进行三轮，每轮调查后删除均值最低的几个题目，三轮后最终保留了问项池中的16个题目。

表6-2　　　　　　　　　专家访谈对象

专家代号	性别	年龄	工作单位	研究/工作领域
WJ	男	42	匹兹堡大学教育学院	高等教育理论
JW	男	62	匹兹堡大学教育学院	大学生发展
YLS	男	61	大连理工大学高等教育研究院	大学生发展
LYW	女	32	东南大学学习科学研究中心	认知心理学
WLH	女	55	东北财经大学国际商学院	高校服务
WS	男	33	北京师范大学教育学院	高等教育政策

续表

专家代号	性别	年龄	工作单位	研究/工作领域
GQ	女	32	华东师范大学教育学院	高等教育管理
WLP	女	42	东北师范大学教育学院	高校教育教学
WJH	男	45	吉林大学教育技术中心	教育技术
QTT	女	30	南京中医药大学	辅导员
WR	女	31	东北大学	辅导员

其次，为了保证所有题目所表达的意思清晰明确，且能够被受测大学生充分理解，在项目池中的题目被筛选完成之后，研究者在 L 省某高校选取了 10 名不同年级、专业的大学生对问卷中的题目进行了作答，听取其对问卷的意见和建议，对最终保留的题目进行了斟酌和修改，保证被试能够准确理解题项的意义。至此，在已有研究成果的基础上，结合学生访谈和专家意见，以及总结实践中人们对大学生职业认同的认识，形成大学生职业认同的原始稿问卷，见表6-3。

表6-3 **大学生职业认同程度问卷（初始）**

维度	问项
职业价值	1.我的价值观和 A 职业对人才的要求相符
	2.我认为从事 A 职业对我而言很重要
	3.我认为从事 A 职业能够实现我的人生价值
	4.我认为从事 A 职业能发挥我的能力和特长
	5.我认为从事 A 职业符合我的需要（如薪酬、福利待遇、工作环境、发展前景等）
职业归属	6.我想成为 A 职业领域中的一员
	7.我在乎别人如何看待 A 职业的从业者群体
	8.别人谈论 A 职业的话题时，我感觉与自己相关
	9.我关心这种职业领域内的发展动态
	10.我愿意同这种职业领域的人交流和接触
	11.我觉得我与这个职业有着很强的联系

续表

维度	问项
职业 行为 倾向	12.我努力提升从事A职业所需要的知识和技能
	13.我努力为从事A职业做计划和准备
	14.我积极争取A职业的面试机会
	15.A职业吸引我去求职
	16.即使在准备从事A职业时出现了一些困难，我相信我愿意坚持下去

6.1.2　大学生职业自我效能的测量

根据前文对大学生职业自我效能的规定，本研究将其作为一个单一维度变量，测量工具采用Thomas等学者开发的《精简版职业自我效能量表》（A Short Version of the Occupational Self-Efficacy Scale）。2008年，来自瑞典的Thomas Rigotti等三位学者[125]开发了一个精简版本的职业自我效能量表，并对德国、瑞典、比利时、英国、西班牙五个国家的1 535个样本进行了大规模调查，实证研究结果显示，该量表具有很好的信度和效度，能够对不同职业自我效能水平的群体进行区分，且具有较好的文化适应性。

首先，本研究对量表进行了汉化处理，为了实现量表在内容、概念及语义上的对等性，由两名英语相关专业的博士生分别将量表译为中文，然后由研究者将两份翻译结果进行整合，形成汉化量表的初始版本。在此基础上，针对研究对象和研究目的，本研究结合大学生作为准从业者的特征，同时征求专家访谈小组的意见，将原量表的问项进行了细微的修改和设计。为了保证经汉化和修改后的问卷所有题目所表达的意思清晰明确，且能够被受测大学生充分理解，研究者在L省某高校选取了10名不同年级、专业的大学生对问卷中的题目进行了作答，听取其对问卷的意见和建议，根据反馈结果反复斟酌和润色各个题项，以保证问卷能够较为简洁准确地反映出受测对象职业自我效能的程度。修订后的问卷题项如下：

①未来在工作中遇到困难时，我相信自己能够依靠自身能力去冷静

面对。

②未来在工作中遇到问题时，我相信自己能够找到一些应对方法。

③未来无论工作中出现什么状况，我都有信心掌控局面。

④我过去的学习经验已经基本为未来的职业发展做好了准备。

⑤我已经实现了过去制定的职业发展方面的目标。

⑥我觉得自己能够满足未来工作中的大部分要求。

6.2 学习性投入要素的测量

6.2.1 学习性投入量表产生的背景

（1）学习经历测量成为高等教育界的一个趋势

自1952年美国著名人本主义心理学家卡尔罗杰斯提出了"以学生为中心"（Student-Centered Learning）的观点后，引发了高等教育领域围绕着学生发展进行从观念到教学方法乃至教学管理的一系列变革。在1998年举办的世界首届高等教育大会上，联合国教科文组织呼吁全球高等教育改革转向"以学生为中心"的新视角和新模式，并预言这一理念会对21世纪的世界高等教育产生深刻影响。受这一观念影响，本科经历的测量的关注点也从以往对学校硬件设施、师资力量的关注转向对学生的体验和感受的关注。Pascarella等（1991）通过总结学生发展与大学影响力领域的相关研究成果发现，学生对于自身发展的自我报告和客观的标准化测量所得到的结果是一致的，从而为通过学生的自我报告来评价学生发展的实际情况提供了支持。

在这样的背景下，学术界和实践界纷纷就本科经历的测量方法和内容进行了大量的探索，取得了丰富的成果。当前世界上影响力较大的本科经历的测量工具主要有：起源于美国的"全国大学生学习性投入调查"（National Survey of Student Engagement，NSSE）、英国的"大学生满意度调查"（National Student Survey，NSS）、加州大学伯克利分校发起的"研究型大学学生体验调查"（Student Experience in the Research

University，SERU）以及澳大利亚课程体验调查（Course Experience Questionnaire，CEQ）等。

（2）学习性投入量表（NSSE）成为测量大学经历的主要手段

大学教育是一个复杂的过程，包含着诸多构成要素、交互关系和影响机制。到底在教育过程中发生了什么，会使得有些学生成为优秀的毕业生而有些学生被社会认为是存在问题的学生？这中间的过程就被称为"学习过程的黑箱"，也是大学生发展的"黑箱"。因为在这个过程当中，存在着许多复杂的因素，比如人的主观认知能力、学习动机，教学的组织、实施方式，教师自身的水平，教师对职业的看法，以及学校的条件，甚至社会的支持，还有其他学生的影响作用等。所有这些因素都在这个黑箱中，却难以被捕捉到。史静寰（2017）认为，如何把学生主导的个人努力与时间投入，教师主导的学业要求和课程设计，以及院校主导的政策支持及环境创设三方面有机结合在一起，并关注上述三方面的互动及这三方面在学生层面的具体表现，是高等教育研究试图去揭示的问题。上述三方面内容皆属于学习性投入的范畴，因而学习性投入成为本科生学习经历测量的重心。[126]

NSSE 推出的初衷就在于测量学生在多大程度上参与到良好教育实践（good educational practices）中，以及学生从大学经历中获得了什么（what they gain from their college experience）。该调查是立足于学习性投入，考查学生学习过程性指标的方法。以测量学习性投入来预测学生发展结果，以改进教育过程来提高教育结果，是 NSSE 的基本出发点。NSSE 的宗旨在于强调以"学习者为中心"，突出教育过程为学生的成长与发展带来的成果及变化。从这一理念出发，NSSE 在近 20 年的不断发展中，通过长期积累、科学采集的数据和可展示的证据（evidence-based），力求全面系统地分析与评价高等教育人才培养和学生发展的整体情况。实践证明，经过连续多年对全球多所高校的大学生学习性投入情况的跟踪调查，NSSE 已经成为目前测量和评价大学经历的通行手段。

6.2.2 学习性投入量表简介

（1）NSSE的主要内容

初始版本的NSSE主要包括五大指标和三类信息，五大指标即五项有效教育实践基准（Benchmarks of Effective Educational Practice），三类信息则包括"学生个人的基本信息""学生的学习收获"和"学生对学校经历的满意度"。整个调查的内容主要涉及：学术活动和经历、阅读与写作、智力活动、课外作业、校园人际关系、校园环境、学习和发展收获、大学经历满意度等十三个方面。[127]

NSSE中最为核心和精华的部分，是通过五项有效教育实践基准作为"可比诊断指标"，主要调查和记录的是，学生在参与具有特定教育目标的活动时的思考和感受。也就是说，NSSE直接测量的内容是学生的学习投入程度，以及学生感受到的高校为促进其在本科教育经历中的参与所投入的资源的多少，以此来评价高校和学生学习投入的状况及学生通过学习获得的自我发展的程度。

（2）NSSE的重要改进

NSSE团队在实施具体调查的同时，也对测量工具本身展开了跟踪研究。自调查实施以来，测量工具与方法得到了社会的广泛认可，参与调查的学校数量呈逐年增加的趋势。取得成绩的同时，NSSE团队也发现工具本身存在的一些缺陷，问项的阐述和用词还需要进行持续性的改进，以使题项更加严谨和精准。尤其是对于本科教育经历中的一些十分有价值的部分（如反思性学习等），在原有测量工具中并无体现。因此NSSE团队在2013年对量表的指标体系进行了一次大幅度修改，将原来的有效教育实践基准进行了细化，并在每个教育实践基准（一级指标）下设立"学习性投入指标"（二级指标），各二级指标下又有各自的问项，这是对原有量表的细化和丰富。本次NSSE量表最重要的改进体现在，将"高影响力教育实践"作为一个子量表独立出来，取消了原有教育经历丰富度这个维度。其次，对"学业挑战水平"这一维度也进行了较大改进，增设了"反思综合""学习策略""定量推理"三个二级指标；"主动合作学习"维度中删除了"主动学习"的测量问项，更加强调合作学习和同伴交流的重要性；在"师生互动水平"中增设"教师教学实践水平"这一项二级指标，其他维度的变化不大，多为对原有问项的进一步精确。

由此可见，NSSE虽为一个成熟量表且在多个国家被广泛使用，仍需要结合实际的情况加以改进，尤其是针对不同研究对象和研究问题，在使用时有必要对其进行信度和效度的检测，以及对问项的描述进行润色，甚至修改问项使之更加适用于研究问题。

（3）NSSE在中国的发展与应用

近年来，随着NSSE调查的影响力不断提升，其应用范围也在不断扩大。2007年，美国印第安那大学海蒂·罗斯教授联合清华大学教育研究院，经过本土文化适应后形成了汉化版的中国大学生学习性投入调查（NSSE-China），旨在开发以学习者为中心、关注学习动态过程并以院校改进为导向的大学内部评价指标体系。后来NSSE-China又进一步拓展成"中国大学生学习与发展"追踪研究（China College Student Survey，CCSS），成为我国高校学生在校经历调查的重要工具。

自"中国大学生学习与发展"追踪研究项目开展以来，CCSS工具经过多年的汉化和文化适应性调整，显示出稳定的信度和效度。通过多次调查，该项目取得的阶段性研究成果引发了我国教育界人士及社会各界的高度关注与评价。总的来说，CCSS以NSSE为原型，最大限度地保留了原版问卷的核心内容和主要指标框架，汲取了NSSE的精髓——以"学习性投入"为内核，使CCSS在调查上保留了以学生为中心、以大学生学习行为及其与大学教育实践之间的互动为调查内容的核心宗旨。不仅如此，CCSS还更加详细和全面地反映了大学生在校情况的方方面面，目的在于更精准地对中国高等教育的质量进行测量和改进。该工具以全面性著称，但调查工具的复杂性也为调查的实施和调查结果质量的保证增加了难度。

6.2.3　本研究对学习经历要素的测量

首先，根据NSSE中的可比指标框架中的要素指标划分方法，将学习性投入要素系统划分为11个指标，采用其中高阶学习、反思综合、多元交流、师生互动、院校支持和实践活动6个指标作为本研究测量"作用于大学生职业认同发展的学习性投入要素"的工具。其次，指标中具体的题项则借鉴了CCSS中已经汉化的问项。同时参考这两个测量工具，可以借鉴两个量表各自的优势，在保证测量工具符合我国实际情况的同时，又保证了问卷的简洁性并突出了测量重点。

（1）测量工具的结构优势

汉化后的NSSE版本——"中国大学生学习与发展"追踪研究，大量增补了原版NSSE测量工具中的问项，以保证测量工具能够较为全面地反映高等教育的情况，但扩展后的量表中包含多达336个问项，不利于以较为简洁的方式衡量和反映实际问题，因此对于本研究而言并不完全适用。CCSS中的各分量表又无法涵盖NSSE的整体内容，如CCSS中的"综合诊断指标"部分未能包含改革后的NSSE指标框架中的一些重要方面（如反思性学习等），因此本研究选择采用NSSE的指标框架。根据学者龙琪（2016）的观点，改版后的NSSE指标框架继承了原有五项"有效教育实践基准"（五大可比指标）的基本内容，且"学习性投入指标"较"有效教育实践基准"具有"指向更加具体、重点更加突出、分类更加合理、表述更加清晰"的特点，对高校的指导意义更强。[128] 由此可见，因为NSSE研究中心在大规模应用测量工具的基础上不断对工具本身进行改进，使NSSE的指标框架保持时效性，且该指标框架更加简洁，突出了测量重点，都体现了NSSE量表在结构上的优势，因此本研究的测量工具采用了NSSE最新的指标框架中对学习性投入要素的划分方式和测量指标。

（2）测量工具的内容优势

在多年来NSSE工具被大规模使用的过程中，NSSE研究中心不断使用定量和定性方法对量表中的项目进行了严格的测试，保证了题项内容和结构的有效性。该指标框架中的所有问项在CCSS中皆存在相对应的汉化后的原题，CCSS一方面承袭了NSSE的理论精髓，另一方面也并非对NSSE的简单复制和译制，而是根据中国国情和中国高等教育发展的实际情况，进行了本土化适应之后的汉化。鉴于CCSS中的问项经过多年来在中国范围内的大规模应用过程中体现出良好的效力[129]，本研究将这些问项一一对应置入 NSSE 的学习性投入指标框架中。这样既保持了测量工具的时效性和简洁性，又能够保证调查符合中国实际情况、方便被测理解题项。

（3）对于高影响力教育实践测量的一点说明

由 NSSE 的重要改进所进行的分析可知，高影响力教育实践要素的题项在 2013 年以前是"校园经历丰富度"教育基准中的内容，作为学习性投入的下级指标，与学习性投入的其他指标之间具有显著的相关性。但随着 NSSE 的大规模推广使用，NSSE 研究中心的学者们通过对大规模调查数据进行分析发现：高影响力教育实践活动是学生在课外自主选择并参与的教育实践活动，参加这些活动会促使学生投入大量的时间与精力，同时积极地与同伴和教师交流互动。[130] 尤其需要指出的是，高影响力教育实践活动能够促进大学生不断进行反思，并在实践过程中应用知识，从而获得及时而丰富的反馈，对大学生的学业和全面发展产生积极的促进作用。[131] 因此，学者们认为高影响力教育实践相较其他的学习性投入指标具有更加重要的地位。2013 年之后 NSSE 指标框架中高影响力教育实践都被单独列出，成为一个独立的部分，作为推动大学生发展的重要因素，与学习性投入的其他四个维度（Themes）一起，共同作为测量学习经历的五大可比指标。鉴于这个情况，本研究将"高影响力教育实践活动"作为一个单独的学习性投入要素，通过因子分析探讨该维度下的所有题项应从属于几个指标，并通过相关分析和结构方程模型探讨高影响力教育活动这个变量与大学生职业认同发展之间的关系。

综上所述，根据质性分析结果所析出的作用于大学生职业认同发展的学习性投入要素，本研究所使用的学习性投入要素问卷共包括 6 个指标，共计 33 个问项。需要强调的是，本研究所使用的问卷的原型——NSSE 本身具有坚实的理论和实践基础，在多年来的不断应用和改进中呈现出愈加良好的信度和效度；与此同时，量表中问项的汉化效果也在 CCSS 进行的大规模调查中得到不断的改进和优化。因此，本研究对学习性投入的测量工具在整体结构和具体问项上均借鉴了成熟量表，预期具有较好的信度和效度。问卷的整体结构见表 6-4。

表6-4   本研究测量学习性投入要素的工具

维度	指标	数量	题目示例	题目来源
学业挑战	高阶学习	4	课程强调了将概念、理论或方法运用于实际问题或新的情境中	CCSS学习诊断指标
	反思综合	7	经常反思/检查自己的观点有何优点和不足	
	多元交流	4	经常与不同经济背景的人交流	
师生交往	师生互动	4	经常和老师讨论职业计划和想法	CCSS综合诊断指标
环境支持	院校支持	8	我就读的大学注重为学生提供社交机会	
高影响力实践	实践活动	6	我经常参加学习社团（如读书会/英语社团等）	NSSE研究中心网站

6.3　研究设计与预测试

6.3.1　研究步骤

（1）大学生职业认同结构的因子分析

根据第四章中对大学生职业认同结构的分析，本研究认为大学生职业认同包含职业价值、职业归属和职业准备倾向三个维度，这三个维度分别为职业认同在个体认知、情感和行为层面的表达。大学生职业认同发展的过程是大学生不断将未来所要从事的职业在认知、行为和情感上与自我进行融合的过程，为此我们设计了大学生职业认同程度问卷。在实证研究中，将率先对本研究预设的大学生职业认同发展结构进行检验：在预调研中对大学生职业认同发展的内在向度进行探索性因子分析，并对初始问卷进行修改和完善，形成正式问卷。在此基础上，利用正式问卷所回收的大规模调查数据，对大学生职业认同发展结构进行验证性因子分析，以验证大学生职业认同发展结构的合理性。

（2）大学生职业认同发展的现状分析

使用正式的大学生职业认同程度问卷对L省大学生的职业认同发展情况进行调查，分析大学生职业认同发展的整体情况，并采用T检验方法、单因素方差分析法对不同性别、年级、专业和院校性质的大学生职业认同发展情况进行比较，以探讨这些因素对大学生职业认同发展是否存在影响作用。

（3）大学经历与职业认同的相关性分析

对质性研究结果析出的六项大学经历中的学习性投入要素和职业认同进行相关性分析，初步探索六项学习性投入要素与大学生职业认同发展的关系。相关性分析的目的一方面是对质性分析结果进行验证，另一方面也为进一步分析这些要素对大学生职业认同发展的影响作用和路径做好准备。

（4）基于结构方程模型的学习性投入要素对大学生职业认同的影响路径分析

根据研究假设，搭建各影响要素与大学生职业自我效能、大学生职业认同发展之间的结构方程模型，验证各要素是否对大学生职业认同发展存在正向影响作用，检验假设H1、H2、H3、H4、H5、H6，并依此分析各影响要素对大学生职业认同发展的影响程度和影响作用发生的路径。

（5）职业自我效能的中介效应检验

首先，在预调查中对大学生职业自我效能初始问卷进行信度和效度检验，并在此基础上修改形成正式问卷，用于大规模调查。其次，利用正式问卷开展大规模调查，依据实证研究假设，将大学生职业自我效能作为结构方程模型中的中介变量，检验假设H7、H8、H9、H10、H11、H12，分析职业自我效能在学习性投入作用于大学生职业认同发展的过程中是否存在中介效应。

6.3.2　小样本预测试

在正式发放大样本问卷之前首先通过小样本预调研对初始问卷进行测试，主要是对初始问卷的信度和效度进行测试，并根据预调研结果对题项作出修改。同时，预调研中也将对大学生职业认同发展程度进行探索性因子分析，以对大学生职业认同发展的结构进行初步的检验。在选择好测量工具并明确各变量构成及具体题项的基础上，我们设计了学习性投入、大学生职业认同与大学生职业自我效能问卷，初始问卷结构见表6-5。

表6-5　　　　　　　　　　　　初始问卷结构

问卷构成	题目序号	题目数量	题目类型	记分方式
个人信息	一（1-4）	4	单项选择题	按类别赋值
学习性投入要素问卷	二（Qgj1-Qsj6）	33	矩阵量表题	按程度赋值
职业认同程度问卷	三（Qrt1-Qrt16）	16	矩阵量表题	按程度赋值
职业自我效能问卷	四（Qxn1-Qxn6）	6	矩阵量表题	按程度赋值
学习性投入影响职业认同的自我报告	五	1	单项选择题	按程度赋值

根据预试对象的性质应与未来正式问卷要抽取的对象性质相同的原则，本研究在 L 省内 5 所高校图书馆和自习室内随机向大学生发放预测试问卷。根据吴明隆（2000）的建议，预试对象人数以问卷中包含最多题项的"分量表"的 3~5 倍人数为原则。本研究中学习性投入要素分问卷题项最多，共包含 33 个题项。故本次预调研共发放问卷 200 份，有效回收 197 份，回收率为 98.5%，剔除漏答、所选答案一致等无效问卷，最终保留 179 份有效问卷，有效率为 89.5%。

6.3.3　初始问卷的信度分析

（1）初始问卷的信度

为了证明问卷测试所得到结果的一致性和稳定性，首先要对问卷进行信度分析。具体在检验量表的信度时，本研究采用内部一致性分析方法，选取 Alpha 信度系数法对问卷的信度进行了克伦巴赫 α 信度系数检验。按照 Devellis（1991）等的观点，问卷整体的信度指标在 0.5 以上是最低可接受值。信度报告显示，大学生职业认同程度问卷的信度系数为

0.875，重新设计的高影响力实践活动要素子问卷的信度以及合并六个要素之后形成的学习性投入要素问卷的整体信度的克伦巴赫α信度系数皆在0.7以上，大学生职业自我效能初始问卷的信度系数为0.885，说明初始问卷已经具有非常好的信度。

（2）题项纯化处理

进一步地，本研究对问卷中的题项进行校正项总计相关性分析（CITC），起到对题项校正和纯化的作用，以进一步提高问卷的信度。根据CITC分析结果，删除题项6"我觉得自己是A职业中的一员"、题项7"我在乎别人如何看待A职业的从业者群体"和题项8"别人谈论A职业的话题时，我感觉与自己相关"，问卷将获得更好的信度。鉴于大学生作为准从业者尚未真正从事某种职业，因此对这3道题的作答还未能像真正的从业者一样产生较强的归属感，本研究参考CITC结果将这三个题项予以剔除。同理，由于删除题项1、15、16对问卷意义表达和实际测量的信度几乎无影响，为提高质量，使问卷能够尽量简洁准确地反映大学生职业认同的程度，本研究参考CITC结果将这几个问项剔除。

鉴于高阶学习、反思综合、多元交流、师生互动、院校支持五个要素的测量工具已经是成熟量表，各个问项经汉化后已经被大规模推广和应用，各题项的校正和纯化工作已经在既有研究中完成，在此不再对这些题项进行CITC分析，保留从NSSE量表中提取出的测量这五个要素的所有问项。在此仅就本研究重新设计的高影响力教育实践活动子问卷中的题项进行CITC分析，根据学者Numnally和Bernstein（1994）的建议，题项的CITC值应在0.35以上，问项皆体现出良好的校正项总体相关性，6个问项皆予以保留。

同理，对大学生职业自我效能问卷中的题项进行校正项总计相关性分析（CITC）结果显示，删除题项1和题项3问卷将获得更好的信度。鉴于大学生作为准从业者尚未真正从事某种职业，因此对这两个问题还没有形成较为清楚的体会，本研究参考CITC结果将这两个题项予以剔除。

（3）初始问卷的效度

对问项纯化后的大学生职业认同程度问卷进行巴特莱特球体检验得

出 KMO 值为 0.891，表示问卷数据非常适合进行因子分析。此外，巴特莱特球体检验的显著性概率（Sig）值为 0.000（p<0.01）代表母群体的相关矩阵间有共同因素存在，适合进行因子分析。在随后进行的探索性因子分析中，本研究采用最为常用且被普遍接受的 Kaiser 标准化正交旋转法，并采取主成分分析法，在特征根大于 1 的条件下提取因子。结果显示所有题目只旋转出一个因子，说明大学生职业认同程度问卷的所有问项都是在同一个构念下，具有良好的结构效度。根据张文彤在《数据分析与挖掘实战案例精粹》中的建议，方差贡献率达到 50% 的探索性因子分析结果就可以酌情接受，经探索性因子分析，大学生职业认同程度问卷所抽取出的因子的累计方差为 53.845%，探索性因子分析结果可以接受，该因子对所有题项的代表性相对较好。

对高影响力实践活动分问卷[132]进行巴特莱特球体检验得出 KMO 值为 0.822，（Sig）值为 0.000（p<0.01），表示问卷数据比较适合进行因子分析。此外，探索性因子分析在特征根大于 1 的条件下只旋转出一个因子，说明高影响力实践活动子问卷中的所有问项都是在同一个构念下，所抽取出的因子的累计方差为 56.529%，具有良好的结构效度。再对由六个要素合并而成的作用于大学生职业认同发展的学习性投入要素问卷进行结构效度检验，KMO 值为 0.922，（Sig）值为 0.000（p<0.01），探索性因子分析在特征根大于 1 的条件下共旋转出六个因子，六个因子的累计方差为 71.374%，方差贡献率达到可以接受水平，六个因子对所有题项的代表性相对较好。且经探索性因子分析结果显示，学习性投入要素问卷的所有问项都较为合理地从属于六个因子下，每个因子下的题项皆反映了同一个子构念，且子构念间存在差异，显示了本研究所采用的学习性投入要素问卷具有良好的结构效度。

对精简题项后的大学生职业自我效能问卷（初始版）进行巴特莱特球体检验，得出 KMO 值为 0.784，（Sig）值为 0.000（p<0.01），适合进行因子分析。在随后进行的探索性因子分析中，在特征根大于 1 的条件下只旋转出一个因子，累计方差为 75.072%，说明经过问项纯化的大学生职业自我效能问卷的所有问项都是在同一个构念下，具有良好的结构效度，该因子对所有题项的代表性相对较好。

6.3.4　大学生职业认同的探索性因子分析

根据前文对大学生职业认同结构的分析，本研究将大学生职业认同发展划分为3个维度。按照假定的三维结构，将探索性因子分析中抽取公因子的数量设置为3个，抽取后的因子解释的方差率超过70%。这一结果表明，按此方法抽取出的3个因子对所有题项的代表性较单一因子对题项的代表性更佳。

同时，采用Kaiser标准化正交旋转法经6次迭代后，共提取出3个成分因子，这与前文建构的大学生职业认同的结构相同，且各预设题项都较为合理地从属于3个因子下，结果显示每个成分下的题项皆反映了同一个子构念，且子构念间存在差异，初步验证了前文预设的大学生职业认同发展的三维结构。

大学生职业认同程度问卷分矩阵见表6-6。

表6-6　　　　　　**大学生职业认同程度问卷分矩阵**

	成分		
	1	2	3
identi3	0.797		
identi4	0.792		
identi2	0.686		
identi5	0.626		
identi13		0.821	
identi14		0.798	
identi12		0.732	
identi11			0.827
identi10			0.769
identi9			0.666

综上所述，预调研结果显示本研究的初始问卷已经具备较高的信度和良好的效度。根据预调研的数据分析结果，我们对初始问卷进行了进

一步的修改，在此基础上形成的修改后的问卷可以对大样本展开调研和进行数据分析。此外，根据预调研中对大学生职业认同程度问卷进行探索性因子分析结果可知，前文对大学生职业认同结构的划分经初步验证具有合理性，为后续利用大规模数据对大学生职业认同发展的结构进行验证性因子分析提供了有益参考。

6.4 大学经历作用于职业认同发展的实证分析

依据调查目的，在给定的人力、物力、财力等条件下，本次调查选取的抽样总体为L省在校本科生。L省是我国高等教育的大省之一，根据L省教育厅公布的高等教育事业发展概况中的数据，L省范围内有本科院校65所，涵盖多种类型高校，在校本科生共计70余万人。因此，本研究选择L省高校进行调查既便于走访和调研，又不失样本的代表性。

同时，参考同类研究的经验样本量范围，本研究调查范围为地区性调查，调查目的为因果关系调查，总体规模在10万人以上（大于5 000），样本容量（n）主要受到由置信度决定的Z统计量（Z）、误差值（E）和目标总体的比例期望值（p，一般推荐50%）的影响，计算公式为：

$$n = \frac{Z^2 p(1 - p)}{E^2}$$

因此从定量因素角度考虑应采用的样本容量约为1 067人（统计量Z=1.96，误差E=3%，p=50%）。最终，综合考虑定性定量因素，本研究从70余万总体中，选择1 200名学生作为调查样本。

本研究采用方便抽样方法，选取L省12所不同类型高校的大学生作为研究对象，在这12所高校内面向全校学生开设的公共选修课班（每班50~200人不等）发放调查问卷。为了保证问卷质量，便于问卷发放与回收，本研究采取以公共课任课班级为单位，集体施测、当场回收的方式。在发放问卷前与任课教师进行沟通，详细说明研究目的和问卷调查的注意事项；正式发放问卷之前，对被试进行动员和指导语说明，利用课间的时间引导学生完成问卷。

本次调查共发放问卷1 200份，其中纸质问卷500份，电子问卷700份。合计收回问卷1 177份，回收的问卷中作答时间过短、问项遗漏、整份问卷所勾选的选项皆为同一个，或选项存在规律等情况，都被筛选为无效问卷。最终筛选出有效问卷1 108份，问卷的有效回收率为92.3%。本研究采用统计分析工具SPSS软件对数据进行信度分析、描述性分析和变量间的相关分析；采用结构方程分析工具Lisrel软件对数据进行效度分析、验证性因子分析与变量间的影响路径分析。

6.4.1 描述性统计分析

问卷的第一部分是样本的基本信息调查，1 108份有效问卷的填写人基本信息见表6-7。

表6-7　　　　　　　　调查样本基本信息（N=1 108）

	类别	样本量	百分比
性别	男	580	52.3%
	女	528	47.7%
年级	一	80	7.2%
	二	426	38.4%
	三	286	25.8%
	四	316	28.5%
专业所属学科门类	人文学科（文、史、哲、教）	183	16.5%
	自然学科（理、工、农、医）	562	50.7%
	社会学科（经、法、艺、管）	363	32.8%
院校类型	教学研究型	619	55.9%
	应用技术型	489	44.1%

（1）大学生职业认同发展的总体描述

经过前文对大学生职业认同发展结构和内容所进行的理论分析，参考专家调查结果和部分学生的意见，并在预测试对初始问卷进行修正之后，本研究最终将大学生职业认同程度问卷的题目确定为10项，问项采取李克特五点记分法，得分越高意味着被试在该题目所代表的特点越为显著。根据预调查中探索性因子分析的结果，10个题项可以初步归入3个因子中，大学生职业认同发展的整体均值、方差及各因子的均值、方差得分情况见表6-8。

表6-8　　　　　　　　　大学生职业认同的整体情况

	职业认同整体	职业价值维度	职业归属维度	职业准备倾向维度
均值	3.6568	3.5961	3.6629	3.7073
标准差	0.77667	0.89249	0.79840	0.92192

（2）不同性别大学生的职业认同发展情况分析

为了分析和比较不同性别大学生的职业认同发展情况，本研究采用独立样本t检验的方法，对不同性别大学生在职业认同发展方面的差异进行了检验。分析结果显示，不同性别大学生在职业认同总体均值及其三个维度均值的独立样本检验t统计量均未达到显著性水平，显著性概率值p（Sig）均大于0.05，表明不同性别的大学生在职业认同发展的整体水平及其下设三个维度没有显著性差异。

（3）不同年级大学生的职业认同发展情况分析

为了分析和比较不同年级大学生的职业认同发展情况，本研究以大学生职业认同及其下设3个维度为因变量，年级为自变量，采用单因素方差分析法，对不同年级大学生职业认同发展的差异进行了检验。分析结果见表6-9。

表6-9　　　　　　　　　大学生职业认同的年级差异

变量	年级	均值	标准差	ANOVA		LSD多重比较结果（仅显著）		
				F	显著性	原始组	对照组	均值差
认同	一年级	3.4892	0.81866	7.739	0.000	一年级	四年级	-0.30312*
	二年级	3.6081	0.85645			二年级	四年级	-0.018427*
	三年级	3.5556	0.75826			三年级	四年级	-0.23678*
	四年级	3.7924	0.69645					

续表

变量	年级	均值	标准差	ANOVA		LSD多重比较结果（仅显著）		
				F	显著性	原始组	对照组	均值差
价值	一年级	3.4531	0.88150	13.558	0.000	一年级	四年级	−0.35497*
	二年级	3.4834	0.91522			二年级	四年级	−0.32471*
	三年级	3.4449	0.92872			三年级	四年级	−0.36317*
	四年级	3.8081	0.81077					
归属	一年级	3.4775	0.87907	2.060	0.104	一年级	四年级	−0.23425*
	二年级	3.6405	0.87422					
	三年级	3.6665	0.76748					
	四年级	3.7118	0.73895					
准备倾向	一年级	3.5208	0.87783	7.353	0.000	一年级	四年级	−0.031485*
	二年级	3.7363	0.92750			二年级	三年级	0.20001*
	三年级	3.5363	0.98934			三年级	四年级	−0.029939*
	四年级	3.8357	0.85631					

从不同年级大学生在职业认同总体均值及下设不同维度上的均值差异比较表中可以发现，以年级为自变量，以职业归属为因变量进行单因素方差分析 F 值为 2.060，显著性 p 值 =0.104>0.05，未达到显著水平，表示不同年级的大学生在职业归属方面没有显著差异。年级在可靠性因变量整体检验的 F 值等于 3.731，显著性概率值 p=0.005<0.05，达到统计显著水平。以年级为自变量，分别以职业认同整体均值、职业价值维度均值和职业准备倾向维度均值为因变量进行单因素方差分析，显著性概率值 p=0.000<0.05，达到统计显著水平。经进一步事后检验两两年级进行对比结果显示，四年级学生在职业认同发展的整体均值、职业价值维度均值以及职业准备倾向均值方面，都显著高于一年级、二年级和三年级学生。

（4）不同专业大学生的职业认同发展情况分析

为了分析和比较不同专业大学生的职业认同发展情况，本研究以大学生职业认同及其下设3个维度为因变量，专业为自变量，采用单因素方差分析法，对不同专业大学生职业认同发展的差异进行了检验。分析结果见表6-10，从不同专业大学生在职业认同总体均值及下设不同维度上的均值差异比较中可以发现，以专业为自变量，分别以职业认同整体均值、职业价值维度均值、职业归属维度均值和职业准备倾向维度均值为因变量进行单因素方差分析，显著性概率值p分别为0.534、0.078、0.773和0.528均大于0.05，未达到显著水平，表明不同年级的大学生在职业认同及其下设3个维度不存在显著差异。

表6-10　　　　　　　　**大学生职业认同的专业差异**

变量	专业	均值	标准差	ANOVA	
				F	显著性
认同	人文学科	3.6214	0.73408		
	自然学科	3.6822	0.72833	0.627	0.534
	社会学科	3.6354	0.86577		
价值	人文学科	3.5396	0.78368		
	自然学科	3.6557	0.91360	2.552	0.078
	社会学科	3.5324	0.90682		
归属	人文学科	3.6242	0.78969		
	自然学科	3.6701	0.73033	0.257	0.773
	社会学科	3.6712	0.89906		
准备倾向	人文学科	3.7419	0.81249		
	自然学科	3.6765	0.95024	0.639	0.528
	社会学科	3.7376	0.93000		

（5）不同类型院校大学生的职业认同发展情况分析

为了分析和比较不同类型院校大学生的职业认同发展情况，本研究采用独立样本t检验的方法，对教学研究型院校和应用技术型院校大学生职业认同发展的差异进行了检验。数据分析结果见表6-11。

表6-11　　　　　　　　大学生职业认同的院校差异

变量	院校类型	均值	标准差	方差齐性假设	方差方程的 Levene 检验		均值方程的 t 检验	
					F	Sig	t	Sig 双侧
认同	教学研究型	3.6405	0.75716	假设方差相等	0.596	0.440	-0.788	0.431
	应用技术型	3.6775	0.80099	假设方差不相等			-0.783	0.434
价值	教学研究型	3.6090	0.92968	假设方差相等	6.576	0.010	0.542	0.588
	应用技术型	3.5798	0.84372	假设方差不相等			0.548	0.583
归属	教学研究型	3.6297	0.76733	假设方差相等	5.445	0.020	-1.555	0.120
	应用技术型	3.7048	0.83500	假设方差不相等			-1.540	0.124
准备倾向	教学研究型	3.6495	0.95268	假设方差相等	3.413	0.065	-2.355	0.019
	应用技术型	3.7806	0.87696	假设方差不相等			-2.378	0.018

根据检验结果，不同类型院校大学生的职业准备倾向维度均值的独立样本检验t统计量达到显著性水平，显著性概率值p（Sig）为0.018<0.05，表明教学研究型院校和应用技术型院校大学生的职业准备倾向存在显著差异，应用技术型院校学生的职业准备倾向要略高于教学研究型院校学生的职业准备倾向。

（6）学习性投入对职业认同影响的自我报告

问卷在对个人信息、本科期间学习性投入情况、职业认同程度和职业自我效能水平进行调查之后，整个问卷的末尾还设置了一道自我报告题目"根据您的实际体验，本科阶段的经历是否对您未来打算从事A职业的态度有所影响"，样本在这一题目上的回答情况见表6-12。

表6-12　　学习性投入对大学生职业认同发展影响的自我报告（N=1 108）

	完全无影响	影响较小	一般	影响较大	影响非常大
频率	22	102	400	406	178
百分比	2%	9%	36%	37%	16%

从大学自我报告的学习性投入对职业认同影响的结果来看，仅有2%的学生认为学习性投入对其职业认同没有影响，高达98%的学生认为学习性投入对其职业认同存在影响。超过50%的学生甚至认为学习性投入对职业认同的影响较大或非常大，这一结果与本研究的基本假设一致，同时也为本研究进一步探讨学习性投入中的各个方面是否影响、如何影响职业认同，以及对学习性投入与大学生职业认同进行相关性分析和结构模型分析提供了经验支持。

6.4.2　正式问卷的信度和效度分析

完成问卷收集和数据录入工作后，在正式进入变量间关系分析环节之前，还需要对所使用问卷的信度和效度进行检验。

（1）正式问卷的信度检验

本研究采用内部一致性分析方法，选取 Alphα 信度系数法对总样本（N=1 108）进行克伦巴赫 α 信度系数检验。分析结果（见表6-13）显示，大学生职业认同程度问卷及其子问卷与高影响力实践活动问卷的内部一致性系数都在0.8以上，且与预测试数据相比，各部分问卷的内部一致性系数都有所提高，显示出良好的信度水平。

表6-13　　　　　　　　　　　问卷信度检验

问卷名称	子问卷	子问卷内部一致性（α）系数	整体问卷内部一致性（α）系数
大学生职业认同程度问卷	职业价值	0.926	0.960
	职业归属	0.888	
	职业准备倾向	0.936	
学习性投入要素问卷	高影响力实践活动	0.835	0.846
大学生职业自我效能问卷			0.906

（2）正式问卷的效度检验

为了检验正式问卷的数据是否能够有效地解释各变量，本研究借助结构方程模型分析工具Lisrel软件，采用验证性因子分析方法检验正式问卷的效度。考虑到本研究模型的复杂程度以及样本的实际数量和分布情况，在综合参考学者Bentler（1993）推荐的检验结构方程模型的拟合指数准则，以及学者温忠麟等（2004，2008）、王长义等（2010）对于拟合指数选取和界值建议，最终选取了多数学者认为在大样本中较为适用且比较稳定的拟合指标：RMSEA（近似误差均方根）、NFI（规范拟合指数）、NNFI（非规范拟合指数）、CFI（比较拟合指数）、IFI（增量拟合指数）和SRMR（标准残差均方根）合计6个指标来判别结构方程模型的拟合效果。

①大学生职业认同程度问卷的效度。

根据本研究对大学生职业认同的内涵的探讨，借鉴相关成熟量表中的问项，后经由专家咨询、学生讨论，并参考预调研结果对问卷的修订，最终正式调研所使用的大学生职业认同程度问卷共包含10个题项。为保证正式问卷的有效性，本研究借助Lisrel工具构建了大学生职业认同的一阶因子模型，对大学生职业认同的结构进行一阶验证性因子分析。从一阶验证性因子模型的运行结果（表6-14）来看，6个测量题项对于潜在构念"大学生职业认同"的因子负荷量较高，都在0.76以上，表明各测量题项在潜在构念中的同构性很好，问卷具有良好的结构效度。从验证性因子模型的拟合结果来看，各拟合指标均在建议值范围内，模型的拟合程度可以接受。

表6-14　　　　大学生职业认同一阶验证性因子分析拟合指标

大学生职业认同一阶因子模型建议值	RMSEA	SRMR	NFI	CFI	IFI	NNFI
	<0.1	<0.08	>0.9	>0.9	>0.9	>0.9
实际值	0.087	0.060	0.93	0.94	0.94	0.92

进一步地，通过模型中各因子的负荷量计算出各因子的组合信度和平均方差抽取量（AVE值），结果显示大学生职业认同程度问卷的组合

信度高达 0.9714，平均方差抽取量（AVE 值）为 0.734，高于建议值 0.5，表明该问卷的组合信度和收敛效度都非常好。

②高影响力实践活动的问卷的效度。

本研究对高阶学习、反思综合、多元交流、师生互动、院校支持五个要素进行测量的题项均来源于成熟量表 NSSE，问卷已经具有良好的结构效度。对于重新设计的高影响力实践活动问卷进行效度检验，同样借助 Lisrel 工具构建高影响力实践活动的一阶验证性因子分析模型，对高影响力实践活动问卷的收敛效度进行检验。从"高影响力实践活动"一阶验证性因子模型的运行结果来看，6 个测量题项对于潜在构念"高影响力实践活动"的因子负荷量较高，都在 0.6 以上，表明各测量题项在潜在构念中的同构性很好，问卷具有良好的结构效度。从验证性因子模型的拟合结果来看，拟合指标均在建议值范围内（见表 6-15），模型较好地得到了数据的支持。

表6-15　　　高影响力实践活动一阶验证性因子模型拟合指标

高影响力实践活动	RMSEA	SRMR	NFI	CFI	IFI	NNFI
一阶因子模型建议值	<0.1	<0.08	>0.9	>0.9	>0.9	>0.9
实际值	0.089	0.050	0.96	0.97	0.97	0.96

进一步地，通过模型中各因子的负荷量计算出各因子的组合信度和平均方差抽取量（AVE 值），结果显示高影响力实践活动问卷具有较好的组合信度（0.8306），但 AVE 为 0.4508 略微低于建议值（0.5 以上），考虑到各题项因子载荷值较高，该问卷的收敛效度水平可以接受。

③学习性投入要素问卷的效度。

对将高影响力实践活动并入之后形成的学习性投入要素的问卷进行结构效度分析，本研究同样借助 Lisrel 工具构建了一阶验证性因子分析模型。从验证性因子模型的拟合结果来看，拟合指标均在建议值范围内，模型较好地得到了数据的支持，问卷具有较好的结构效度，详见表 6-16。因子载荷方面，只有从属于"多元交流"构念下的一个题项因子负荷量略低于 0.45，其他题项的因子负荷量均在 0.45 以上。根据侯杰泰等（2004）的观点，因子载荷在 0.45 以下的题目即可考虑删除，但考虑到NSSE已经是修订好的成熟问卷，为尊重版权本研究将唯一低于载荷建议值的因子予以保留。

表6-16　　　　学习性投入六要素一阶验证性因子模型拟合指标

学习性投入六要素 一阶因子模型建议值	RMSEA	SRMR	NFI	CFI	IFI	NNFI
	<0.1	<0.08	>0.9	>0.9	>0.9	>0.9
实际值	0.098	0.075	0.95	0.96	0.96	0.95

④职业自我效能问卷的效度。

为保证职业自我效能问卷（正式）的有效性，本研究借助Lisrel工具构建了职业自我效能的一阶因子模型，对大学生职业自我效能的结构进行一阶验证性因子分析。运行结果显示，四个测量题项对于潜在构念"高影响力实践活动"的因子负荷量较高，都在0.75以上，表明各测量题项在潜在构念中的同构性很好，问卷具有良好的结构效度。从验证性因子模型的拟合结果来看，拟合指标均在建议值范围内，模型较好地得到了数据的支持，详见表6-17。

表6-17　　　　职业自我效能一阶验证性因子模型拟合指标

学习性投入六要素 一阶因子模型建议值	RMSEA	SRMR	NFI	CFI	IFI	NNFI
	<0.1	<0.08	>0.9	>0.9	>0.9	>0.9
实际值	0.090	0.030	0.97	0.97	0.97	0.91

进一步地，通过模型中各因子的负荷量计算出各因子的组合信度和平均方差抽取量（AVE值）（见表6-18），结果显示职业自我效能问卷（正式）具有非常好的组合信度和收敛效度。

表6-18　　　　职业自我效能问卷的组合信度和收敛效度

潜在构念	测量题项	标准化载荷系数	组合信度	平均方差抽取量
职业自我效能	Q1	0.85	0.9064	0.7085
	Q2	0.89		
	Q3	0.87		
	Q4	0.75		

至此，通过利用大样本数据对本研究所使用的问卷进行信度和效度检验，结果显示问卷的信度和效度水平良好，数据和量表的设计符合研究需要，可以在此基础上对数据进行量化分析。

6.4.3　验证性因子分析

为了进一步证实职业认同的内部结构，在此借助 Lisrel 工具构建了大学生职业认同的二阶因子模型，对本研究提出的大学生职业认同的结构进行验证性因子分析。结果显示，预测试中大学生职业认同的各潜在构念的测量题项均位于相应的因子层面中，且测量题项对于潜在构念的因子负荷量较高，3 个因子对职业认同一级指标的因子负荷量也较高，表明各测量题项在潜在构念中的同构性很好，各因子在职业认同构念下的同构性也很好，证明本研究对大学生职业认同结构的划分较为合理。

从表 6-19 中的二阶验证性因子模型的拟合指标来看，除了 RMSEA 指标略微高于建议值，其他拟合指标均在建议值范围内，模型的拟合程度可以接受。

表6-19　　大学生职业认同程度二阶验证性因子模型拟合指标

大学生职业认同二阶因子模型建议值	RMSEA	SRMR	NFI	CFI	IFI	NNFI
	<0.1	<0.08	>0.9	>0.9	>0.9	>0.9
实际值	0.067	0.030	0.98	0.98	0.98	0.98

进一步地，通过模型中各因子的负荷量计算出各因子的组合信度和平均方差抽取量（AVE 值）（见表 6-20），结果显示大学生职业认同的 3 个因子的组合信度（CR）都在 0.89 以上，平均方差抽取量（AVE 值）都大于 0.5，显示出大学生职业认同的 3 个因子各自在内部具有良好的一致性和收敛性。对各因子平均方差抽取量（AVE）值的平方根（见表 6-20）和该因子与其他因子的相关系数（见表 6-21）进行比较发现，大学生职业认同各因子平均方差抽取量的平方根均大于该因子与其他因子的相关系数，表明 3 个因子之间区分度显著，进一步肯定了本研究对大学生职业认同内部结构的划分结果。

表6-20　　大学生职业认同程度二阶验证性因子模型拟合指标

构念名称	测量题项	标准化载荷系数	组合信度	平均方差抽取量	平均方差抽取量平方根
职业价值	Q1	0.89	0.93	0.765	0.875
	Q2	0.93			
	Q3	0.90			
	Q4	0.77			
职业归属	Q5	0.83	0.89	0.729	0.854
	Q6	0.85			
	Q7	0.88			
职业准备倾向	Q8	0.85	0.90	0.757	0.870
	Q9	0.87			
	Q10	0.89			

表6-21　　学习性投入、大学生职业认同、大学生职业自我效能相关性

Pearson相关性	高阶学习	反思综合	多元交流	师生交往	院校支持	实践活动	职业认同	自我效能
高阶学习	1							
反思综合	0.598**	1						
多元交流	0.361**	0.488**	1					
师生互动	0.717**	0.506**	0.336**	1				
院校支持	0.692**	0.816**	0.618**	0.632**	1			
实践活动	0.567**	0.562**	0.371**	0.548**	0.675**	1		
职业认同	0.458**	0.588**	0.364**	0.395**	0.538**	0.455**	1	
自我效能	0.446**	0.606**	0.347**	0.455**	0.572**	0.464**	0.773**	1

注：** 表示在 0.01 水平（双侧）上显著相关。

6.4.4　相关性分析

本研究借助SPSS统计分析软件，采用皮尔逊相关分析方法，就各学习性投入要素与大学生职业认同、大学生职业自我效能的相关性进行分析，通过相关系数判断各变量之间的相关性和相关程度。其中相关系

数值 R>0 代表变量正相关，R<0 代表变量负相关。R 的绝对值越接近 1，说明相关性越大。从相关性分析结果来看，由质性研究析出的"高阶学习""反思综合""多元交流""师生互动""院校支持""实践活动"6 个学习性投入要素与大学生职业认同发展在 99% 的置信水平存在相关性，且都为正相关，变量间的相关性具有统计学意义（Sig=.000）。从变量之间的相关程度来看，"反思综合"要素与大学生职业认同的相关程度最高，相关系数（R）为 0.588，其余要素与大学生职业认同的相关系数也都达到了 0.3 以上。结果表明，质性研究析出的"高阶学习""反思综合""多元交流""师生互动""院校支持""实践活动"6 个学习性投入要素与大学生职业认同发展均呈显著正相关。

进一步对学习性投入各要素与大学生职业认同的 3 个要素进行相关分析可以发现（见表 6-22），5 个学习性投入要素与大学生职业认同发展的 3 个要素在 99% 的置信水平上存在正相关（Sig=.000），相关系数也都达到了 0.3 以上，与大学生职业自我效能也都显著正相关，且相关系数都在 0.3 以上，职业自我效能与职业认同的相关系数高达 0.773，变量间的相关度满足建构结构方程模型的数量条件。

表6-22　　学习性投入要素与大学生职业认同要素相关性

Pearson 相关性	高阶学习	反思综合	多元交流	师生交往	院校支持	实践活动	职业价值	职业归属	职业准备倾向
高阶学习	1								
反思综合	0.598**	1							
多元交流	0.361**	0.488**	1						
师生互动	0.717**	0.497**	0.336**	1					
院校支持	0.692**	0.816**	0.618**	0.632**	1				
实践活动	0.567**	0.562**	0.371**	0.548**	0.675**	1			
职业价值	0.405**	0.556**	0.536**	0.409**	0.493**	0.449**	1		
职业归属	0.374**	0.583**	0.494**	0.350**	0.484**	0.422**	0.841**	1	
职业准备倾向	0.447**	0.582**	0.540**	0.445**	0.497**	0.471**	0.677**	0.848**	1

注：** 表示在 0.01 水平（双侧）上显著相关。

6.4.5 结构方程模型分析

（1）结构方程模型预设

根据前文所分析的建构依据，本研究结构方程模型中的变量设置见表6-23。

表6-23 结构方程模型预设

	变量符号	变量名	变量包括的题项
解释变量	X1	高阶学习	Qgj1、Qgj2、Qgj3、Qgj4
	X2	反思综合	Qfs1、Qfs2、Qfs3、Qfs4、Qfs5、Qfs6、Qfs7
	X3	多元交流	Qdy1、Qdy2、Qdy3、Qdy4
	X4	师生互动	Qss1、Qss2、Qss3、Qss4、Qss5、Qss6、Qss7
	X5	院校支持	Qzc1、Qzc2、Qzc3、Qzc4、Qzc5、Qzc6、Qzc7、Qzc8
	X6	实践活动	Qsj1、Qsj2、Qsj3、Qsj4、Qsj5、Qsj6
中介变量	M	职业自我效能	Qxn1、Qxn2、Qxn3、Qxn4
被解释变量	Y	职业认同	Qrt1、Qrt2、Qrt3、Qrt4、Qrt5、Qrt6、Qrt7、Qrt8、Qrt9、Qrt10
	Y1	职业价值	Qrt1、Qrt2、Qrt3、Qrt4
	Y2	职业归属	Qrt5、Qrt6、Qrt7
	Y3	职业准备倾向	Qrt8、Qrt9、Qrt10

根据前文所分析的变量间关系，本研究提出学习性投入、职业认同和职业自我效能之间关系的结构方程模型的初步设想如图6-1所示。

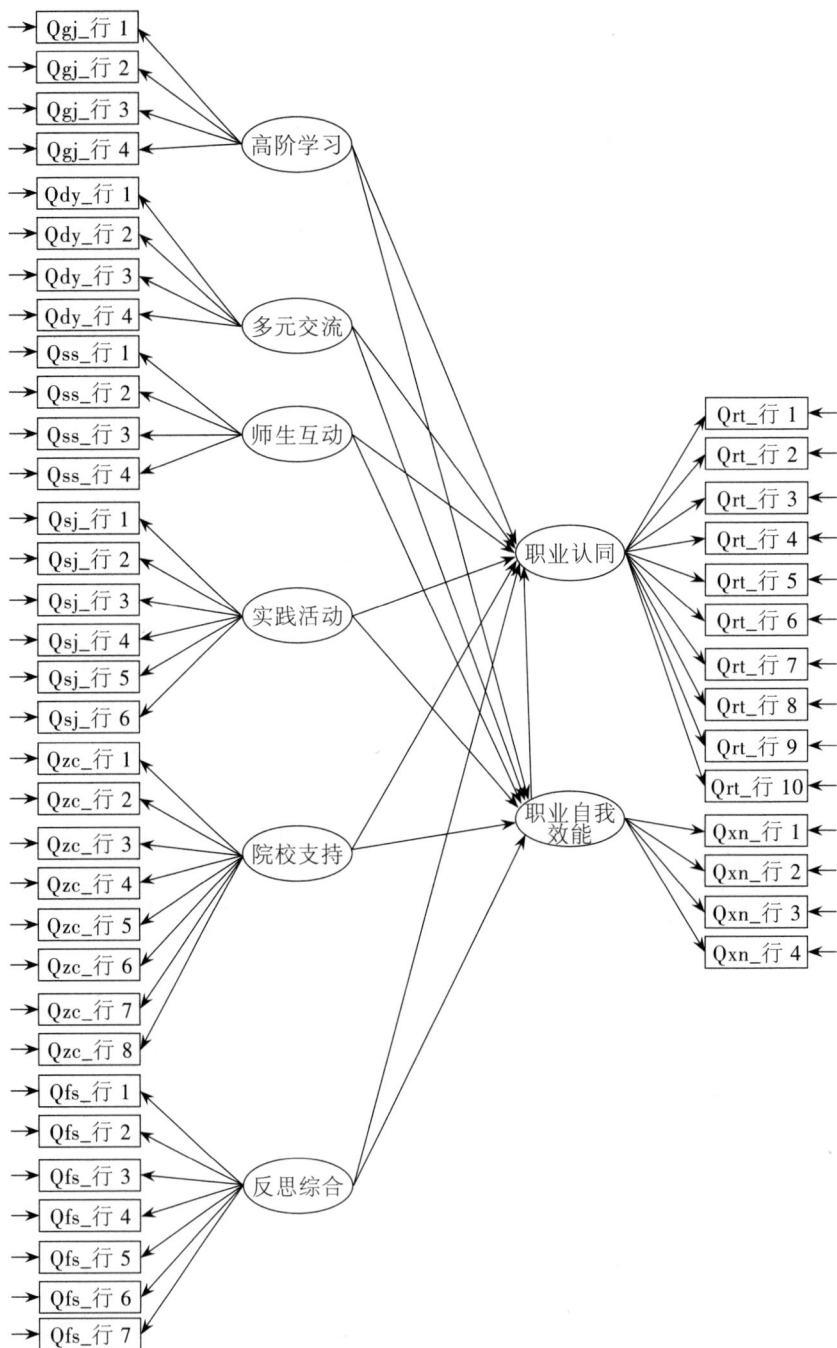

图6-1 学习性投入、职业认同、职业自我效能关系的结构方程模型预设

学习性投入要素与大学生职业认同要素间关系的结构方程模型预设

如图6-2所示。

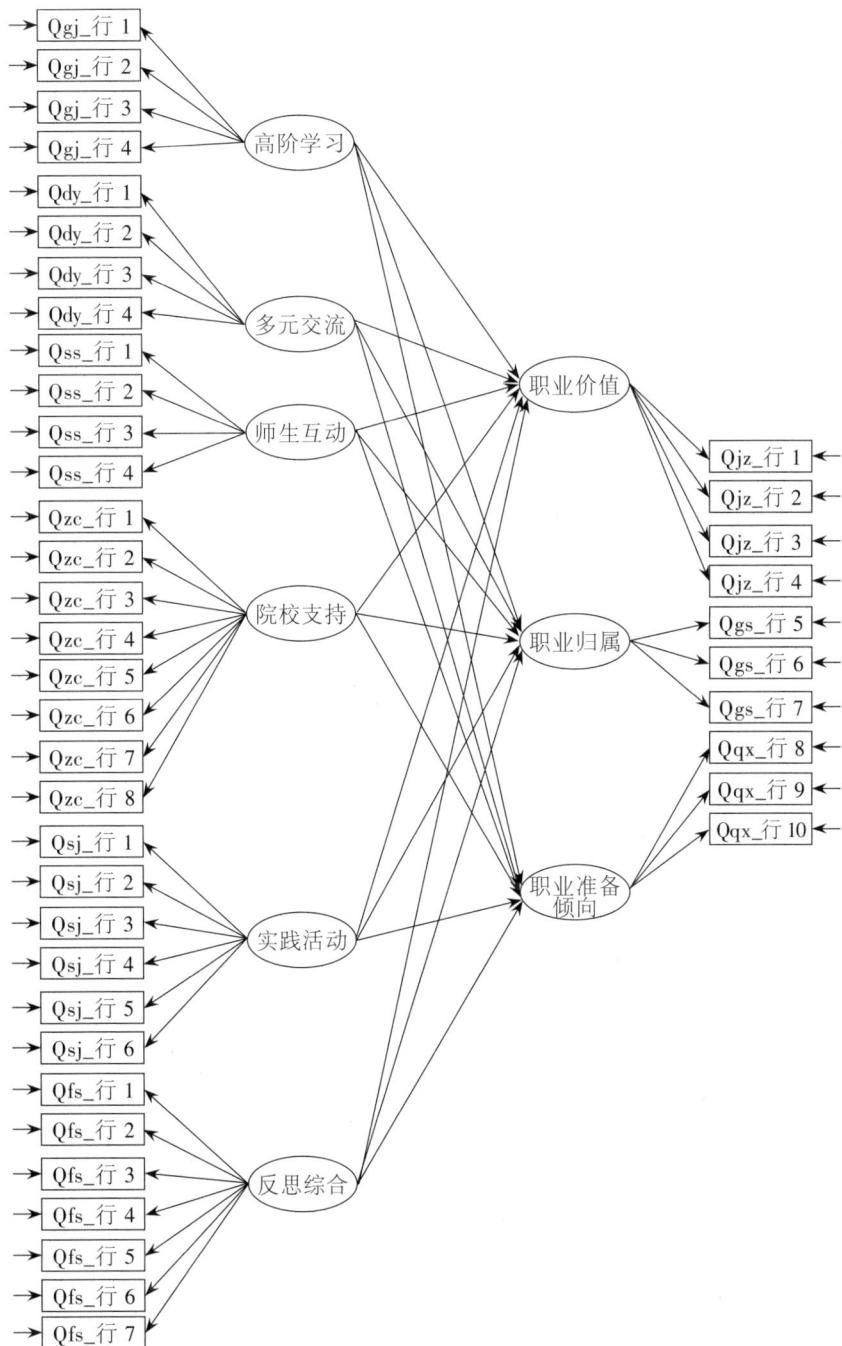

图6-2　学习性投入要素与职业认同要素间关系的结构方程模型预设

（2）结构方程模型检验结果

①学习性投入要素与大学生职业认同要素之间关系的结构方程模型检验结果。

首先，本研究借助结构方程模型（SEM）分析软件 Lisrel 对预设模型中各学习性投入要素对职业认同各要素的影响路径进行检验，同时对该模型进行了参数估计与违反估计检验。输出结果显示，没有出现方差小于0、相关系数大于1的情况，即学习性投入要素对职业认同各要素的影响路径模型可以通过估计检验。预设模型的拟合结果见表6-24，各项拟合指标基本达到了建议值水平，表明预设的结构方程模型拟合效果基本在可接受范围内。

表6-24　学习性投入要素对大学生职业认同要素影响路径初始模型拟合指标

学习性投入要素对大学生职业认同要素影响路径模型建议值	RMSEA	SRMR	NFI	CFI	IFI	NNFI
	<0.1	<0.08	>0.9	>0.9	>0.9	>0.9
实际值	0.074	0.073	0.90	0.90	0.90	0.89

在此基础上，对结构方程模型中变量之间的路径系数进行显著性检验，按t值由小到大的顺序依次删去路径系数未通过t检验标准（t>1.96）的路径，修正后的结构方程模型的拟合结果见表6-25。

表6-25　学习性投入要素对大学生职业认同要素影响路径修正模型拟合指标

学习性投入作用于大学生职业认同的修正模型建议值	RMSEA	SRMR	NFI	CFI	IFI	NNFI
	<0.1	<0.08	>0.9	>0.9	>0.9	>0.9
实际值	0.069	0.072	0.90	0.90	0.90	0.90

从修正模型的拟合结果来看，修正后模型的拟合指标均优于预设模型的拟合指标，表明修正后的结构方程模型拟合效果更佳。修正后的结构方程模型各变量间的影响关系和标准化路径系数如图6-3所示。

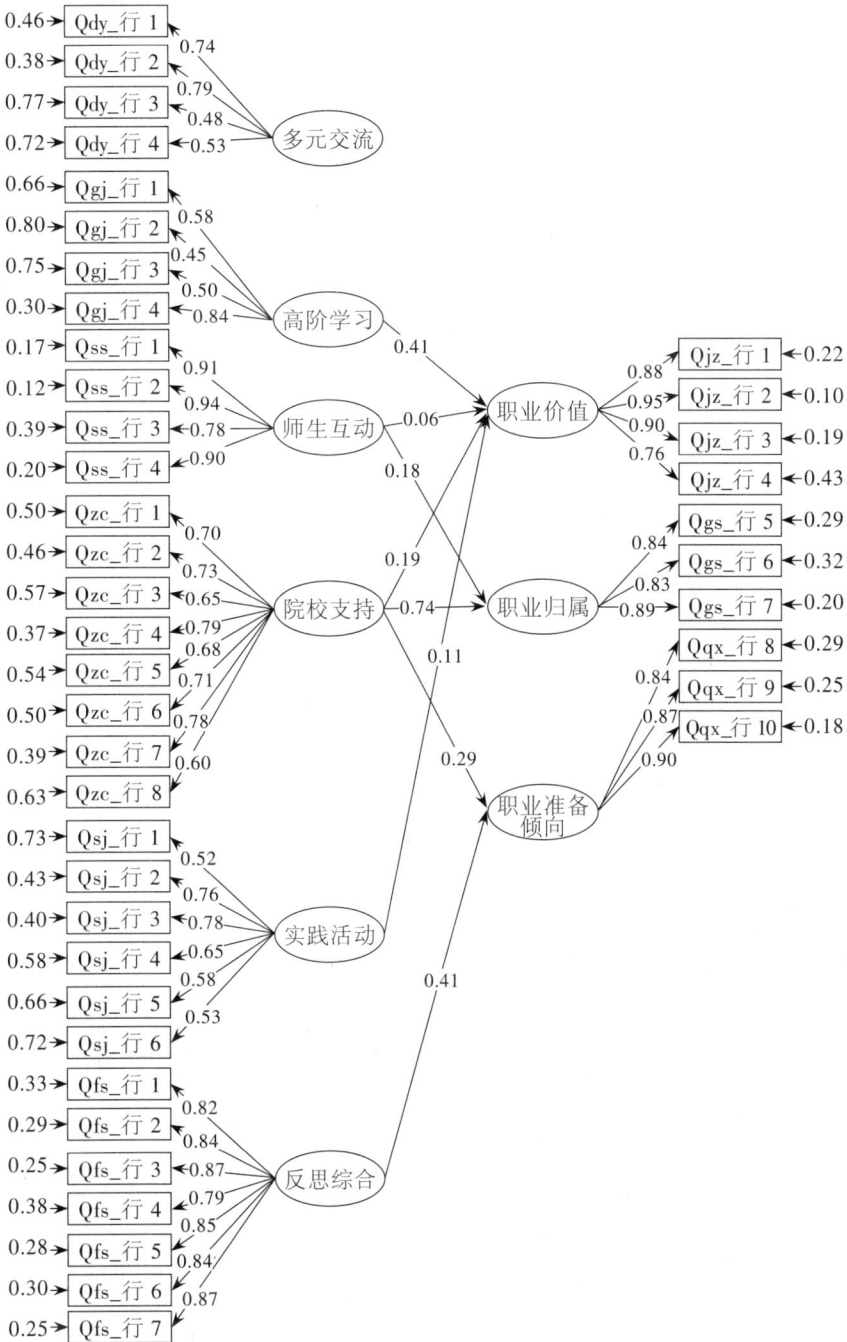

图6-3　学习性投入要素对大学生职业认同要素影响路径模型运行结果

②学习性投入、职业认同与职业自我效能之间关系的结构方程模型检验结果。

同理，为了厘清学习性投入要素、职业自我效能和职业认同之间的关系，本研究对变量间的影响路径进行结构方程模型分析，同时对该模型进行了参数估计与违反估计检验。输出结果显示，没有出现方差小于0、相关系数大于1的情况，即预设结构方程模型可以通过估计检验，预设模型的拟合结果见表6-26，各项拟合指标均达到了建议值水平，表明预设的结构方程模型拟合效果良好。

表6-26　学习性投入作用于大学生职业认同发展的预设模型拟合指标

学习性投入作用于大学生	RMSEA	SRMR	NFI	CFI	IFI	NNFI
职业认同模型建议值	<0.1	<0.08	>0.9	>0.9	>0.9	>0.9
	0.098	0.075	0.95	0.96	0.96	0.95

在此基础上，对结构方程模型中变量之间的路径系数进行显著性检验，其中，多元交流变量对职业认同的直接影响作用不显著，师生互动和院校支持变量对职业自我效能的直接影响作用不显著，以上3条路径系数均未通过 t 检验标准（t>1.96）。按 t 值由小到大的顺序依次删去这3条路径，修正后的结构方程模型的拟合结果见表6-27。

表6-27　学习性投入作用于大学生职业认同的修正模型拟合指标

学习性投入作用于大学生职业	RMSEA	SRMR	NFI	CFI	IFI	NNFI
认同的修正模型建议值	<0.1	<0.08	>0.9	>0.9	>0.9	>0.9
实际值	0.090	0.070	0.94	0.97	0.97	0.96

从修正模型的拟合结果来看，各项拟合指标均达到了建议值水平，且修正后模型的各项拟合指标均优于预设模型的拟合指标，表明修正后的结构方程模型拟合效果更佳。此外，该模型拟合指标均优于学习性投入各要素直接作用于大学生职业认同各要素模型的拟合指标，表明该模型更为理想地反映了变量间的作用和关系。修正后的结构方程模型如图6-4所示。

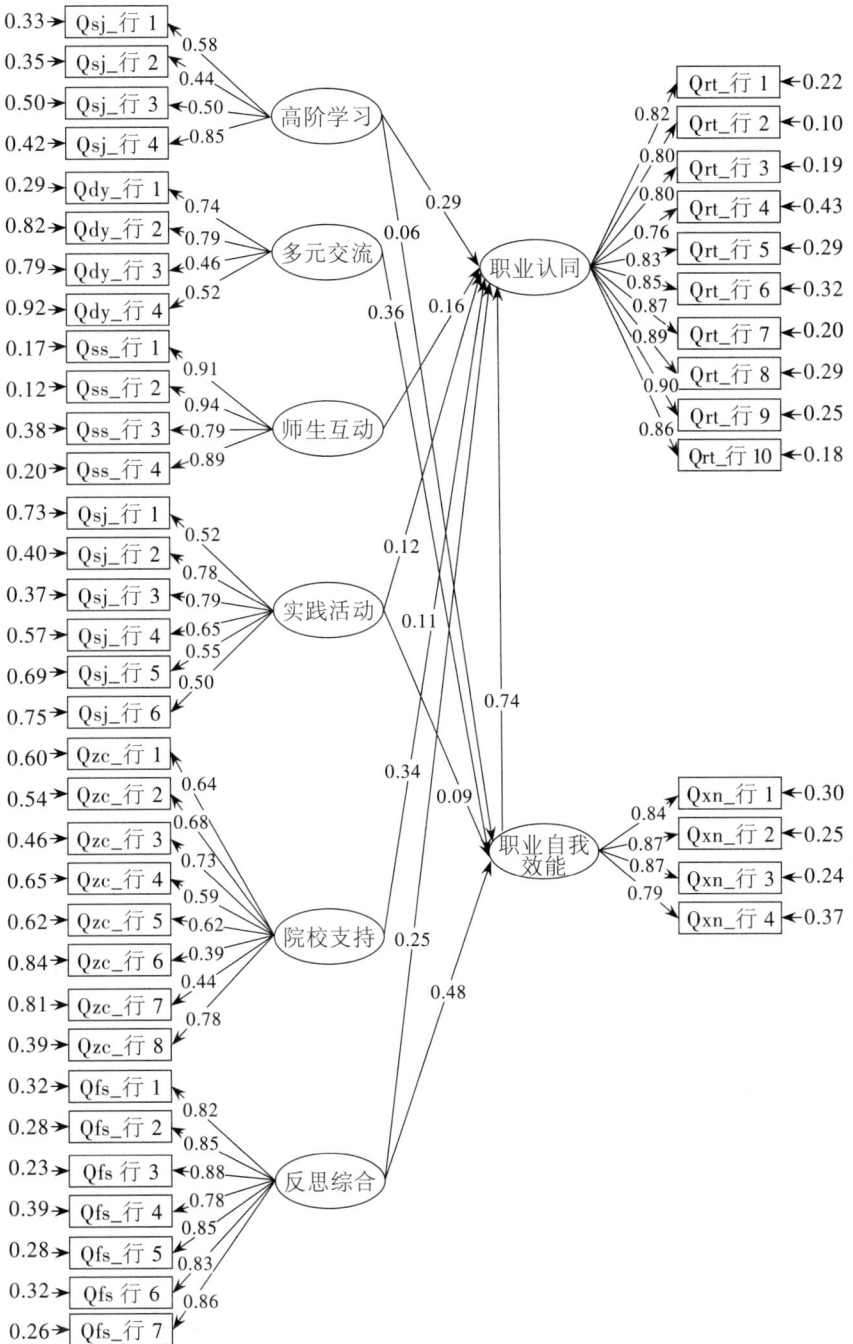

图6-4　结构方程模型运行结果

③职业自我效能的中介作用检验。

修正后的结构方程模型（图6-4）显示，高影响力实践活动、多元交流、师生交流和院校支持都以反思综合为中介，对职业认同起到间接影响作用。为了进一步验证职业自我效能的中介效应（如图6-5所示），本研究采用Sobel检验、Aroian检验和Goodman检验方法，通过t值、标准化路径系数 a_i、b_i 及其对应的标准误（Sa_i）、（Sb_i）计算出3种方法检验的Z值情况见表6-28。结果显示，各项检验中职业自我效能的中介效应都十分显著（$p < 0.05$），职业自我效能在各学习性投入要素与职业认同间的中介效应为 $a_i \times b_i$，各学习性投入要素作用于大学生职业认同发展的总效应为 $a_i \times b_i + c_i'$。

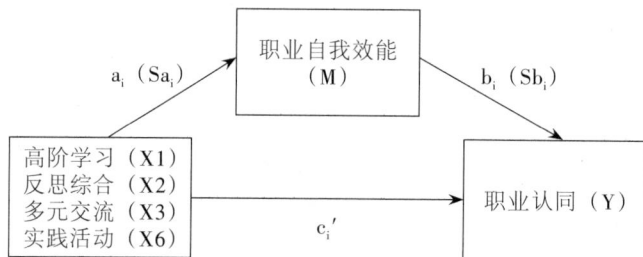

图6-5 职业自我效能的中介效应假设

表6-28　　　　　　　　　　　　中介效应检验结果

中介作用的路径	高阶学习→职业效能→职业认同	多元交流→职业效能→职业认同	反思综合→职业效能→职业认同	实践活动→职业效能→职业认同
a_i（Sa_i）	0.19（0.08）	0.36（0.07）	0.48（0.04）	0.09（0.04）
b_i（Sb_i）	0.74（0.04）	0.74（0.04）	0.74（0.04）	0.74（0.04）
c_i'	0.29		0.25	0.12
Sobel检验Z值	2.35566744*	4.95496078***	10.06753544***	2.23354157*
Aroian检验Z值	2.35228908*	4.9482549***	10.05719916***	2.23033303*
Goodman检验Z值	2.3590604*	4.961694***	10.07790366***	2.23676399*

注：* 表示 $p < 0.05$；** 表示 $p < 0.01$；*** 表示 $p < 0.001$。

（3）假设检验结果

至此，对本研究提出的实证研究假设进行检验的结果汇总见表6-29。

表6-29　　　　　　　　　　　　假设检验结果

路径	路径系数	t 值	P 值	假设检验
高阶学习 -> 职业认同	0.29	4.49	***	成立
反思综合 -> 职业认同	0.25	3.24	**	成立
多元交流 -> 职业认同	—	<1.96	不显著	不成立
师生互动 -> 职业认同	0.16	3.67	***	成立
院校支持 -> 职业认同	0.34	2.67	**	成立
实践活动 -> 职业认同	0.12	2.73	**	成立
高阶学习 ->职业自我效能 -> 职业认同	0.19×0.74+0.29 (0.43)	2.55-> 18.94	** ***	成立
反思综合 ->职业自我效能 -> 职业认同	0.48×0.74+0.25 (0.61)	10.95-> 18.94	*** ***	成立
多元交流 ->职业自我效能 -> 职业认同	0.36×0.74 (0.27)	5.00 -> 18.94	*** ***	成立
师生互动 ->职业自我效能 -> 职业认同	—	<1.96 -> 18.94	不显著	不成立
院校支持 ->职业自我效能 -> 职业认同	—	<1.96 -> 18.94	不显著	不成立
实践活动 ->职业自我效能 -> 职业认同	0.09×0.74+0.12 (0.35)	2.12 -> 18.94	** ***	成立

注：* 表示p< 0.05；** 表示p< 0.01；*** 表示p< 0.001。

假设检验的结果显示，实证研究结果基本符合本研究的理论预期，变量间的数量关系与理论依据基本一致。首先，实证结果表明，"高阶学习""反思综合""师生互动""院校支持"与"高影响力实践活动"对大学生职业认同存在正向预测作用。具体来说，"高阶学习""师生互动、"院校支持"与"高影响力实践活动"对职业价值观具有正向预测作用,"高阶学习"和"反思综合"两个要素对职业归属具有正向预测作用,"高阶学习"、"反思综合"和"院校支持"3个要素对职业准备倾向具有预测作用。这些结果都表明了学习性投入要素对大学生职业认同的正向影响作用,这一结论也证实了Harper和Quaye(2009)、朱红(2010)等研究者的观点。其次,"多元交流"要素对大学生职业认同不存在显著影响,原因可能是"多元交流"要素的测量题项所测量的是大学生与不同民族、国家、宗教信仰、经济背景的群体的交流频率,是对学生与他人进行交流方面的实际情况的客观反映,而职业认同的3个要素反映的则是大学生对职业的长期认识和主观想法,二者虽具有相关性但无显著的影响关系。此外,除了学习性投入对大学生职业认同的职业影响作用外,本研究进一步探讨了职业自我效能在二者间的中介作用,结果显示,"高阶学习"、"反思综合"、"多元交流"与"高影响力实践活动"都以职业自我效能为中介,作用于大学生职业认同的发展,职业自我效能在"师生互动"和"院校支持"两个变量对大学生职业认同发展影响作用中的中介作用并不显著。这一结果表明了各学习性投入要素对大学生职业认同的影响方式不同:并非所有学习性投入要素都必须经由职业自我效能对大学生职业认同产生影响,"师生互动"和"院校支持"对大学生职业认同的影响作用是直接的;而"反思综合"要素必须以职业自我效能为中介作用于大学生职业认同,职业自我效能是"反思综合"要素与大学生职业认同之间的完全中介变量;"高阶学习""多元交流""高影响力实践活动"3个要素既对大学生职业认同存在直接影响,又以职业自我效能为中介,对大学生职业认同发展起到间接影响作用,即职业自我效能是"高阶学习""多元交流""高影响力实践活动"3个要素与职业认同之间的部分中介变量。

7 公安院校大学生职业认同的现状与影响因素

7.1 大学生职业认同的基本情况

7.1.1 大学生职业认同的内在维度

根据前面的研究可知：大学生职业认同在认知层面体现为对某种职业的价值作出肯定性判断和评价（职业价值）；在情感层面体现为对某种职业报以特别的关心和重视（职业归属）；在行为层面体现为努力为从事某种职业进行准备的行为倾向（从业倾向）。顺此逻辑，本研究认为大学生职业认同发展的过程即大学生不断将未来所要从事的职业在认知、行为和情感上与自我进行融合、相互内化的过程。由此，本研究假定大学生职业认同发展的内在结构同样包含职业价值、职业归属和职业准备倾向三个维度。

为了验证这一假设，本研究首先利用预测试的小样本数据对自行设计的大学生职业认同发展程度问卷进行了探索性因子分析。结果表明，大学生职业认同作为单一因子，对所有问项的代表性相对较好。进一步地，根据本研究所假定大学生职业认同发展的内在结构包含职业价值、职业归属和职业准备倾向三个维度，将因子抽取数量设定为3个，采用主成分分析法可以抽取出3个成分因子，这3个因子解释的方差率超过70%，优于单个因子对所有问项的代表性。且从旋转成分矩阵（见表6-6）中可以看出，各预设维度中的题项都分别较为合理地从属于3个潜在因子，表明每个潜在因子下的问项皆反映了同一个子构念，且子构念之间存在差异，初步肯定了大学生职业认同发展的三维结构。

在此基础上，本研究利用正式调研所收集的大规模数据，对修正后的正式版本的大学生职业认同程度问卷进行了验证性因子分析。分析结果显示，经探索性因子分析所得出的3个潜在子构念各自在内部具有良好的一致性和收敛性，且3个因子之间区分度显著。由二阶验证性因子分析结果可知，大学生职业认同的三个维度既在内部收敛，又互相区别，且各维度对大学生职业认同总体的解释度较好，因此本研究对大学生职业认同发展的内部结构的划分具有合理性，即大学生职业认同发展是由"职业价值"、"职业归属"和"职业准备倾向"构成的三维变量。

7.1.2 大学生职业认同的整体水平

实证分析结果显示，样本在职业认同发展程度部分所有问项的得分均值为3.66（满分为5分），不同性别、年级、学科门类、院校类型的学生群体得分差异不大。尽管样本在大学生职业认同各问项的得分均值都在3.5以上，但所有问项的得分均值最高不超过3.85。这说明，当前大学生职业认同发展程度处于中等略微偏上水平，大学生对其未来所要从事的职业认同程度相对较高，但仍有很大提升空间。作为青年就业人口的重要组成部分和支持国家发展的重要力量，大学生理应具有更高的职业认同程度，如何运用教育策略来促进大学生职业认同发展，需要引起学术界和实践界的更多关注。

进一步比较职业认同各个因子和问项的均值可以发现（见表6-8），样本在职业归属维度的题项"我关心这种职业领域内的发展动态""我愿意同这种职业领域的人交流和接触""我想成为该职业领域内的一员"

得分的均值为3.6629，在职业准备倾向维度的题项"我努力提升从事A职业的知识和技能""我努力为从事A职业做计划和准备""我积极争取A职业的面试机会"得分的均值为3.7073，样本在这两个维度的得分均值要高于职业价值维度的得分均值（3.5961）。需要说明的是，本研究中大学生职业认同发展的职业归属维度，与实际从业者的职业归属感不同，主要体现了大学生对未来希望从事职业的关心、重视、偏好和愿望。在这一维度上的得分较高，说明大学生作为"准从业者"，已经开始对未来所希望从事的职业"表现出特别的关心和重视"，并且产生"希望未来能够成为该行业中一员"这样的愿望。不仅如此，在行为倾向方面，大学生也普遍表现出了"努力提升从事A职业的知识和技能""愿意为希望从事的职业做计划和准备"等倾向，这些数据都说明了大学生对自身职业认同发展的重视，表现为积极主动地将未来所要从事的职业在情感上和行为倾向上与自我进行融合、相互内化。

大学生职业认同3个因子中均值得分较低的因子为职业价值维度（3.5961），样本在职业价值维度的题项"我认为从事A职业能够实现我的人生价值""我认为从事A职业能发挥我的能力和特长""我认为从事A职业符合我的需要（如薪酬、福利、待遇、工作环境、发展前景等）"几个问项上得分的均值，较其在职业归属维度和职业准备倾向维度的题项得分的均值明显偏低。这表明大学生在认知方面对职业的认同程度稍低，即无法对其未来所要从事的职业在认知上形成一种"价值共识"，不能对某种职业的意义作出肯定性判断和评价。究其原因，是由于现实中大学生所获得职业信息的价值取向容易受到社会态度、传播者的观察视角等诸多方面的影响。在没有经过正确指导的情况下，大学生在对职业相关信息进行搜集与吸收的过程中，无法科学合理地选择与过滤这些信息，最终导致大学生职业认同在认知方面的发展水平偏低。因此，帮助学生更好地对未来希望从事的职业形成正确的认知，明确这种职业的职业价值，并对职业价值与自身价值是否相匹配作出合理判断，是当前大学生职业认同教育的首要任务。

7.1.3　大学生职业认同的现实样态

从整体上认识和把握大学生职业认同发展的现状，有助于明确大学生职业认同教育工作的方向及目标。

首先，比较不同性别大学生职业认同程度的均值可以发现，本研究所收集的大样本中男生的职业认同均值和女生的职业认同均值差别极小，分别为3.67（男性）和3.64（女性），经独立样本T检验结果显示，这种差异并不显著。不仅如此，男生和女生在职业价值、职业归属和职业准备倾向三个分维度上的得分均值，经独立样本T检验也都没有显著差异，可以推断出大学生职业认同的发展水平不存在性别倾向，即性别因素对大学生职业认同的发展几乎没有影响。

其次，比较不同年级大学生职业认同发展程度的均值可以发现（见表6-9），大二和大四学生的职业认同程度略高于大一新生和大三学生，这一结果与前文第二章中对大学生职业认同发展的"建构—适应—归属"过程的分析结论相吻合：大一新生刚刚进入专业学习阶段，其职业认同也开始建构，此时职业认同的发展程度最低；大二学生逐步开始熟悉大学生活，专业知识和专业技能水平也逐渐提高，进入职业认同发展的"适应"阶段，职业认同的程度较大一有所提高；大三学生在经过一个阶段的专业学习之后，会对职业与自身的同一性进行更多的斟酌和考虑，职业认同的程度略有回落；大四学生在完整经历了大学阶段的学习与生活之后，对职业的态度逐渐清晰和坚定，因而职业认同的程度较大三有所提高。

此外，比较不同学科学生的职业认同均值得分（见表6-10）可知，自然科学专业的学生职业认同程度较高，社会科学专业的学生次之，人文科学相关专业学生的职业认同程度则略低。这个结果一方面与当前各学科学生所学的专业与未来就业方向的匹配度有关：自然科学的专业性较强，未来就业与专业的相关度比较高，学生的职业目标更为明确，职业认同程度便相对较高；另一方面，根据本研究的假设，大学生在学习经历中的参与和投入程度越高，职业认同的发展效果越好。由于各专业学生在校期间经历不同，学习性投入的情况也不相同：自然科学专业的学科性质要求学生参与更多的专业实践，学业挑战度更高，学习性投入的程度相对更高，也就更有利于该学科学生的职业认同的发展。因此，从数据分析的结果来看，大学生职业认同发展的学科差异与本研究的研究假设一致，后续相关分析和结构方程分析的结果也将进一步验证这一结论。

最后，比较不同性质高校学生的职业认同程度均值得分可以发现（见表6-11），从整体上而言教学研究型大学与应用技术型大学学生的职业认同程度的均值差异并不显著。在职业价值维度，教学研究型大学的学生得分较高；而在职业归属维度，应用技术型大学的学生得分较高。这一结果也与实践中两类不同性质高校学生的职业认同发展特点相符：教学研究型大学的本科生更加注重（同时也更有意识地、更加主动地去探索）职业与自我的价值；而应用技术型大学在日常教学实践中则十分注重人才培养与就业的定向性，因此学生的职业归属感相对较高。

7.2　大学经历对职业认同的影响作用

7.2.1　学习性投入要素对大学生职业认同发展的影响作用

本研究对大学生职业认同发展的认识：由于认同是根据自身经历建构起来的，因而大学生职业认同的发展会受到学生在校学习经历中的学习性投入的影响。结合样本自我报告的大学经历对大学生职业认同的影响情况来看（见表6-12），仅有2%的学生认为本科学习经历对其职业认同没有影响，高达98%的学生认为本科学习经历对其职业认同存在影响，超过50%的学生甚至认为本科学习经历对职业认同的影响较大或非常大。这一结论是受测对象结合自身实际情况所产生的真实体会，尽管是大学生本人的主观感受，但可以对"学习性投入作用于大学生职业认同发展"这一假设形成经验支持。

在相关性分析的基础上，本研究采用结构模型分析方法，建立由"高阶学习""反思综合""多元交流""师生互动""院校支持""实践活动""职业自我效能""职业认同"几个变量构成的结构方程模型，以分析变量之间的影响关系和影响路径。其中，6个学习性投入要素为模型中的自变量，"职业自我效能"为中介变量，"职业认同"为因变量。根据结构方程模型分析结果（如图6-4所示），"高阶学习"、"反思综合"、"师生互动"、"院校支持"与"实践活动"对大学生职业认同起到正向的直接影响作用，"多元交流"虽然对大学生职业认同发展不起到直接的影响作用，但以"职业自我效能"为中介，间接对大学生职业认同起到正向影响作用。由此可见，"高阶学习"、"反思综合"、"师生互动"、"院校支持"与"实践活动"这6个学习性投入要素，确实对大学生职业认同具有正向影响，实践中高校应注重提高学生在这6个方面的参与和投入力度，从而促进大学生职业认同的发展。

7.2.2　职业自我效能在大学经历与职业认同发展之间的中介效应

根据我们对职业自我效能与学习性投入和职业认同关系的分析，尤其是依据社会认知职业理论模型（Social Cognitive Career Theory，SCCT）中的观点，"学习经历对自我效能具有影响作用，并通过自我效能作用于个体的职业兴趣、职业意愿和职业选择等"，本研究假定：大学生职业自我效能在学习性投入作用于大学生职业认同发展的过程中起到中介作用。

由相关性分析结果（见表6-21）可知，职业自我效能不仅与大学生职业认同存在显著的相关性，且与影响大学生职业认同的几个学习性投入要素"高阶学习"、"反思综合"、"多元交流"、"师生互动"、"院校支持"以及"实践活动"也都显著正相关。这就从数量意义上满足了在结构方程模型中，将大学生职业自我效能作为学习性投入要素影响职业认同的中介变量的前提条件。经进一步结构方程模型分析验证，大学生职业自我效能确实存在显著的中介作用。数据分析结果表明，"多元交流"对大学生职业认同发展虽然不存在直接影响作用，但可以通过职业自我效能对大学生职业认同发展产生间接影响作用。不仅如此，"高阶学习"、"反思综合"和"实践活动"除了直接对大学生职业认同发展存在显著的正向影响作用，也都可以通过职业自我效能对大学生职业认同产生间接影响作用。由此可见，职业自我效能在学习性投入要素对大学生职业认同发展产生影响的整个过程中，呈现出很强的中介效应（见表6-28）。因此，高校应在实践中注重提升大学生职业自我效能，从而有效促进大学生职业认同的发展。

7.3 公安院校大学生职业认同的特征

在上一章中，我们对L省千余名大学生进行了关于职业认同发展情况的调查。根据实证分析的结果，样本在职业认同发展程度部分所有问项的得分均值为3.6568（满分为5分），反映出当前大学生职业认同发展程度处于中等略微偏上水平，总体而言大学生对其未来所要从事的职业认同程度相对较高，但仍有很大提升空间。性别因素对大学生职业认同的发展几乎没有影响，不同年级的学生在职业认同的程度方面体现出一定的差异，主要是受到不同阶段大学经历的影响。不同学科学生的职业认同均值存在一定差异，自然科学专业的学生职业认同程度较高，社会科学专业的学生次之，人文科学相关专业学生的职业认同程度则略低。在职业价值的认知方面，教学研究型大学的学生得分较高；而在职业归属感方面，应用技术型大学的学生得分较高。

基于上述结论，本研究选取典型的行业特色高校——公安院校的大学生作为样本，讨论其职业认同的现实样态，并与大样本数据（常模）相比较，总结出公安院校大学生职业认同的特征。

7.3.1 公安院校大学生职业认同的现实样态

根据调查目的，在给定的人力、物力、财力等条件下，本研究采用方便抽样方法，利用修正后的大学生职业认同程度问卷，对5所公安院校的200名大学生的职业认同发展情况进行了调查。

（1）公安院校大学生职业认同发展的总体描述

问卷的第一部分是样本的基本信息调查，199份有效问卷的填写人基本信息见表7-1。

表7-1　　　　　　　　　**调查样本基本信息（N=199）**

	类别	样本量	百分比
性别	男	154	77.39%
	女	45	22.61%
年级	一	82	41.21%
	二	32	16.08%
	三	50	25.13%
	四	35	17.59%
院校类型	部属	88	44.22%
	省属	111	55.78%

本研究采用前文已经过信度和效度检验以及大规模样本试验的大学生职业认同程度问卷，公安院校的大学生职业认同整体均值、各因子的均值得分情况见表7-2。样本在职业认同整体均值及各维度的均值得分均在4分以上，这反映出当前公安院校大学生职业认同程度处于较高的水平。

表7-2　　　　**公安院校大学生职业认同总体情况（N=199）**

名称	职业认同整体	职业价值维度	职业归属维度	职业准备倾向维度
平均值	4.130	4.147	4.030	4.208

（2）不同性别公安院校大学生的职业认同发展情况分析

本研究采用独立样本t检验的方法，分析和比较了不同性别的公安院校大学生的职业认同发展情况。数据分析结果（见表7-3）显示，不同性别的公安院校大学生在职业认同总体均值及其三个维度均值的独立样本检验t统计量均未达到显著性水平，显著性概率值p（Sig）均大于0.05，表明不同性别的公安院校大学生在职业认同发展的整体水平及其下设维度职业价值、职业归属和职业准备倾向三方面并没有显著性差异。

表7-3　　　不同性别公安院校大学生的职业认同情况（N=199）

	您的性别：（平均值±标准差）		t	P（Sig）
	男（n=154）	女（n=45）		
职业认同	4.15±1.04	4.07±0.79	0.529	0.598
职业价值	4.17±1.04	4.08±0.79	0.572	0.569
职业归属	4.06±1.09	3.92±0.89	0.811	0.418
职业准备倾向	4.21±1.08	4.21±0.80	0.003	0.998

（3）不同年级公安院校大学生的职业认同发展情况分析

本研究以职业认同及其下设3个维度为因变量，年级为自变量，采用单因素方差分析法，对不同年级大学生职业认同发展的差异进行了检验。从不同年级公安院校大学生在职业认同总体均值及下设不同维度上的均值差异比较表（见表7-4）中可以看出，以年级为自变量，以职业认同、职业价值、职业归属和职业准备倾向为因变量进行单因素方差分析显著性p值均大于0.05，未达到显著水平，表明不同年级的公安院校大学生在职业认同及其下设3个维度方面没有显著差异。

表7-4　　　不同年级公安院校大学生的职业认同情况（N=199）

	您的年级（平均值±标准差）				F	P（显著性）
	一年级（n=82）	二年级（n=32）	三年级（n=50）	四年级（n=35）		
职业认同	4.31±0.88	3.89±1.27	3.96±1.04	4.18±0.80	2.075	0.105
职业价值	4.31±0.90	3.87±1.25	3.98±1.04	4.25±0.72	2.300	0.079
职业归属	4.22±0.93	3.83±1.28	3.84±1.10	4.03±0.97	1.878	0.135
职业准备倾向	4.38±0.90	3.98±1.33	4.05±1.06	4.24±0.89	1.771	0.154

（4）省属部属公安院校大学生的职业认同发展情况分析

本研究采用单因素方差分析法，对不同院校类型的公安院校大学生职业认同发展情况进行了检验。数据分析结果见表7-5。

表7-5   省属部属公安院校大学生的职业认同情况（N=199）

	您所就读（毕业）的学校类型（平均值±标准差）		F	p（Sig）
	部属公安本科院校（n=88）	省属公安本科院校（n=111）		
职业准备倾向	4.20±1.13	4.22±0.94	0.017	0.896
职业归属	4.04±1.11	4.02±1.00	0.019	0.891
职业价值	4.15±1.07	4.14±0.91	0.007	0.935
职业认同	4.13±1.08	4.13±0.92	0.001	0.972
职业自我效能	3.91±0.99	4.07±0.93	1.290	0.258

检验结果显示，部属公安院校和省属公安院校的大学生以职业认同、职业价值、职业归属和职业准备倾向为因变量进行单因素方差分析显著性 p 值均大于 0.05，未达到显著水平，意味着部属或省属不同性质的公安院校大学生在职业认同及其下设 3 个维度方面没有显著差异。

7.3.2 公安院校大学生职业认同特征的具体内容

（1）公安院校大学生职业认同的总体特征

与上一章大规模调研的数据结果相比较，公安院校大学生职业认同在整体均值和各维度均值方面均高于大样本常模，反映出以公安院校为代表的行业特色高校大学生的职业认同程度要高于普通高校的大学生，见表7-6。

表7-6   公安院校大学生职业认同程度与大规模样本情况对比

	职业认同整体	职业价值维度	职业归属维度	职业准备倾向维度
公安院校大学生	4.130	4.147	4.030	4.208
大规模样本	3.6568	3.5961	3.6629	3.7073

（2）公安院校大学生职业认同的具体特征

进一步地，各问项的得分均值都在3.9以上，见表7-7，公安院校大学生在"我努力提升自己以满足公安行业的从业要求"问项上得分最高，说明了公安院校大学生对自身职业认同发展的重视，表现为较强的职业准备倾向。与此同时，公安院校大学生在反映职业归属的"我觉得我与公安行业有着很强的联系"和"我关心公安行业领域内的发展动态"两个问项上得分较低，这提示行业特色高校在进行学生职业发展教育时应更加注重提升学生的职业归属感。

表7-7　　公安院校大学生职业认同问卷的问项均值（N=199）

问项	平均值
我认为从事公安行业对我而言很重要	4.201
我认为从事公安行业能够实现我的人生价值	4.191
我认为从事公安行业能发挥我的能力和特长	4.065
我认为从事公安行业符合我的需要（如薪酬、福利、待遇、工作环境、发展前景等）	4.131
我觉得我与公安行业有着很强的联系	3.915
我关心公安行业领域内的发展动态	3.980
我愿意同公安行业领域的人交流和接触	4.196
我努力提升从事公安行业的知识和技能	4.211
我努力为从事公安做计划和准备	4.196
我积极争取公安行业的面试机会	4.216

7.4　公安院校大学生职业认同的影响因素

在上一章中，我们还对L省千余名大学生进行了大学经历对职业认同影响作用的实证研究，证实了大学经历（学习性投入）中的各要素均直接或间接对职业认同的发展起到影响作用。同时，研究还发现公安院校大学生在性别、年级、院校性质不同的条件下职业认同并没有呈现出显著差异，表明上述因素对公安院校大学生的职业认同没有明显的影响作用。为了进一步了解行业特色高校大学生职业认同发展的影响因素，本节我们将采用质性研究方法，以公安院校大学生为研究对象，挖掘职业认同发展的其他影响因素。

7.4.1 研究设计与实施过程

（1）科学编制访谈提纲

为全面了解公安院校大学生职业认同的影响因素，访谈提纲主要从公安院校大学生对警察职业的总体认知、择校的背景、入学过程、个体因素与社会因素几个角度来设计，并尝试通过案例的介绍等形式更生动、形象地还原受访者职业认同的建构与提升过程。

（2）访谈对象的选择

为提升研究工作的信度和效度，本研究高度重视访谈对象的选择工作，在选取访谈对象时主要遵循全面性原则：从受访者的地域角度，选取的样本覆盖了城市和乡村生源；从学校层次的角度，选取了L警察学院和Z刑事警察学院的在校学生进行访谈，样本覆盖了省属公安院校和部属公安院校；从专业角度，选取的访谈样本覆盖了公安专业和非公安专业的本科生；从人口统计角度，样本也覆盖了不同年级和性别的公安院校大学生。

（3）访谈过程

本次研究随机选择了16名访谈对象，提前发送访谈提纲，并根据受访者情况协商访谈形式。受访公安院校大学生基本信息见表7-8。访谈主要采取一对一面谈、电话访谈和材料访谈三种形式，一对一面谈和电话访谈时间一般为20~40分钟，在经访谈者授权前提下留取录音，且全程借助笔记本电脑对访谈过程做了记录，材料访谈采取邮箱发送访谈提纲形式，学生填答完成后收回。访谈内容在前期理论研究和实证调研的基础上形成，不涉及任何个人信息。

表7-8 　　　　　　　　　　　　　受访公安院校大学生基本信息

学生代号	性别	年级	所在学校	专业
001-JJZ	男	二	Z刑事警察学院	治安学
002-SHY	女	三	Z刑事警察学院	公安情报学
003-TXY	男	四	Z刑事警察学院	侦查学
004-YHD	女	四	Z刑事警察学院	公安视听技术
005-YCH	男	二	Z刑事警察学院	刑事科学技术
006-CJW	男	一	Z刑事警察学院	经济犯罪侦查
007-ZHD	女	一	Z刑事警察学院	涉外警务
008-LZA	男	一	L警察学院	公安视听技术
009-TYY	男	四	L警察学院	交通管理工程
010-YX	男	三	L警察学院	监狱学
011-CHL	男	三	L警察学院	侦查学
012-LMY	男	四	L警察学院	犯罪学
013-JZT	女	二	L警察学院	治安学
014-ZXY	女	一	L警察学院	网络安全与执法
015-ZYM	男	二	L警察学院	刑事科学技术
016-ZBY	男	一	L警察学院	警务指挥与战术

7.4.2　公安院校大学生职业认同影响因素的质性研究

根据对访谈资料的整理，可以将公安院校大学生职业认同的影响因素归为以下几类：

（1）职业形象和舆论宣传因素

访谈过程中，有很多受访者提及了自己的职业认同源于对警察这一职业形象的尊敬、崇拜和向往。其中有受访者是由于媒体、舆论对警察职业形象的正面宣传，使其在心理上产生对这一职业的正面印象。公安民警开展警务工作，代表的是国家的法律。人民警察的形象也代表着国家、政府，是全社会关注的焦点。因此，警察在人民群众心目中的职业形象和舆论、媒体对警察职业形象的宣传塑造是影响公安院校大学生职业认同的重要因素之一。

不同的人有着不同颜色的青春，有人说他们的青春是五彩斑斓，而警察说他们的青春是"藏蓝色"，一种让大家一看到就安心的颜色，一种受伤了也看不出来的颜色。（001-JJZ）

人民警察的职业是神圣的，做一名人民警察是光荣的。这样高尚的职业能够让人更具社会责任感，能让人更乐意去为它拼搏。（002-SHY）

"有愿望才会幸福"。年少的时候，经常从电视上看到警察惩恶扬善，他们总会挺身而出，用自己的机智和勇敢与犯罪分子做斗争，撕碎他们虚伪的面纱，把他们攻击得一败涂地，这些都在我的脑海中留下了深刻的印象……高考结束后，报考时我毫不犹豫地选择了警校。（003-TXY）

警察职业的特性以及警察的社会地位与众不同，要知道警察一直以来就是除暴安良的形象，而且我们男孩子从小对警察职业都有过向往。再一个就是警察的社会地位是比较受人尊敬的，毕竟守护一方人平安，当警察的话也可以说是有一部分情怀的原因在这里。（016-ZBY）

在社会上，警察职业被人民信任、尊敬、爱戴。从很小的时候起，我就羡慕身穿帅气警服，配备武器的警察叔叔。他们在别人有困难的时候帮助别人，为人民服务。（015-ZYM）

男警察用自己独特的方式实现着人生价值和热血青春，女警察英姿飒爽，巾帼不让须眉，更是警察队伍里一道亮丽的风景和一支不可或缺的重要力量。（014-ZXY）

那时的我们心里想的是穿上警服有多么威风神气，像电视剧里演的那样每天与歹徒搏斗并胜利，持枪抓捕时的刺激还有亮出警官证时的骄傲。那些都使我们对警校充满了向往。（012-LMY）

警察是最能展现人气魄的职业，能够在刀光剑影、惊心动魄中进行工作。警察是实现公平正义目标的理想职业，可以充分地运用法律赋予的职责进行惩恶扬善。警察是普通老百姓比较羡慕的职业，在任何危难时刻，警察永远是他们可以求助和依靠的对象。警察是社会上最具威慑力的职业，很少有犯罪嫌疑人将公安机关和警察作为侵害对象。（004-YHD）

（2）亲人或重要他人的影响

从收集到的访谈结果来看，有部分受访者是因为自己的亲人或朋友是公安行业的从业者，或者受访者的亲友希望其从事警察职业，才使得这部分受访者对警察职业产生偏好或将警察职业作为职业目标。此类受访者对警察职业的认同感虽有可能不是主动树立的，但亲人或重要他人对其职业认同的影响作用一般较深，且经常在与亲人或重要他人的交往中强化认同感，因而亲人或重要他人的影响也是公安院校大学生职业认同的影响因素之一。

高考后报名选择专业的时候，我遵循自己的内心，并在家人的支持下，报考了警校。（001-JJZ）

我的父亲是一名从警二十余年的老警察，常年奔波、任劳任怨、尽职尽责，将自己的一生奉献给了公安事业；我的表哥是一名从警五年的年轻警察，经常起早贪黑、加班加点、不知疲惫；今天，我又义不容辞地成为其中一员，我倍加珍惜此次改变命运的机会，决心以更加饱满的热情、昂扬的斗志、奋发的精神投入到公安工作中。（016-ZBY）

我的父亲也是一名军转警察，从小家中灌输的思想以及对父亲的崇拜让我选择成为一名警察。（005-YCH）

在我高三结束前不到一个月的时候，我的班主任有一天利用下课的时间提了一句公安院校报名，我和我的同桌就商量了一下，有了意愿，没有考虑得太多就报名了。（012-LMY）

我报考警校是为了实现自己的梦想和爷爷奶奶的梦想，爷爷奶奶在我小时候就让我当警察。（013-JZT）

之所以选择公安院校，其实是受到我父亲的影响。我的父亲并不是一名警察，而是一个公务员，他希望我未来能过上一个稳稳当当的生活。（006-CJW）

（3）个人兴趣与儿时理想

瑞士著名的教育家皮亚杰曾指出，"一切有成效的工作都是以某种兴趣为先决条件"。在访谈过程中，也的确有一些受访者对警察职业的认同感源于儿时的兴趣和理想。难能可贵的是，这种兴趣和情结并没有随着成长而慢慢消磨，而是逐渐升华为一种职业理想，以及对这种职业的持续性的认同。由此可见，个人兴趣与儿时理想也可能成为职业认同的一个影响因素。

我的想法真的很简单：职业是一辈子的事情，一定要选择一个自己喜欢的。多数工作都会有让人感到厌倦的一天，但是警察不一样，警察的快乐是通过帮助别人而得到的，这种快乐是长久不退的。（001-JJZ）

报考公安一直是我儿时的梦想，我也一直钦佩和羡慕警察。而我也知道，作为一名合格的警察，必须拥有强壮的体魄。所以我从中学开始就不断加强自己这方面的锻炼，我想只要自己做好准备，不懈追求，自己一定能实现理想的。在报考大学时，我就选择了警察相关的专业，并在求学期间不断加强自己各方面的能力，从知识到思想觉悟，从体能到能力锻炼，我一直为报考公安做准备。（002-SHY）

报考警校是我从小的梦想，我准备好了和黑恶势力作斗争，只要我们的社会一天不安宁，那么我要当警察的梦想一直就会继续。（005-YCH）

成为一名光荣的人民警察是我从小到大的理想和目标，而进入警校学习无疑让我距离多年的追求更进一步。（007-ZHD）

我从小对公安行业有所憧憬，梦想长大后的自己也能成为警察，伸张正义，惩恶扬善，为人民服务。（015-ZYM）

在我很小的时候急需帮助，是那身藏蓝挺身而出，忙前跑后，解决了我的难题；维护社会秩序，打击犯罪，奔跑着扑倒犯罪嫌疑人的样子是真的帅。遵从内心对公安工作的向往，为了保卫人民、惩恶扬善，我报考了警校。（010-YX）

（4）职业待遇和工作性质

访谈中还有部分受访者提及了警察职业的待遇及其公务员的工作性质和社会地位是影响其职业认同的原因之一。目前，公安机关积极落实从优待警的政策，从经济待遇、政治待遇、精神待遇多方面将人民警察的保障工作落到实处。不可否认，警察的社会地位、职业待遇和工作性质也是影响青年学子对警察职业认同发展的不容忽视的原因之一。

现在，大学生就业压力越来越大，报考公务员无疑是一个重要的就业途径。并且公安待遇相对较好，这也是吸引我报考的一个因素。（002-SHY）

入警率很高，警察作为公务员的身份很牢靠。公安类院校里的公安类专业的学生可以参加公安部联考，考过去就享受公务员待遇。（016-ZBY）

警察属于公务员的一种，是一份稳定、可靠的工作。找一份工作，薪资待遇很重要。警察起薪比普通公务员高，由公务员工资+警衔津贴构成，另外还有其他工作补贴。（015-ZYM）

警察是当今社会最为稳定的职业之一。从工作角度来看，只要尽职尽责，不违法违纪，就能够养家糊口。警察是公务员队伍中待遇较高的职业，除了警衔津贴，还有执勤津贴，从优待警措施正在逐步落实。（004-YHD）

就业压力大，疫情对企业雇工的负面影响比较突出。而警校生不一样，警校的入警率很高。正式警察的工资待遇是有保障的，而且会随着警龄等方面的增长而有较大的提升。（010-YX）

（5）职业价值与自我价值适配

在马斯洛的需要层次论中，个体寻求归属是基本需要，职业认同中的职业归属感实质上是个体的归属感，需要通过职业得到满足。在访谈过程中，一部分受访者表示，警察职业对于他们来说不仅仅意味着一份工作和一份收入，还在于同自己的价值观契合，警察职业能够实现其自我价值，使其找到归属感。一定程度上，职业价值与自我价值适配是影响职业认同发展的一个深层次原因。

警察是丰富人生阅历的首选职业，其他工作没有如此广泛的社会性。警察是使命感和责任感极强的职业，从事这一职业，能锤炼自己的意志和品质。（004-YHD）

我认为人民警察队伍管理严格，对我们年轻人来说更有利于自己的成长。从警能够锻炼人的意志和品质，实现人的自我价值。同时，我能为维护社会秩序贡献自身力量。良好的社会秩序是人民正常工作和生活的保障，而维护社会秩序就必须依靠人民警察的力量，我坚信我能在维护国家和社会的稳定、保护人民群众生命财产安全过程中实现自我价值。（002-SHY）

警察职业能让我获得认同感，我能参与到拯救、帮助那些无能为力的人的行动中，能够更好地实现自我价值。在成为一名人民警察以后，可以更好地回馈社会，为家乡、为社会、为国家贡献出自己的一份力量。（011-CHL）

小时候就有一个武侠梦。我感觉警察这个职业是最符合自己性格与价值观的职业，自己可以在工作中为社会、国家做贡献，实现个人的价值。我感觉报考警察是一种再适合不过的人生选择。（008-LZA）

（6）大学经历的影响

此外，还有部分受访者提及进入公安院校学习之后，自己对警察职业的认同感发生了一些变化：或者深化了认同，或者因了解到职业的艰辛而降低了对警察职业的认同感。这也印证了本研究的假设：大学经历对职业认同具有重要的影响作用。

入学后让我对从事公安行业意味着什么有了更深刻的认识，人民警察的职业是神圣的，做一名人民警察是光荣的。做一名优秀的人民警察，要认清和明确自己所肩负的责任，做好面对一切艰难险阻的准备，要不怕困难，无私奉献，全心全意为人民服务。这就是穿上这身警服的责任与义务。（011-CHL）

成为一名学警，这是一件很光荣的事情。进入学校后，我认真学习公安方面的知识，立志成为一名优秀的人民警察。通过学习我了解到，警察的职责有很多，任务也很繁重，没有我想象中的轻松，但是入学后的学习也让我做好了充足的准备。（005-YCH）

当我来到了警校，才真正领会到做一名人民警察意味着什么。从优秀民警的身上学到的不仅仅是知识，更重要的是他们的人格魅力、奋发向上的精神。在很多老师和队长，以及一些优秀的学长的身上，我慢慢感悟着从警之道。（014-ZXY）

迈入警院的那一刻，意味着我已经成为一名预备警官，也意味着需要承担的责任将比以往更重，警务工作室的工作让我的生活忙碌了起来，也让我充实无比，责任与担当改变了过去的我，铸就了现在的我。我想，律己和奉献精神已成为我在警院生活中的第一份收获，在大学里学会有效地管理时间也会对我们未来从事公安工作有很大的帮助。（013-JZT）

在进入这个学校的那一刻起，许多事情就改变了。在我融入警校生活的过程中，尤其是经历军训、学习和政治理论教育后，我对警校生的身份和警察职业的认知发生了巨大的改变。对于警察这个职业，我认识到它代表的是责任和奉献，相比法律赋予的权力，更重要的是作为一名人民警察该履行的义务，权力只是履行义务的工具，而不是作为满足个人私有欲望的工具。（012-LMY）

公安院校把培养学生过硬的政治素质放在首位。从学生入学的那一天起，学校就通过入学教育、军训、班会、班组讨论、舆论宣传、政治理论教育，以及队列会操、紧急集合等多种形式，让我对公安职业了解得更加全面了，也让我对警察这个职业有了更深刻的认识。（009-TYY）

在入学之前，我以为警察的工作只是简单的巡逻，但是当我入学以后，我才真正明白警察的含义。警察每天都时刻保护着我们，他们基本没有准点下班过，也很少陪家人完整地度过节日，他们舍小家为大家；他们为了别人的安全而不顾自己的安危，甚至是失去生命。我深刻地体会到，责任感、荣誉感是警察最不能舍弃也是最为珍贵的东西。（006-CJW）

入学后感觉在警校要学习很多的专业知识，犯罪心理学、刑事侦查学、痕迹检验、擒拿格斗、射击游泳……很多都是普通大学根本没有开设的"高大上"课程。报考了警校，懂得身体是革命的本钱，每天早睡早起、按时就餐、跑步列队、各种体能训练不掉队，只为在同犯罪分子斗智斗勇时，能追得上，打得赢。在警校，你必须保持自己的内务卫生干净整洁，桌上不能有一点儿灰尘，被子必须叠成"豆腐块"，鞋子衣服都要摆放整齐，每个警校生都是爱干净的好孩子、打扫卫生的小能

手。（008-LZA）

总结访谈研究中样本陈述的职业认同影响因素，既包括个体因素，也包括社会、家庭、环境等多方面因素，教育因素也是影响职业认同发展的重要因素。从教育的视角来看，高校应着眼于大学经历对职业认同的影响作用，遵循个体成长规律和人才培养规律，总结影响大学生职业认同发展的教育因素，归纳出引导公安院校大学生职业认同发展的教育策略。

7.4.3 公安院校大学生职业认同影响因素的量化研究

根据质性研究结果，本研究对 5 所公安院校的 200 名大学生的职业认同的影响因素进行了问卷调查。问卷将访谈结果中提及率最高的集中因素作为选项，设置题项为多选类型，结果见表7-9。

表7-9　　　　　　　　公安院校大学生职业认同的影响因素

选项	小计	比例
社会舆论、媒体对警察职业形象的宣传	146	73.37%
亲人或朋友等的影响	115	57.79%
儿时的兴趣和理想	93	46.73%
警察的职业待遇和社会地位	137	68.84%
警察职业和我的价值观相契合	143	71.86%
本题有效填写人次	199	

从问卷结果来看，样本中超过 50% 的职业认同都受到"社会舆论、媒体对警察职业形象的宣传""亲人或朋友等的影响""警察的职业待遇和社会地位""警察职业和我的价值观相契合"几项因素的影响，46.73% 的样本的职业认同也受到"儿时的兴趣和理想"的影响。

问卷还对公安院校大学生的职业自我效能情况及其与职业认同的关系进行了检验和分析，结果见表 7-10。

表7-10　　　公安院校大学生职业自我效能与职业认同的关系

线性回归分析结果 （n=199）

	非标准化系数		标准化系数	t	p	共线性诊断	
	B	标准误	Beta			VIF	容忍度
常数	0.598	0.157	—	3.817	0.000**	—	—
职业自我效能	0.883	0.038	0.855	23.183	0.000**	1.000	1.000
R^2	0.732						
调整 R^2	0.730						
F	F （1，197）=537.433，p=0.000						
D-W 值	1.987						

因变量：职业认同

* 表示 p<0.05 ；**表示 p<0.01

从表7-10可知，将样本的职业自我效能作为自变量，而将职业认同作为因变量进行线性回归分析，得出的模型公式为：职业认同=0.598 + 0.883×职业效能，模型 R^2 值为0.732，意味着职业效能可以解释职业认同73.2%的变化原因。对模型进行F检验时发现，模型通过F检验（F=537.433，p=0.000<0.05），说明职业自我效能一定会对职业认同产生影响，最终分析可知，职业自我效能会对职业认同产生显著的正向影响。根据上一章的分析，大学经历是提升职业自我效能的重要因素，上述结果又说明公安院校大学生职业认同受到职业自我效能的正向影响，从而也间接说明了大学经历对公安院校大学生职业认同的影响作用。

此外，问卷还设置了一道自我报告题目"大学学习经历是否对您对警察职业的认同造成一定影响"，样本中认为存在影响的人数占比达94.47%，充分显示了大学经历对公安院校大学生职业认同的影响作用，同时说明了行业特色高校在促进大学生职业认同发展过程中的重要作用。

8 行业特色高校大学生职业认同的
教育引导策略

　　根据前文的研究，我们已经发现，性别、年级、院校性质等对行业特色高校大学生的职业认同均无显著影响作用，行业特色高校大学生职业认同的主要影响因素包括：职业形象与舆论宣传、亲人或重要他人的影响、个人兴趣与儿时理想、职业待遇和工作性质、职业价值与自我价值的适配性以及大学经历等。其中，大学经历因素是最值得引起高等教育理论和实践界重视的因素。

　　前文进一步对大学经历（学习性投入）与职业认同之间关系进行实证分析，肯定了学习性投入对大学生职业认同具有促进意义，并明确了学习性投入中的哪些要素对职业认同的发展具有重要影响作用，以及这些要素是通过何种方式与路径作用于大学生职业认同发展的。

　　本章将在实证研究结果的基础上，结合国外经验，将影响大学生职业认同的学习性投入要素具体化，探讨这些要素所引申出的教育策略，为科学引导我国大学生职业认同的发展提供参考。

　　根据实证研究的分析结果和国外的教育经验可知，注重培养学生的高阶思维和反思综合能力，鼓励学生参加高影响力实践活动，提升院校对学生参与学业活动与非学业活动的支持度，加强不同背景的学生之间、教师与学生之间的互动与交流，都对促进大学生职业认同发展具有积极作用。

此外，由于职业自我效能在大学经历（学习性投入）与大学生职业认同发展之间具有中介作用，且职业自我效能本身也是大学生职业认同发展的促进因素，因此，提升大学生自我效能也是引导大学生职业认同发展不可忽略的一个方面。

8.1　课程设计注重培养学生的高阶思维和反思综合能力

根据实证分析结果，隶属于学业挑战维度下的"高阶学习"和"反思综合"两个学习性投入要素都对大学生职业认同发展形成了直接的正向影响，不仅如此，这两个要素也都以大学生职业自我效能为中介，间接影响大学生职业认同的发展。由此可见，注重在学业活动中培养大学生的高阶学习和反思综合能力，是促进大学生职业认同发展的重要着力点。

挑战性学习和创造性学习一直以来都是大学生学习和大学教学的核心。学业挑战这个维度本身就可以说明高校通过强调学业努力的重要性、向学生提出高期望、设立高目标来促进学生自身学术水平的提高。下属的"高阶学习"指标是为了反映高校能否通过鼓励学生参与复杂的认知任务（如应用、分析、判断和综合），而不仅仅是记忆事实，来提升学生的学术水平；"反思综合"指标则主要反映学生能否将所学到的知识与自我、实践相联系，反思自己的观点，从他人的角度考虑问题等。为了更好地发挥"高阶学习"和"反思综合"对大学生职业认同发展的促进作用，本研究建议在课程设计上更加注重培养学生的高阶学习和反思综合能力，近年来在国外兴起的"顶点课程"在培养学生高阶学习和反思综合能力方面体现出很好的效果，对提升大学生的职业自我效能和促进大学生职业认同发展都具有积极的推动作用。

8.1.1　顶点课程简介

顶点课程（capstone course），国内又译作顶石课程、顶峰课程，其中 capstone 一词是出自建筑学术语"合顶石"之意，指的是建筑物最顶端的一块石头，用于稳固建筑的整体结构，以使建筑能够顺利完工。

美国首先将"capstone"一词用于高等教育领域，以指代高年级学生尤其是毕业生的体验性课程或项目。顶点课程是各专业基于学生已有的特定专业知识所开设的一门独立课程，授课时可以采取服务学习、工作实习、模拟仿真和沉浸体验等多种形式。该课程通常设置在本科阶段的最后一年，旨在为学生提供一个"将碎片化知识进行统整"的机会，让学生对所学知识进行回顾和理解，也为学生过渡到下一阶段的工作和学习做好准备。

顶点课程的功能主要包括四个方面：

第一，整合（integration）：本科阶段的学习多为一门门独立的课程，内容或许过于专精化（specialized）与片段化（fragmented），顶点课程为学生提供了一个整合本科所学内容的机会，让课程学习并非只是学分的累积，而是形成有意义的整体学习体验。

第二，收尾（closure）：顶点课程开设于本科学习的最后一个阶段，为大学课程画下句点，意味着学生本科阶段的学业圆满完成。

第三，反思（reflection）：借由回顾和应用先前所学内容，让学生加深体会已经获得和掌握了哪些知识与技能，同时让学生反思自身还存在哪些不足。

第四，过渡（transition）：学生在顶点课程中将课程所学应用于实际，让学习成果具体化，有助于学生顺利衔接大学生活与毕业后生涯，为未来做好准备。

顶点课程开设在基础课程（cornerstone course）和核心课程（keystone course）的基础之上，三类课程共同筑成了高等教育的"知识塔"（如图 8-1 所示），足以见得顶点课程在高等教育中所占据的独特的教学和课程地位。也正是由于顶点课程对学生整个本科阶段所学知识的统整和深化作用，将学生的能力和自信心又提升到了一个新的高度，因而顶点课程也被视作学生在本科教育最后阶段的一次"顶峰体验"（culminating experience）。

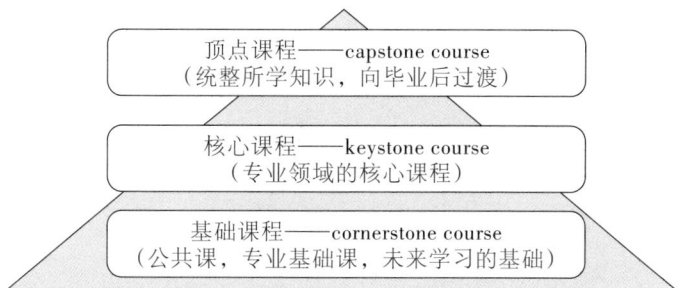

图8-1 顶点课程在高等教育知识塔中的位置

8.1.2 顶点课程的常见形式

（1）基于问题（项目）的学习

基于问题的学习（PBL）和基于项目的学习（PJBL），都是指学生参与到一个具体的专业项目中，为客户寻求问题的解决方案，是顶点课程中最为常见的形式。PBL 和 PJBL 经常被结合使用。因为 PBL 是通过解决"真实世界"中的具体问题将所学的知识作为一种"假设"在实践中得以验证，而 PJBL 为验证知识提供了具体的情境依托，因此两种方式是相辅相成的。

此类顶点课程中，学生们被赋予一个背景或情境，通过合作完成某个项目，学习处理现代企业在市场竞争中面临的常见问题。课程的主要目的在于鼓励学生与真实客户进行频繁互动，使学生树立满足客户需求的意识，感受定期交付产品的挑战，并参与到项目开发各个环节的任务中，配合团队成员共同完成目标，旨在培养学生的专业态度和专业行为。

（2）工学结合

工学结合是顶点课程较为传统的实施方法，工学结合类顶点课程也已经得到较好的推广。学生参与实习与现场实践是工学结合类顶点课程的主要教学手段。

工学结合类顶点课程试图提供或模拟一个专业的背景或环境，让学生参与到日常工作的规划、管理和执行中，体验工作中可能遇到的挑战、问题甚至是压力。此类顶点课程通常持续较长时间，学生需要在特定的岗位上完成具体的工作任务，甚至承担相应的工作责任。课程的根本目的在于发展学生的职业技能和胜任力，为学生过渡到职业生涯的下一阶段做好准备。专业实践经历有助于提升学生的就业信心，使其在初入职场时面对一些具有挑战性的情况也不会不知所措。课程还为雇主进行人才选拔和学生求职提供了良好的平台，一部分学生在顶点课程结束后被直接留任，其他学生也通过与雇主的合作收获了行业经验。学生与合作单位的互动也有利于促进校企双方的可持续合作，为日后顶点课程的开展奠定基础，形成学生职业发展教育的良性循环。

（3）多学科学习

多学科学习通常以不同专业的学生共同参与和完成某一跨学科项目、或某一专业的学生运用多学科知识与技能完成本专业的项目为主要课程内容。

课程努力为学生搭建起一个可以与行业内外专业人士进行充分交流和沟通的平台，将行业内各个环节可能出现的相关问题进行汇集，让学生对行业的全貌形成总体认知，并根据自身已经掌握的专业知识和其他学科的背景知识，得出综合性结论。多学科学习有利于拓宽学生的知识面和所掌握技能的领域，鼓励学生将所学知识应用到"挑战性的领域"，同时注重对学生知识迁移能力的培养。

此类顶点课程旨在帮助学生适应社会对多学科知识理解和应用能力的需求，尤其是满足那些要求多元学科背景和知识持续更新的领域对人才的需求，以提升学生在职场中的竞争力，增强学生的可雇佣性。

8.1.3 顶点课程对于促进大学生职业认同发展的意义

结合顶点课程的特征及其所带来的教育收益，可以将顶点课程对大学生职业认同发展的促进意义总结为以下几点：

（1）"统整融通"的思路帮助学生有效结合"学术自我"与"职业自我"

顶点课程的核心思路是：让学生在参与课程的过程中，总结和深化专业知识，锻炼和提升专业技能，习得和养成职业素养，将专业知识、专业技能和职业素养在实践中进行"统整"和"融通"，有利于促进学生职业认同的发展，帮助学生做好全方位的职前准备。

从顶点课程的形式来看，基于项目（问题）的学习依托具体的问题或任务帮助学生实现抽象理论与真实世界的统整融通；工学结合依托现场实践帮助学生实现知识技能与工作环境的统整融通；跨学科学习则帮助学生实现专业知识与其他领域知识的统整融通。最终，将这些要素统整融通的目的都是推进学生本身的职业认同发展，实现"学术自我"与"职业自我"的有效结合。

（2）"桥梁"作用推进了学生将学习经历与职业角色相融合

顶点课程的主要功能是建立科学世界与生活世界的联系，将可雇佣性技能培养嵌入课程教学中，使雇主要求、职场所需技能与学生的培养目标和毕业要求有机结合起来，帮助学生实现良好的过渡，起到连接校园与职场的"桥梁"作用。

顶点课程的设计应从知识、参与、品质和能力四个方面出发，力求对学生的学术知识、个人素质和通用技能都起到提升作用，既考虑到了课程对教学效果的促进意义，又尊重了学生自身的发展目标，还要关注各行业人才应具备的胜任能力，旨在寻求一个能够实现高校、学生和雇主三方目标的共同框架，让各方在共同的目标框架下进行人才培养、自我发展和人才选拔。

由此可见，顶点课程总体来说对于学生、教师、高校、企业等各方都具有积极意义，但其中影响最为深刻的是密切了学生和职场之间的联系，使学生更好地将自身的学习经历、学术兴趣和今后的职业生涯结合在一起[133]，有效促进了学习经历与职业角色的融合，对大学生职业认同发展大有裨益。

（3）"高峰体验"效应为学生终身职业认同的发展奠定基础

顶点课程通过知识与实践相结合，将学生自身的能力又提升到了一个新的高度，因而被视作学生毕业前的一次"高峰体验"，标志着学生本科阶段的学习到达顶峰状态。

顶点课程之所以被视作一次"高峰体验"，是因为其包含着诸多的高阶思维元素，如问题解决、合作创新、跨学科思考、批判性反思等等，这些思维元素有利于帮助学生学会认识自己、认识世界。

本科学习阶段是个体养成良好的学习和思考习惯的重要阶段，良好的学习和思考习惯又是学生持续的自我完善和探索世界的前提。由此看来，顶点课程不仅促进了个体思维习惯（habits of mind）的形成，同时也有利于拓展学生的人生经历，这些都为个体终身职业认同的发展奠定了基础。

8.2 积极开展各类相关高影响力实践活动

根据实证分析结果，学习性投入中的"高影响力教育实践活动"（high-impact educational practices）要素不仅对大学生职业认同发展具有直接的正向影响，还以大学生职业自我效能为中介，间接影响大学生职业认同的发展。因此，积极开展相关的高影响力实践活动，是引导和促进大学生职业认同发展的另一个重要途径。

乔治·库（2008）指出，高影响力教育实践活动应具有以下特征：

①需要学生付诸有目的性的努力；

②帮助学生建立实质性的社会关系；

③为学生提供丰富和持续性的反馈；

④使学生能够将所学的知识融入到新的情境中；

⑤鼓励学生在实践中反思和加深对自我的认识[134]。

在符合这5个特征的前提下，不同国家、不同高校中的高影响力教育实践可以采取不同的形式。

国外高校通常将入学培训和专业引导、学习共同体、服务学习、实习和田野调查、海外学习、高年级拓展学习等作为高影响力实践的主要形式。

张华峰等（2017）将我国高校的高影响力教育实践归为两类，分别为："拓展性学习活动"（第二外语学习、海外学习、辅修其他专业等）、"研究相关活动"（和教师一起做研究、向期刊等投稿、参加各类学术竞赛或专业竞赛等）。

目前经 NSSE 大规模实证研究验证，可以有效促进大学生职业发展的高影响力实践主要包括6种：①学习社团（如读书会/英语社团等）；②实习、社会实践或调查；③社区服务或志愿者活动；④海外学习；⑤和教师一起参加科研活动；⑥参加回顾性、总结性、过渡性课程或项目，统整和深化所学知识，并为毕业后做准备。

由于不同大学生个体的职业理想和目标各异，促进其职业认同发展的高影响力教育实践也各不相同，高校应根据学生需求，为学生参与各种类型的高影响力教育实践提供条件，支持鼓励学生参与到各种类型的高影响力教育实践中，并以这些实践活动为载体开展大学生职业认同教育。为了使高影响力实践活动的开展更加富有成效，各院校应在以下几个方面加大管理和支持力度。

8.2.1 激发学生参加高影响力实践活动的积极性

在进入大学以前，学生由于应试压力将主要时间都用于课业学习。进入大学之后，可支配的课余时间增加，这为大学生参加更多的高影响力实践活动提供了良好的时间条件。但如何引导大学生科学合理安排课余时间，积极参加这些高影响力实践活动，成为当前高校面临的一个难题。

有调查显示，目前"娱乐主导型"的课余生活在大学生群体中所占的比重最大，大部分学生选择在课余时间开展上网等娱乐活动，"活动主导型"的课余生活在大学生群体中所占的比重偏低[135]，可见大学生对高影响力实践活动的实际参与程度不高。这更加要求高校在设计和实施高影响力实践活动的过程中，充分考虑到学生的实际需求和兴趣爱好，积极开展丰富多彩、形式多样、富有吸引力的高影响力实践活动。鼓励学生对实践活动的内容提出自己的主张，并将其中好的主张付诸实施，是增强和调动学生参与高影响力实践活动的积极性的有效办法。尽可能使学生成为设计和实施活动的主角，给予学生更多的表现机会，不仅让学生参与其中，更使他们乐在其中，在获得乐趣的同时增加社会交往、提高对社会的认识，从交往和实践中提升对自我和职业的认知，进而促进自身职业认同的发展。

8.2.2　形成高影响力实践活动开展的制度保障

针对大学生参与高影响力实践活动，形成科学完善的制度保障，是各项活动得以顺利开展的前提。高校相关管理人员、教师及辅导员需要在日常开展实践活动的过程中，适时总结有益经验，逐渐形成易操作的、高效的实践活动管理制度与规范。

张木（2012）主张利用项目管理的办法来保障和监督大学生课外活动的有效开展，将学生实践活动视作一个项目，引入项目管理的相关理论，对大学生实践活动的策划、计划、实施和评价全程进行规范化、流程化管理，从而提升高影响力实践活动的育人功用。除了针对实践活动的开展形成制度保障，针对学生在高影响力实践活动中的参与程度也应形成相应的制度和规定。如可以设置暑期小学期（summer internships）专门用于学生参加专业实习与社会实践；或采取灵活的学期计划和学位制度，开设多门类的小型、微型课程，以方便学生加入不同时长、不同类型的实践活动；甚至可以采取学分制度，规定学生必须参与或选择参与高影响力实践活动，作为毕业的基本要求之一，此类制度和规定都是提高学生参与度的有效举措。

8.2.3　为高影响力实践活动顺利开展提供支持

每项高影响力实践活动的顺利开展，都离不开相应的人员、资金、合作渠道等条件的支持。高校方面不仅应为开展各项高影响力实践活动提供人员和资金便利，同时还须与社会、企业等实践渠道形成良好的合作关系。

德国在校企合作方面的经验，可以为我国开展相关高影响力实践活动提供参考：从高校方面看，德国高校积极变革原有的单一课堂讲授制，组织学生进入企业进行实习、实训；从企业方面看，大部分德国企业尤其是大规模企业的内部都设有培训中心，并配备专门的培训师针对大学生进行指导和支持。这种教育模式能够使学生"零距离"接触实际的职场环境，切身感受工作实践、熟悉工作流程、体会职场合作、发现职业的意义和价值，不仅能让学生掌握职业能力、拥有就业潜力，还可以提高学生的职业意识，帮助学生自主建构起职业认同，对学生个性发展和融入社会都具有重要意义。

8.3 为学生职业认同发展提供适切的校方支持

根据实证分析结果，学习性投入要素中的"院校支持"要素也对大学生职业认同发展具有直接的正向影响。因此，高校应努力营造有利于学生职业认同发展的院校环境，为大学生职业认同发展提供适切的校方支持。

8.3.1 树立以学生为中心的职业发展教育观念

早在1998年，美国大学就开始倡导"以学生为中心"的教育理念，后联合国教科文组织又将这一理念写入首届世界高等教育大会宣言，要求各国高校将学生及其需要作为重点，并将学生视作高等教育改革的主要参与者。然而时至今日，我国大部分高校的教育理念仍是以教师和教学为中心，学校则主要承担管理学生的角色。这种教育理念导致的结果是，目前我国高校学生职业发展工作尚处于就业"指导"阶段，就业指导中心所发挥的功能也十分有限，多数学校仅设置内容较为空洞的就业指导课程，将职业发展总结出一套"标准答案"灌输给学生，不利于学生对自我和职业进行个性化的探索。

以学生为中心的教育理念要求高校致力于集合所有资源，为学生的成才提供优质而高效的服务。学校不仅是学生学习的场所，更是学生体验成长和生活的场所，高校应从学生的实际出发，让学生自主选择、自我负责。在学生职业发展方面，我国高校也应实现从管理方到服务方的角色转换，积极了解学生的职业发展需求，将"个性化""主动性"的服务理念贯穿到学生职业发展工作中，鼓励学生自主探索职业生涯，实现自身职业发展。

不难发现，大学生职业发展服务的第一步就是从学生自身出发，让他们建立自我认同，不必按某一固定模式塑造自己。在学生职业发展的过程中学校扮演支持者的角色，起到协助和引导的作用，即成为学生的"生涯伙伴"（career partner），而不是学生职业发展的"模板"。高校在学生职业发展工作中，应明确学生的主体地位，重视学生的个体差异，尊重学生的专业与职业选择，站在服务者的角度，为学生提供适切的职业发展帮助，让学生自主自发地探索和认识自我，逐渐形成职业认同。

8.3.2　保证学生职业发展工作的专业性

专业的职业发展中心建设、专业的学生职业发展工作团队是学生职业发展工作成功开展的前提和保障。美国高校通常会将在校学生学费的5%拨给职业发展中心，以保证中心高效运作。反观我国高校就业指导中心，就业经费仅占学费的不足1%，许多高校尚未达到教育部所要求的就业指导的机构、人员、经费"三到位"与"四化"（全程化、全员化、专业化、信息化）要求，就业指导中心对学生职业发展所起到的作用还很不足。

此外，辅导员是我国高校学生工作中最直接的管理者和服务者，应成为学生职业发展的中坚力量。我国广大高校辅导员群体平时与学生在生活与学习中接触更多，对学生自身属性更为了解，应担负起学生职业发展过程中参谋和疏导的重任。现实中辅导员往往因为工作量大、事务烦琐忽视了对学生职业发展进行长效的引导，使得这项工作只在就业季成为"应急性"的事务。这就要求辅导员群体在工作中提升对学生职业发展的关注度，积极吸收西方学生事务管理的理论和先进办法，将认同理念贯穿到学生的职业发展的始终。

8.3.3　引入多种力量参与学生职业发展工作

为了给学生提供更多更好的职业发展服务，高校应引入更多的力量和资源参与到学生职业发展工作当中来。可以借鉴国外高校"同伴辅导"的思路,让杰出的毕业生校友或高年级学生担任生涯同伴导师,此举一方面有利于毕业生校友和高年级学生在分享职业发展经验的同时增强职场自信,另一方面也利于低年级学生卸下防备、消除紧张感,表达自己的真实态度,向身边的榜样取经和学习。

高校还可以引入企业资源,与企业建立学生职业发展方面的合作,通过建立实践基地、组织技能大赛、举办企业讲堂等活动实现学生职业发展工作方式的多元化,促进人才培养与学生就业的融合。将企业资源引入学生职业发展工作中,有利于让学生体验真实的工作环境,接触一手的职场经验,在专业实践中认识自我、发现自我,对学生建立职业认同乃至生涯认同都具有良好的推动作用。

此外,发挥校友机制的积极效用也应该作为发展学生生涯认同的必要措施。

在西方国家,校友机制主要有两方面的意义,一方面是对母校认同度的表达,另一方面则在于一种社会资源的获取,即学生借助这一机制更可能获得成功。

我国高校的校友机制建设尚处于起步阶段,毕业生和母校的联结相对较弱,学生对母校的归属感还有待加强。高校欲将毕业生校友培育成学校的社会资源,甚至为在校生提供职业资源,还有很长的路要走。这就要求高校注重与毕业生校友建立联系,及时向校友通报学校的发展情况,积极为毕业生校友提供信息和资源,让他们感受到学校对自己的关怀。在此基础上,为在校生和毕业生搭建起一个沟通平台,发挥校友网络的积极效用,构建起一个多元化的、稳定性强的职业生涯网络,当学生职业生涯中遇到困惑、质疑和挑战时,借助这一网络为其提供帮助、启迪和力量,进而坚定职业生涯的信念和理想,逐步发展和形成职业生涯认同。

8.4 鼓励学生与教师、同伴进行多元化互动

实证研究结果显示,师生互动是大学生职业认同发展的直接影响因素,多元交流以大学生职业自我效能为中介,间接作用于大学生职业认

同的发展。由此可见，高校应注重营造有利于师生互动、生生互动的机会与环境，丰富学生参与多元互动的形式和途径，从而促进大学生职业认同的发展。

8.4.1　增进师生沟通与交流

（1）发挥辅导员在学生职业认同发展中的作用

对学生更为了解，平时与学生在生活、学习中接触更多的广大高校辅导员群体，应在日常工作中多吸收西方学生事务管理的理论和先进办法，成为学生职业发展的中坚力量。

如北京工业大学成立的"辅导员工作室"，为我国学生职业发展服务提供了新思路。该工作室旨在通过提供职业素质测评等服务，让学生全方位审视与发现个人优势。工作室采取"一对一"个体辅导，辅导员须学习教练技术及各学科专业的职业信息手册，以保证个体辅导快捷高效；工作室还引入了职业素质团体辅导及企业实训，力求用"体验"代替"说教"；用"系统训练"代替"碎片化"讲座、用"企业实训"取代"纸上谈兵"，促进学生职业发展。该工作室的辅导员均为有着丰富的辅导员工作经验、接受过系统的专业化培训、对辅导员事业充满热爱的一线辅导员，有效发挥了辅导员在学生职业发展工作中的重要作用。

（2）发挥任课教师对学生职业发展的引导作用

除了辅导员与大学生之间的有效互动，学生职业发展工作也离不开任课教师的参与。首先，任课教师在课堂上对专业知识的传授，是学生认识职业价值、了解职业现状的重要途径。学生在课堂内外与任课教师进行的职业方面的沟通与交流，都将引发学生对其自身职业认同的思考。任课教师除了科研与教学工作之外，还应定期轮流与学生进行一对一的职业咨询与沟通，即国外高校普遍推行的"教授咨询顾问制"。这一制度通常由职业发展中心负责安排和协调各专业教师的时间表，并接受学生的预约，专职教师向学生分享自己对专业领域前沿问题的理解，以自身经验和专业知识为学生提供更有针对性的、更加权威的职业发展帮助。"教授咨询顾问制"实质上也是对学生进行专业教育的过程，旨在帮助学生理解职业的性质和义务，内化职业的价值体系，促进学生形成良好的职业素养，强化学生的职业认同，鼓励学生像一个真正的从业者一样思考与行动，在未来成为高素质的职业工作者。

8.4.2 协助学生建设生涯发展网络

生涯发展网络（developmental network）是社交人际网络（social network）的一个子集，这一概念由波士顿大学商学院的凯西（Kathy Kram）教授于 2009 年首次提出。这个网络由各个"个体职业生涯发展过程中的支持者"共同构成，这些支持者可以是老师、上司，也可以是同学、朋友，甚至是家人等等，他们也许在个体所从事的行业内，也许远离这个行业，但所有人共同织起了一张强有力的职业生涯支持网络，对个体形成启发或帮助，有利于个体实现既定的职业生涯目标。高校应以职业生涯发展中心为平台，通过各种形式的服务将学生、教师、就业指导人员、校友、家长、雇主等沟通起来，努力为每一位学生建构一个多元化的、稳定性强的"生涯发展网络"。

同时，高校还应充分利用各类传播媒介，为在校生与毕业生汇集职场资源，提供职业生涯发展支持。借助生涯发展网络，校方能够与在校生和毕业生校友建立紧密而长期的联系，使学生增强母校认同，同时学生也可以通过生涯发展网络获取信息和资源，促进自身职业生涯发展。

8.4.3 重视发挥校友效应

高校不仅需要重视在校学生的职业发展，同时也应关注毕业生校友的职业生涯发展情况，以校友会和职业生涯发展中心为纽带，与毕业生校友建立良好的互惠关系。一方面，毕业生校友可以继续借助学校的各类资源，实现自身职业生涯的可持续发展；另一方面，毕业生校友在获得职业发展之后，将自身资源反馈给学校，帮助在校生获得更多的职业发展机会。

参考国外大学的经验，校方可以专门成立校友董事会，定期组织毕业生校友参与线上和线下的不同活动，拓展毕业生校友的生涯发展网络。同时，高校也可以借助校友会力量，举办创业就业峰会，鼓励毕业生校友参会，为在校生提供更多就业创业机会，分享生涯发展经验。许多从母校走出的杰出校友，又成为了在校生的榜样或雇主，这种校友效应影响着一代又一代的学生，形成一个职业生涯发展的良性循环，对在校生和毕业生的职业认同发展都有所裨益。

8.5 帮助学生提升自我效能以促进其职业认同发展

结构方程模型的分析结果表明，大学生职业自我效能对大学生职业认同发展具有正向影响，且在学习性投入要素作用于大学生职业认同发展的过程中起到中介作用，因此帮助学生提升职业自我效能，也将有助于促进大学生职业认同发展。

8.5.1 帮助学生发现自我、了解自我

（1）个人故事线方法

为了使学生对自己形成准确定位并且明确自己在职业方面的兴趣和优势，高校可以利用故事线方法，让学生从自己的学习经历中去建构自己的意义。

具体步骤为：

首先，启发学生从课堂参与、志愿者经历、合作经历、由学生策划的项目等情境中回顾自己获得满足感的瞬间。

接着，让学生从这些情境中选出5个最难忘的事件，并将每个事件总结成一条"故事线"，这条故事线由情境、人物和情节布局构成。

最后，整理这5个事件的主题和细节，并分析哪些主题和细节令学生感到自豪或喜悦，提升了学生的自我效能感，从而梳理出使学生产生积极情感的要素，并从中总结出学生的兴趣和目标。

（2）个人标签化方法

可以引导学生从多种性格特征和价值观的集合中，通过初筛、分组、归类和复选，选择出自己的"标签"，代表自己的性格和价值观，并将这些信息记入每个学生的生涯历程档案。在学生明晰了自己的性格特征和价值观后，高校应鼓励学生继续保有自己独树一帜的风格，积极发展自己独特的专长，增强其职业发展的专注力和自信心，提升学生职业自我效能。帮助学生准确定位自身特质，可以避免学生在树立价值观和理想的过程中随波逐流，产生"从众"心理。

（3）个人品牌化方法

应该鼓励学生在社交媒体上建立自己的档案和资料，并将自己作为一个品牌进行营销。这种品牌化的方法不仅是了解和展示自我的有效方式，也是学生与雇主及同行进行沟通的一种途径。

雇主和同行可以通过清晰而具有一致性的"个人品牌"来了解求职者是谁、能为该企业提供什么。学生在塑造"个人品牌"时还可以全面地审视自己，包括个人的愿景和目的、价值观和爱好、未来 2～5 年的最优先目标、核心竞争力与技能、目标雇主是谁等等。学生在回答完以上问题之后，需要对自我做一个 SWOT 分析，总结出自身的优势（strengths）、劣势（weaknesses）、机会（opportunities）和威胁（threats），然后让最了解自己的人给出反馈意见，进而完善自己的社交媒体资料。利用"个人品牌"向雇主营销自己的优势和能力在求职过程中的意义是不言自明的，高校应始终提倡个人品牌中应当包括个性化的部分，因为真实独特的"自我"与学生的技能和成就同等重要，都是学生提升职业自我效能，乃至促进职业认同发展的支持力量。

8.5.2　支持学生"志趣"的养成

现代精英教育所期待的学习动力应当源自学生个人，从发现自己的兴趣、禀赋、心之所向，到认识学科专业领域和社会需求的发展趋势，进而指向人类文明中崇高、伟大的价值[136]，这一循序渐进的志趣养成过程实质上也是个体提升自我效能、建构认同的过程。进入大学阶段，个体的兴趣和志向趋于稳定，并逐步开始形成对未来职业的预期，大学教师应努力促使学生将兴趣转化为志向。诚如马丁·特罗所言，"能否激励雄心壮志，成为高等教育大众化后精英教育的首要特征"。"志趣"既事关个人心智的成熟，又是专业化的发端；不仅是大学生在校期间学习的重要动力，更是其日后探索并坚持职业生涯的重要支撑。大学应借助通识教育，为学生提供促进兴趣萌发的专业选择环境，并培养学生作出志向选择的判断力，帮助学生在尝试和比较中认识自己，发现自己的"志趣"；同时在专业教育阶段，给予学生更多发展"志趣"的空间，让学生自主将"志趣"与专业学习乃至职业发展相结合，有利于学生实现职业自我效能的提升与职业认同的发展。

8.5.3　建立生涯历程档案作为学生的职业发展参考

"生涯历程档案"（career portfolios）是将学生在校期间的各种职业生涯发展的成果和心得，进行系统性整理而形成的记录。[137]

"生涯历程档案"主要涵盖学生本身的兴趣、人格特质、价值观，以及其已经取得的成就、技能、经验和知识，以及未来的发展方向、求职偏好和生涯发展目标。

英国学者哈维（Harvey）指出，通过在高等教育中推动学生建立生涯历程档案，可以使他们将现在的学习与更宽广的生涯发展脉络对接，使其职业生涯发展目标更加明确化和具体化。[138]

高校应帮助每个学生在入校时建立自己的"生涯历程档案"，旨在为学生的生涯规划和职业发展提供一个结构化的程序，通过对生涯历程档案进行合理的分析与解释，帮助学生清晰地对自身现有的水平进行审视。

生涯历程档案的建立并非将学生的个人经历与信息进行一次性的简单罗列，而是需要系统化地布局学生的经历与信息之间的逻辑与关联。

高校可以将职业与生涯发展中心作为沟通平台，积极促进教学部门、教务部门乃至信息中心相互配合，跟踪学生在校期间的生涯发展历程，及时对信息进行更新与维护，协助学生建立高质量的生涯历程档案，使其对未来的发展方向和目标作出合理的预期，让他们更有准备和信心面对未来的职场挑战，既提升其职业自我效能，同时也为学生探索职业认同提供信息参考。

参考文献

[1]　CHONG Y S，AHMED P．A phenomenology of university service quality experience ［J］．International Journal of Educational Management，2014，28（28）：36-52．

[2]　池哲萍．高职院校学生职业归属感的在校培养途径研究 ［J］．现代职业教育，2017（32）：64-65．

[3]　廖伯琴，李富强．从兴趣到志向：走进科学原动力的升华——从引发向仲怀院士走进科学探索的一些事例说起 ［J］．物理教学探讨：中学教学教研专辑，2008，26（11）：1-3．

[4]　陆一，史静寰．志趣：大学拔尖创新人才培养的基础 ［J］．教育研究，2014，35（3）：48-54．

[5]　朗格朗．终身教育引论 ［M］．周南照，陈树清，译．北京：中国对外翻译出版公司，1985．

[6]　邬大光．重视本科教育：一流大学成熟的标志 ［J］．中国高教研究，2016（6）：5-10．

[7]　周晓虹．认同理论：社会学与心理学的分析路径 ［J］．社会科学，2008（4）：46-53．

[8]　赵静，王莉萍．认同的三种理论取向概述 ［J］．牡丹江大学学报，2009（12）：98-100．

[9]　埃里克森．同一性：青少年与危机 ［M］．孙名之，译．北京：中央编译出版社，2015．

［10］ 方文. 社会心理学的演化：一种学科制度视角［J］. 中国社会科学，2004（6）：126-136.

［11］ TAJFEL H E. Differentiation between social groups：Studies in the social psychology of intergroup relations［M］. New York：Academic Press，1978.

［12］ 赵静，王莉萍. 认同的三种理论取向概述［J］. 牡丹江大学学报，2009（12）：98-100.

［13］ JENKINS R. Social Identity［M］. London：Routledge . 1996.

［14］ 余庆华，秦巧珍. 运用自我认同理论体验文学名著情感价值［J］. 鄂州大学学报，2006，13（5）：52-54.

［15］ 贾国华. 吉登斯的自我认同理论评述［J］. 江汉论坛，2003（5）：56-58.

［16］ 吉登斯. 现代性与自我认同：晚期现代中的自我与社会［M］. 夏璐，译. 北京：中国人民大学出版社，2016.

［17］ 李慧敏，雷庆. 由“教化”到“内生”的教育——探求安东尼•吉登斯自我认同理论的教育意义［J］. 教育研究与实验，2006（1）：40-43.

［18］ DIMMOCK J A，GUCCIARDI D F. The utility of modern theories of intergroup bias for research on antecedents to team identification［J］. Psychology of Sport and Exercise，2008，9（3）：284-300.

［19］ PASCARELLA E T. How college affects students：Ten directions for future research［J］. Journal of College Student Development，2006，47（5）：508-520.

［20］ ABES E S. Student development in college：Theory，research，and practice［J］. Journal of College Student Development，2000，52（1）：231-234.

［21］ ASTIN A W. The methodology of research on college impact，part one［J］. Sociology of Education，1970，43（3）：223-254.

［22］ WEIDMAN J C. Undergraduate socialization：A conceptual approach［M］. Higher Education：Handbook of Theory and Research. 1989.

［23］ BIGLAN A. Relationships between subject matter characteristics and the structure and output of university departments［J］. Journal of Applied Psychology，1973，57（3）：204.

［24］ CHICKERING A W，Associates. The modem American college：responding to the new realities of diverse students and a changing society［M］. San Francisco and Oxford：Jossey-Bass Publishers，1981.

［25］ ASTIN A W. Student involvement：A developmental theory for higher education ［J］. Journal of College Student Personnel，1984，25（4）：297-308.

［26］ 张红霞. 建构主义对科学教育理论的贡献与局限 ［J］. 教育研究，2003（7）：79-84.

［27］ 李晓东，孟威佳. 自我图式理论——关于自我的信息加工观 ［J］. 东北师大学报（哲学），2001（4）：106-110.

［28］ MARKUS H. Self-schemata and processing information about the self ［J］. Journal of Personality Social Psychology，1977（35）：63-78.

［29］ 何克抗. 建构主义——革新传统教学的理论基础（上）［J］. 电化教育研究，1997（3）：3-9.

［30］ PERSONS J B. Cognitive therapy in practice：Case formulation approach cognitive therapy in practice：A case formulation approach ［M］. New York：W. W. Norton & Company，1989.

［31］ MARKUS H，NURIUS P. Possible selves ［J］. American Psychologist，1986，41（9）：954-969.

［32］ HART D，FEGLEY S，BRENGELMAN D. Perceptions of past，present and future selves among children and adolescents ［J］. British Journal of Developmental Psychology，1993，11（3）：265-282.

［33］ 陈巍. 中国大学生职业可能自我研究述评 ［J］. 心理技术与应用，2014（9）：12-15；20.

［34］ CHALK L M，MEARA N M，DAY J D，et al. Occupational possible selves：Fears and aspirations of college women.［J］. Journal of Career Assessment，2005，13（2）：188-203.

［35］ PISARIK，C T，SHOFFNER M F. The Relationship among work possible selves，socioeconomic position，and the psychological well-being of individuals in early adulthood ［J］. Journal of Career Development，2009，35（3）：306-325.

［36］ COHEN-SCALI V. The Influence of family，social，and work socialization on the construction of the professional identity of young adults ［J］. Journal of Career Development，2003，29（4）：237-249.

［37］ CAPOBIANCO B M，FRENCH B F，DIEFES-DU H A. Engineering identity development among pre-adolescent learners ［J］. Journal of Engineering Education，2012，101（4）：698-716.

［38］ NADELSON L S，MCGUIRE S P，DAVIS K A，et al. Am I a STEM

professional？ Documenting STEM student professional identity development [J]．Studies in Higher Education，2015（7）：1-20．

[39] ZOU T X P．CHAN B Y B．Developing professional identity through authentic learning experiences In M Davis & A Goody（Eds．），research and development in hgher education：the shape of higher education [C]．Fremantle：The 39th International Conference of the Higher Education Research and Development Society of Australasia（HERDSA），2016（39）：383-391．

[40] 丁刚．企业人力资源管理者职业认同的影响因素及作用机制研究 [D]．天津：南开大学，2014．

[41] 魏淑华．教师职业认同与教师专业发展 [D]．曲阜：曲阜师范大学，2005．

[42] 张敏．国外教师职业认同与专业发展研究述评 [J]．比较教育研究，2006（2）：77-81．

[43] 高艳，乔志宏，宋慧婷．职业认同研究现状与展望 [J]．北京师范大学学报：社会科学版，2011（4）：47-53．

[44] VINCENT TINTO．College origins and Patterns of status attainment：Schooling among professional and business - managerial occupations [J]．Work and Occupations，1980（7）：457-486．

[45] 刘秋颖，苏彦捷．本科生"多元职业认同"发展与辅导 [J]．中国临床心理学杂志，2010（4）：542-544．

[46] 刘秋颖，刘艳华，苏彦捷．本科新生的职业认同及其开发与管理 [J]．教育探索，2010（2）：145-147．

[47] 邓然，蒋淑亚．理工科大学生职业认同状态实证研究——以湖南工程学院为例 [J]．湖南工程学院学报（社会科学版），2014（1）：108-111．

[48] 王艳，芦伟．地方高校大学生职业认同困惑与对策研究 [J]．哈尔滨学院学报，2015（3）：129-132．

[49] 刘艳华，乔志宏．大学生职业认同、实习经历与求职结果的关系研究 [J]．北京教育（高教），2011（6）：67-68．

[50] 郝芳."双一流"建设背景下行业特色型大学发展战略路径的探索与实践 [J]．中国高等教育，2020（10）：17-19．

[51] 刘献君．行业特色高校发展中需要处理的若干关系 [J]．中国高教研究，2019（8）：14-18．

[52] 丁菲菲．行业特色高校学科、专业的竞争优势研究 [J]．东南大学学报，2013（S2）：144-148．

[53] 潘懋元，车如山. 特色型大学在高等教育中的地位与作用 [J]. 大学教育科学，2008（2）：11-14.

[54] 郑永安，孔令华，张建辉. 高水平行业特色高校学科建设面临的矛盾关系与应对策略 [J]. 高等教育研究，2021，42（5）：55-61.

[55] BURTON R CLARK. The Higher education system academic organization in cross-national perspective [M]. California：University of California press，1983：45-52.

[56] 金硕. 地方行业特色高校一流学科建设特征与路径研究 [D]. 大连：大连理工大学，2021.

[57] 刘向兵. "双一流"建设背景下行业特色高校的核心竞争力培育 [J]. 中国高教研究，2019（8）：19-24.

[58] 刘献君. 行业特色高校发展中需要处理的若干关系 [J]. 中国高教研究，2019（8）：14-18.

[59] 曹国永. 行业特色高校如何推进国际化战略 [N]. 光明日报，2016-01-09.

[60] 李志峰，曾庆东. 行业特色型高校主干学科专业体系建设研究 [M]. 武汉：武汉大学出版社，2017.

[61] 李爱民. 行业特色型高校研究现状评述 [J]. 中国高校科技，2012（10）：54-57.

[62] 徐晓媛. 对我国行业特色高校发展的回顾评析与思考 [J]. 教育与职业，2013（4）：24-26.

[63] 郑永彪，王丹，赵梁钰. 行业特色型高校学科发展探析 [J]. 北京邮电大学学报（社会科学版），2014（4）：92-95.

[64] 闫俊凤. 我国行业特色高校发展战略研究 [D]. 徐州：中国矿业大学，2014.

[65] 王亚杰. 关于行业特色型高校建设的几点思考和建议 [J]. 中国高教研究，2009（3）：4-6.

[66] 孙兴洋，王万川，邓光. 国外行业特色型高校办学特色及其对我国高职院校的启示 [J]. 教育与职业，2018，913（9）：49-54.

[67] 唐守廉，王亚杰. 行业特色型大学和区域经济社会发展互动机制的研究 [M]. 北京：北京邮电大学出版社，2011.

[68] 戴井冈. 大力推进高校布局结构调整 [EB/OL]. [2024-06-17]. https：//www.gmw.cn/01gmrb/2000-05/31/GB/05%5E18437%5E0%5EGMB1-308. htm.

[69] 王同奇. 服务强国建设，行业特色高水平研究型大学要主动作为 [EB/OL].

[2024-10-20]. http://edu.people.com.cn/n1/2023/1018/c457742-40098283.html.

[70] 王顺洪. 行业特色大学建设应有中国特色 [N]. 中国科学报, 2017-08-02 (7).

[71] 曹国永. 行业大学要突出办学特色 [N]. 光明日报, 2012-09-29 (6).

[72] 袁亮. 加大对地方高水平大学一流学科创建支持 [EB/OL]. [2024-06-20]. https://www.eol.cn/news/dongtai/202005/t20200523_1728974.shtml.

[73] 张兆端. 新时代公安高等教育改革发展的多维思考 (上) [J]. 公安教育, 2020 (3): 46-52.

[74] 朱丽, 阮家驹. 新时代公安院校师资队伍建设研究——以广东警官学院为例 [J]. 广州市公安管理干部学院学报, 2022, 32 (4): 47-53.

[75] 廖广军, 陈宁, 赖志茂. 实战化教学改革背景下的一流课程建设 [J]. 公安教育, 2022 (6): 61-64.

[76] 姜林, 李连梅. 突发重大公共事件中公安民警国家认同与职业认同建构研究——以抗击新冠肺炎疫情为例 [J]. 公安教育, 2020 (10): 32-35.

[77] 李欧. 我国警察职业认同研究综述 [J]. 云南警官学院学报, 2014 (2): 125-128.

[78] 魏淑华, 宋广文, 张大均. 我国中小学教师职业认同的结构与量表 [J]. 教师教育研究, 2013, 25 (1): 55-60; 75.

[79] 沙莲香. 社会心理学 [M]. 2版.北京: 中国人民大学出版社, 2006.

[80] 丁刚. 企业人力资源管理者职业认同的影响因素及作用机制研究 [D]. 天津: 南开大学, 2014.

[81] 阎嘉. 文学研究中的文化身份与文化认同问题 [J]. 江西社会科学, 2006 (9): 62-66.

[82] ERIK H, ERIKSON. Identity and life cycle [M]. New York: W. W. Norton & Company, 1959: 118.

[83] MEYER J P, ALLEN N J, SMITH C A. Commitment to organizations and occupations: Extension and test of a three-component conceptualization [J]. Journal of Applied Psychology, 1993, 78 (4): 538.

[84] 张懔怡. 医科大学生职业认同、学业情绪的状况及关系研究 [D]. 福州: 福建师范大学, 2009.

[85] 牛媛媛. 大学生职业可能自我的初步研究 [D]. 北京: 首都师范大学, 2007.

[86] 蔡春凤, PETRINI M. 国外护士职业社会化与职业认同的研究 [J]. 中国

护理管理，2007，7（9）：70-72.

[87] BRICKSON S L. Re-assessing the standard：How understanding identity orientation informs—and improves—intergroup relations interventions in academy of management proceedings［C］. New York：Briarcliff Manor，2000：10510.

[88] 魏淑华，宋广文，张大均. 不同职业认同水平教师对职业生活事件的社会认知加工特征［J］. 心理发展与教育，2017，33（1）：45-55.

[89] ELIZUR D，SAGIE A. Facets of personal values：A structural analysis of life and work values［J］. Applied Psychology，1999，48（1）：73-87.

[90] KALLEBERG A L. Work values and job rewards：A theory of job satisfaction［J］. American Sociological Review，1977，42（1）：124-143.

[91] ROS M，SCHWARTZ S H，SURKISS S. Basic individual values，work values，and the meaning of work［J］. Applied Psychology，1999，48（1）：49-71.

[92] 周锋. 当代大学生职业价值观研究［D］. 石家庄：河北师范大学，2015.

[93] HAGERTY B M，PATUSKY K. Developing a measure of sense of belonging［J］. Nursing Research，1995，44（1）：9-13.

[94] 刘阳炼. 旅游专业大学生职业归属感的在校培养［N］. 中国旅游报，2011-03-09（10）.

[95] AJZEN I，FISHBEIN M. Attitude - behavior relations：A theoretical analysis and review of empirical research［J］. Psychological Bulletin，1977，84（5）：888-918.

[96] AIMAN-SMITH L，BAUER T N，CABLE D M. Are you attracted？ Do you intend to pursue？ A recruiting policy-capturing study［J］. Journal of Business and Psychology，2001，16（2）：219-237.

[97] 赵明仁. 先赋认同、结构性认同与建构性认同——"师范生"身份认同探析［J］. 教育研究，2013（6）：78-85.

[98] BREWER，M. B. The social self：On being the same and different at the same time［J］. Personality and Social Psychology Bulletin，1991，17（5）：475-482.

[99] 李友梅，肖瑛，黄晓春. 社会认同：一种结构视野的分析［M］. 上海：上海人民出版社，2007.

[100] 潘吉平. 大学生职业社会化的基本内容与特点［J］. 中国成人教育，

2011（22）：84-85.

［101］KRAMER M. Reality shock：Why nurses leave nursing ［J］. American Journal of Nursing, 1975, 75（5）：891.

［102］张莹瑞，佐斌. 社会认同理论及其发展 ［J］. 心理科学进展，2006（3）：475-480.

［103］曼纽尔，卡斯特. 认同的力量 ［M］. 曹荣湘，译. 北京：社会科学文献出版社，2006：3.

［104］KUH G D. What we're learning about student engagement from NSSE：benchmarks for effective educational practices ［J］. Change：The Magazine of Higher Learning, 2003, 35（2）：24-32.

［105］COHEN H A, ELLIOTT V. The nurse's quest for a professional identity ［J］. Dimensions of Critical Care Nursing, 1982, 1（2）：126.

［106］MILLER G E. The assessment of clinical skills/competence/performance ［J］. Academic Medicine, 1990, 65（9）：S63-7.

［107］CRUESS R L, CRUESS S R, STEINERT Y. Amending Miller's pyramid to include professional identity formation ［J］. Academic Medicine Journal of the Association of American Medical Colleges, 2016, 91（2）：180-185.

［108］Hatch M J, Schultz M. Relations between organizational culture, identity and image ［J］. European Journal of Marketing, 1997, 31（5/6）：356-365.

［109］郭金山，芮明杰. 当代组织同一性理论研究述评 ［J］. 外国经济与管理，2004，26（6）.

［110］吴泰平. 高校大学生在校学习经历与就业质量的关系研究 ［D］. 南京：南京中医药大学，2016.

［111］夏菁. 南京大学本科生学习经历满意度研究 ［D］. 南京：南京大学，2013.

［112］陆根书，胡文静，闫妮. 大学生学习经历：概念模型与基本特征——基于西安交通大学本科生学习经历的调查分析 ［J］. 高等教育研究，2013，34（8）：53-61.

［113］郭法奇. 学生参与：一个历史与现实的话题 ［J］. 教师教育研究，2003，15（3）：55-61.

［114］芬克. 创造有意义的学习经历 ［M］. 杭州：浙江大学出版社，2006：5-6.

［115］陈鹏. 创客学习：一种创造有意义学习经历的学习范式 ［J］. 现代远程教

育研究，2016（6）：26-38．

[116] SMART J C. College influences on graduates' income levels ［J］． Research in Higher Education，1988，29（1）：41-59．

[117] TREDE F，MACKLIN R，BRIDGES D. Professional identity development：A review of the higher education literature ［J］． Studies in Higher Education，2012，37（3）：365-384．

[118] 吴明隆. Spss统计应用实务 ［M］． 北京：中国铁道出版社，2000．

[119] 韩晓玲. 基于NSSE-China的学生学习投入的影响因素分析 ［D］． 南京：南京邮电大学，2014．

[120] 克鲁杰，凯西. 焦点团体：应用研究实践指南 ［M］． 林小英，译. 重庆：重庆大学出版社，2007．

[121] LENT R W，HACKETT G，BROWN S D. A social cognitive view of school-to-work transition ［J］． Career Development Quarterly，2011，47（4）：297-311．

[122] 姜飞月. 职业自我效能理论及其在大四学生职业选择中的应用研究 ［D］． 南京：南京师范大学，2002．

[123] 吉登斯. 现代性与自我认同：晚期现代中的自我与社会 ［M］． 北京：中国人民大学出版社，2016．

[124] 吴明隆. Spss统计应用实务 ［M］． 北京：中国铁道出版社，2000．

[125] RIGOTTI T，SCHYNS B，MOHR G. A short version of the occupational self-efficacy scale：Structural and construct validity across five countries ［J］． Journal of Career Assessment，2008，16（2）：238-255．

[126] 史静寰. 用数据揭示中国大学生学习过程的黑箱 ［EB/OL］． ［2024-05-25］． http：//www.sohu.com/a/139748194_387563．

[127] 黄美娟. 美国"全国大学生学习性投入调查"研究 ［D］． 上海：上海师范大学，2014．

[128] 龙琪. 剖析美国《全国大学生学习性投入调查》及其变化 ［J］． 高教发展与评估，2016（1）：54-65．

[129] 罗燕，罗斯，岑逾豪. 国际比较视野中的高等教育测量——NSSE-China工具的开发：文化适应与信度、效度报告 ［J］． 复旦教育论坛，2009，7（5）：12-18．

[130] 张华峰，郭菲，史静寰. 促进家庭第一代大学生参与高影响力教育活动的研究 ［J］． 教育研究，2017（6）：32-43．

[131] KUH G D，SCHNEIDER C G. High-impact educational practices：What they are，who has access to them，and why they matter ［R］．

Association of American Colleges and Universities，2008：14-17.

［132］陶学文，杨夏，胡琳琳. 基于学习投入度的本科教育质量评价——武汉纺织大学2013年学情调查报告［J］. 武汉纺织大学学报，2014，27（4）：54-59.

［133］HILL J，KNEALE P，NICHOLSON D，et al. Re-framing the geography dissertation：a consideration of alternative，innovative and creative approaches［J］. Journal of Geography in Higher Education，2011，35（3）：331-349.

［134］KUH G. High-impact educational practices：What they are，who has access to them，and why they matter［R］. Washington，D. C.：AAC&U，2008：14-17；9-11.

［135］夏莉莉. 当代大学生业余时间分配情况的调查研究［J］. 知识经济，2011（4）：55-55.

［136］陆一，史静寰. 志趣：大学拔尖创新人才培养的基础［J］. 教育研究，2014，35（3）：48-54.

［137］周扣娟. 全日制教育硕士与教育学硕士专业认同及影响因素研究——以S大学为例［D］. 上海：上海师范大学，2016.

［138］吴泰平. 高校大学生在校学习经历与就业质量的关系研究［D］. 南京：南京中医药大学，2016.

附录

附录1 大学生职业认同访谈提纲

导入语

各位同学上午好，欢迎大家！很高兴大家抽空参加关于大学生职业认同、大学生职业自我效能的焦点小组讨论，我是今天焦点小组讨论的主持人×××。

在座的各位是来自我省不同学校、不同专业、不同年级的本科生，相信大家的大学经历都不尽相同，对于自己未来想要从事的职业也有各自的看法。今天组织焦点小组讨论的主要目的是想了解大家的职业认同发展的实际情况，以及大家对大学经历与职业认同、职业自我效能关系的看法。更为具体的讨论内容请大家参考访谈提纲，希望大家畅所欲言、交流探讨。

为了后续研究需要，我们将对访谈进行全程录音，录音仅限于科研使用，我们将对大家的个人信息和作答结果按法律进行严格保密。再次感谢大家的配合！下面正式进入讨论环节。

访谈问题

1.关于您对未来希望从事职业的认识，请就下述问题进行回答：

①在您心中，对未来想要从事的职业有什么样的打算？

②是否有了相对清晰和稳定的自己想要且适合从事的职业？

③请具体谈谈这种职业目标是怎么形成的？

2.关于入学以来您自身职业认同的变化与发展情况，请就下述问题进行回答：

①进入大学以来，您对于未来想要从事职业目标的态度，有没有发生什么变化？

②如果有，发生了什么样的变化？

3.关于大学经历对您自身职业认同发展的影响，请就下述问题进行回答：

①请具体谈谈大学期间您参与到哪些活动中的时间和精力比较多？

②这些活动对您认识自己、了解未来想要从事的职业是否有帮助？

③在大学期间您所参与的活动中，您认为哪些活动或事件对您认识自己、了解自己未来想要从事的职业有所收获和帮助，请具体举例谈谈。

④您在大学期间还希望参加哪些活动，来提升对自我的认识并促进自身职业认知、职业能力方面的发展？

附录2　公安院校大学生职业认同访谈提纲

导入语

各位同学好，欢迎大家！

很高兴大家参加关于大学生职业认同、大学生职业自我效能的访谈，我是×××。

今天访谈的主要目的是想了解大家的职业认同发展的实际情况，以及大家对大学经历与职业认同、职业自我效能关系的看法。更为具体的讨论内容请大家参考访谈提纲，希望大家畅所欲言、交流探讨。

为了后续研究需要，我们将对访谈进行全程录音，录音仅限于科研使用，我们将对大家的个人信息和作答结果按法律进行严格保密。再次感谢大家的配合！下面正式进入访谈。

访谈问题

1.关于您对未来希望从事职业的认识，请就下述问题进行回答：

①在您心中，对未来想要从事的职业有什么样的打算？

②是否有了相对清晰和稳定的自己想要且适合从事的职业？

③请具体谈谈这种职业目标是怎么形成的？受到哪些因素影响？

2.关于入学以来您自身职业认同的变化与发展情况，请就下述问题进行回答：

①进入大学以来，您对于未来想要从事职业目标的态度，有没有发生什么变化？

②如果有，发生了什么样的变化？

附录3　学习性投入与大学生职业认同问卷（正式）

亲爱的同学，您好！非常感谢您参与本次调查，这份问卷旨在了解您的学习性投入、职业自我效能和职业认同的情况。请根据您的实际状况和内心的真实感受作答，答案没有对错之分，您的答案仅限于科研统计使用，我们将对您的个人信息和作答结果严格保密。

您的认真作答对于我们的研究十分重要，再次对您的配合表示万分感谢！

一、个人信息

1.您的性别：[单选题]　*

○男

○女

2.您的年级 ［单选题］ *

○一年级

○二年级

○三年级

○四年级

3.您所学的专业 ［单选题］ *

○人文学科（文、史、哲、教）

○自然学科（理、工、农、医）

○社会学科（经、法、艺、管）

4.您所就读的学校 ［单选题］ *

○DB大学　　○DLLG大学

○LN大学　　○DBCJ大学

○DL大学　　○LNKJ大学

○SY大学　　○BH大学

○DLKJ大学　○SYCS学院

○DLCJ大学　○LD学院

二、第二部分是对您大学期间的学习性投入程度的调查，请根据在参加学业活动过程中，您所付出的时间及努力的实际情况进行选择

Qgj.大学期间，您学习的课程是否强调了以下方面？［矩阵量表题］ *

1~5分分别表示：不强调、有点强调、一般、强调、非常强调

项目	1	2	3	4	5
（1）将概念、理论或方法运用于实际问题或新的情境中（应用能力）	○	○	○	○	○
（2）对概念和观点的具体构成进行推敲和深度分析（分析能力）	○	○	○	○	○
（3）评价某观点、结论或信息来源（判断能力）	○	○	○	○	○
（4）综合不同信息，形成新的观点或理解（综合能力）	○	○	○	○	○

Qfs.大学期间，您进行以下活动的频率如何？[矩阵量表题] *

1~5分分别表示：从未、很少、一般、经常、很经常

项目	1	2	3	4	5
（1）做作业时融合不同课程所学内容	○	○	○	○	○
（2）将自己的学习与社会问题相联系	○	○	○	○	○
（3）课堂讨论或完成作业时能从不同的视角综合考虑问题	○	○	○	○	○
（4）反思/检查自己的观点有何优点和不足	○	○	○	○	○
（5）通过换位思考更好地理解他人观点	○	○	○	○	○
（6）通过学习，改变了对某个问题/概念的理解	○	○	○	○	○
（7）将课程中的观点与自己先前的经验和知识联系起来	○	○	○	○	○

Qdy.大学期间，您和以下群体交流的频率如何？[矩阵量表题] *

1~5分分别表示：从未、很少、一般、经常、很经常

项目	1	2	3	4	5
（1）不同民族或种族的人	○	○	○	○	○
（2）不同经济背景的人	○	○	○	○	○
（3）不同宗教信仰的人	○	○	○	○	○
（4）不同国家的人	○	○	○	○	○

Qss.大学期间，您和老师的交流情况如何？[矩阵量表题] *

1~5分分别表示：从未、很少、一般、经常、很经常

项目	1	2	3	4	5
（1）和老师讨论职业计划和想法	○	○	○	○	○
（2）和老师一起参与课程外的活动（如社团活动、学生会等）	○	○	○	○	○
（3）课外和老师讨论课程相关的内容	○	○	○	○	○
（4）和老师交流人生观、价值观等	○	○	○	○	○

Qzc. 您就读的大学是否注重以下方面？［矩阵量表题］ *

1~5分分别表示：不注重、有点注重、一般、比较注重、非常注重

项目	1	2	3	4	5
（1）要求学生在学业方面投入大量时间	○	○	○	○	○
（2）为学生的学业提供支持与帮助（如学业指导、写作中心等）	○	○	○	○	○
（3）鼓励来自不同地域、民族、家庭背景的学生相互接触	○	○	○	○	○
（4）为学生提供社交机会	○	○	○	○	○
（5）为学生的身心健康提供支持与服务（如医疗保健、心理咨询等）	○	○	○	○	○
（6）帮助学生应对经济问题，完成学业（如提供校内岗位或发布奖助学金等）	○	○	○	○	○
（7）鼓励学生参加各类校园文体活动（如艺术表演、运动竞赛等）	○	○	○	○	○
（8）鼓励学生参与和重大社会、经济、政治问题相关的活动（如时事报告、论坛等）	○	○	○	○	○

Qsj. 大学期间，您是否参加过或计划在毕业前参加以下活动？［矩阵量表题］ *

1~5分分别表示：不打算参加、还未决定、打算参加、偶尔参加、经常参加

项目	1	2	3	4	5
（1）参加学习社团（如读书会/英语社团等）	○	○	○	○	○
（2）参加实习、社会实践或调查	○	○	○	○	○
（3）参加社区服务或志愿者活动	○	○	○	○	○
（4）参加海外学习（短期或长期）	○	○	○	○	○
（5）和教师一起参加科研活动	○	○	○	○	○
（6）参加回顾性、总结性、过渡性课程或项目，统整和深化所学知识，并为毕业后做准备	○	○	○	○	○

三、此部分是关于您职业认同发展情况的调查，问项中所提及的"A职业"是您有意向在未来从事的一种特定职业（如教师/公务员/工程师/财务人员/销售员/医务人员/经商/创业/科研人员等任何一种特定职业），该职业可以与您所学专业相关，也可以无关

Qrt. 请根据您的实际情况选择最符合的项：[矩阵量表题] *

1~5分分别表示：完全不符合、不太符合、一般、较为符合、非常符合

项目	1	2	3	4	5
（1）我认为从事A职业对我而言很重要	○	○	○	○	○
（2）我认为从事A职业能够实现我的人生价值	○	○	○	○	○
（3）我认为从事A职业能发挥我的能力和特长	○	○	○	○	○
（4）我认为从事A职业符合我的需要（如薪酬、福利、待遇、工作环境、发展前景等）	○	○	○	○	○
（5）我关心A职业领域内的发展动态	○	○	○	○	○
（6）我愿意同A职业领域的人交流和接触	○	○	○	○	○
（7）我觉得我与A职业有着很强的联系	○	○	○	○	○
（8）我努力提升从事A职业所需要的知识和技能	○	○	○	○	○
（9）我努力为从事A职业做计划和准备	○	○	○	○	○
（10）我积极争取A职业的面试机会	○	○	○	○	○

四、此部分是关于您职业自我效能水平的调查，请根据您的实际情况选择最符合的项：[矩阵量表题] *Qxn.1~5分分别表示：完全不符合、不太符合、一般、较为符合、非常符合

项目	1	2	3	4	5
（1）未来在工作中遇到问题时，我相信自己能够找到一些应对方法	○	○	○	○	○
（2）我过去的学习经验已经使我基本为未来的职业发展做好了准备	○	○	○	○	○
（3）我已经实现了过去制定的职业发展方面的目标	○	○	○	○	○
（4）我觉得自己能够满足未来工作中的大部分要求	○	○	○	○	○

五、总体而言，您认为大学期间的经历，对您的职业自我效能与职业认同（第三、四大题）是否产生了一定影响

○完全无影响 ○影响比较小 ○一般 ○影响比较大 ○影响很大

问卷到此结束，请检查以避免漏答题目。再次感谢您的认真填答，祝您学习进步，生活愉快！

附录4 公安院校大学生职业认同问卷

亲爱的同学，您好！

非常感谢您参与本次调查，这份问卷旨在了解您的职业认同和职业自我效能的情况。请根据您的实际状况和内心的真实感受作答，答案没有对错之分，您的答案仅限于科研统计使用，我们将对您的个人信息和作答结果严格保密。

您的认真作答对于我们的研究十分重要，再次对您的配合表示万分感谢！

一、个人信息

1.您的性别：[单选题] *

〇男 〇女

2.您的年级 [单选题] *

〇一年级 〇二年级 〇三年级 〇四年级

3.您所就读的学校 [单选题] *

〇部属公安院校

〇省属公安院校

二、此部分是关于您职业认同发展情况的调查，请根据您的实际情况选择最符合的项：[矩阵量表题] *

1~5分分别表示：完全不符合、不太符合、一般、较为符合、非常符合

项目	1	2	3	4	5
（1）我认为从事公安行业对我而言很重要	〇	〇	〇	〇	〇
（2）我认为从事公安行业能够实现我的人生价值	〇	〇	〇	〇	〇
（3）我认为在公安行业能发挥我的能力和特长	〇	〇	〇	〇	〇
（4）我认为从事公安行业符合我的需要（如薪酬、福利、待遇、工作环境、发展前景等）	〇	〇	〇	〇	〇
（5）我关心公安领域内的发展动态	〇	〇	〇	〇	〇
（6）我愿意同公安领域的人交流和接触	〇	〇	〇	〇	〇
（7）我觉得我与公安行业有着很强的联系	〇	〇	〇	〇	〇
（8）我努力提升从事公安行业所需要的知识和技能	〇	〇	〇	〇	〇
（9）我努力为从事公安行业做计划和准备	〇	〇	〇	〇	〇
（10）我积极争取公安行业的面试机会	〇	〇	〇	〇	〇

三、此部分是关于您职业自我效能水平的调查，请根据您的实际情况选择最符合的项：[矩阵量表题] *

Qxn.1~5分分别表示：完全不符合、不太符合、一般、较为符合、非常符合

项目	1	2	3	4	5
（1）未来在工作中遇到问题时，我相信自己能够找到一些应对方法	○	○	○	○	○
（2）我过去的学习经验已经使我基本为未来的职业发展做好了准备	○	○	○	○	○
（3）我已经实现了过去树立的职业发展方面的一些目标	○	○	○	○	○
（4）我觉得自己能够满足未来工作中的大部分要求	○	○	○	○	○

四、总体而言，您认为大学期间的经历，对您的职业自我效能与职业认同（第二、三大题）是否产生了一定影响？

○完全无影响

○影响比较小

○一般

○影响比较大

○影响很大

问卷到此结束，请检查以避免漏答题目。再次感谢您的认真填答！祝您学习进步，生活愉快！

索引